W0255397

MedR Schriftenreihe Medizinrecht

A. Laufs E. Reiling

Ethik-Kommissionen – Vorrecht der Ärztekammern?

Springer-Verlag
Berlin Heidelberg New York London Paris
Tokyo Hong Kong Barcelona Budapest

Prof. Dr. iur. Dr. h.c. Université de Montpellier I Adolf Laufs
Wissenschaftl. Mitarb. Assessor Emil Reiling
Institut für geschichtliche Rechtswissenschaft,
Germanistische Abteilung,
Friedrich-Ebert-Platz 2, W-6900 Heidelberg, BRD

Das Verhältnis von Berufsordnungsrecht und Ethik-Kommissionen dargestellt am Beispiel des neuen § 1 Abs. 4 der Muster-Berufsordnung für die deutschen Ärzte.

ISBN-13: 978-3-540-53834-9 e-ISBN-13: 978-3-642-84468-3
DOI: 10.1007/978-3-642-84468-3

Die Deutsche Bibliothek – CIP-Einheitsaufnahme
Laufs, Adolf: Ethik-Kommissionen – Vorrecht der Ärztekammern?: [Das Verhältnis von Berufsordnungsrecht und Ethik-Kommissionen dargestellt am Beispiel des neuen § 1 Abs. 4 der Muster-Berufsordnung für die deutschen Ärzte] / A. Laufs; E. Reiling. – Berlin; Heidelberg; New York; London; Paris; Tokyo; Hong Kong; Barcelona; Budapest: Springer, 1991
(MedR Schriftenreihe Medizinrecht)

NE: Reiling, Emil:

Softcover reprint of the hardcover 1st edition 1991

Datenkonvertierung: U. Kunkel Textservice, Reichartshausen
19/3130-543210. Gedruckt auf säurefreiem Papier

Inhaltsverzeichnis

I. Die Fragestellung: Verstößt die berufsordnende ausnahmslose Beratungspflicht durch öffentlich-rechtlich organisierte Ethik-Kommissionen gegen Gesetz und Verfassung?

1. Das Berufsrecht als Grundlage der Ethik-Kommissionen

Die Medizin muß, will sie Gesundheitsgefahren bannen und zum Wohl der Patienten Neuland erschließen, selbst Risiken eingehen. Wenn sie sich heute mit einer Fülle verschiedenartiger Wagnisse konfrontiert sieht, liegt dies daran, daß durch das exponentielle Wachstum des naturwissenschaftlichen Wissens und der Technologie die Möglichkeiten medizinischen Eingreifens eminent zugenommen haben. Die hergebrachten Gebote des Berufsstandes[1)] wie der Hippokratische Eid[2)], die seit alters vielberufene Grundlage des ärztlichen Dienstes, scheinen in der modernen Hochleistungsmedizin in nicht wenigen Fällen in Frage gestellt oder gar außer Kraft gesetzt. Auf dem Felde der biomedizinischen Forschung mit und am Menschen hat sich der ärztliche Stand dieser Herausforderung in ihrer Vielschichtigkeit im Sinne einer obligatorischen berufsständischen Selbstkontrolle[3)] angenommen.
Nach der novellierten Muster-Berufsordnung trifft den Arzt die Pflicht, vor der – praktisch häufigen – Durchführung klinischer Versuche am Menschen oder der epidemiologischen Forschung mit personenbezogenen Daten eine bei der Ärztekammer oder bei einer medizinischen Fakultät gebildete Ethik-Kommission anzurufen, um sich über die mit dem Vorhaben verbundenen berufsethischen und berufsrechtlichen Fragen beraten zu lassen[4)]. Mit der unveränderten Übernahme dieser Regel in das Satzungsrecht der einzelnen Ärztekammern[5)] verlören die sogenannten freien oder privaten Ethik-Kommissionen ihr bisheriges Tätigkeitsfeld in größerem Umfang[6)], während die Inanspruchnahme der auf Maßgaben des öffentlichen Rechts beruhenden, in das Organisationsgefüge korporativer Träger hoheitlicher Gewalt einbezogenen Instanzen erheblich anwüchse[7)].

2. Normative, insbesondere verfassungsrechtliche Anforderungen an das die Ethik-Kommissionen betreffende Berufsordnungsrecht

Die berufsordnenden Satzungen der Ärztekammern in den Ländern haben sich selbstverständlich in den Rahmen des staatlichen Gesetzes und des Verfassungsrechts einzuordnen. Es bedarf insofern der Prüfung, ob die durch das Standesrecht eingeführten Neuerungen – ausnahmslose Beratungspflicht durch Ethik-Kommissionen für Forschung am Menschen einerseits, Einschränkung freier Ethik-Kommissionen andererseits – den rechtlichen Anforderungen genügen.

a) Zum Erfordernis parlamentarischer Leitentscheidung

Die Regelung der Berufspflichten nehmen die ärztlichen Standesorganisationen kraft der ihnen durch Landesrecht[8)] verliehenen autonomen Satzungsgewalt[9)] durch ihre Berufsordnungen[10)] wahr. Sie konkretisieren damit die gesetzlichen Generalpflichtenklauseln[11)], wonach es den Kammermitgliedern obliegt, „ihren Beruf gewissenhaft auszuüben und dem ihnen in Zusammenhang mit dem Beruf entgegengebrachten Vertrauen zu entsprechen". Unter dem Eindruck der Facharztentscheidung des Bundesverfassungsgerichts[12)] enthalten die neugefaßten Kammer- und Heilberufsgesetze der Länder nunmehr besondere Berufspflichten[13)] sowie als Ermächtigungsgrundlage nähere Bestimmungen darüber, was „insbesondere" in den Berufsordnungen geregelt werden kann[14)]. Aufgrund solcher Spezifizierungen der Generalklausel legt etwa die Berufsordnung der Landesärztekammer Baden-Württemberg dem Arzt unter anderem auf, die Schweigepflicht zu wahren, sich beruflich fortzubilden, Gutachten und Zeugnisse sorgfältig auszustellen sowie von Werbung und Anpreisung Abstand zu nehmen[15)]. Eine abschließende Festlegung der Berufspflichten beinhalten die lediglich beispielhaften Aufzählungen in den einschlägigen Landesgesetzen freilich nicht[16)]. Als weitere Gegenstände der Regelung durch die Berufsordnung außerhalb der speziellen Ermächtigungen finden sich beispielsweise noch die Zulässigkeit medizinisch, genetisch oder sozial indizierter Sterilisationen, die Aufbewahrung von Krankenblättern sowie – in Ergänzung zur Gebührenordnung für Ärzte (GOÄ)[17)] – die Angemessenheit der ärztlichen Honorarforderung[18)].

In den dargestellten Zusammenhang der Rechtsgrundlagen für die ärztliche Berufsausübung ist auch die Regelungsbefugnis zur Errichtung und näheren Ausgestaltung von Ethik-Kommissionen einzuordnen. Angesichts der Nichtberücksichtigung solcher Gremien in den enumerativen Katalogen der Kammer- und Heilberufsgesetze verbleibt den Ärztekammern für die Überführung von § 1 Abs. 4 der Muster-Berufsordnung in autonomes Satzungsrecht danach allein der Rückgriff auf ihre allgemeinen Ermächtigungen zur Berufsregelung der ärztlichen Tätigkeit[19)].

Deren pauschale Fassung rechtfertigt allerdings nicht die Annahme einer schrankenlosen Delegation der Satzungsautonomie durch den Landesgesetzgeber. Die Regelungskompetenz der Kammern kann nicht weiter reichen als die sie tragende Fähigkeit der Legislative, sich ihrer Rechtsetzungsbefugnis zu entäußern; diese wiederum ist von Verfassungs wegen durch den sogenannten Parlamentsvorbehalt in Gestalt der Wesentlichkeitsrechtsprechung namentlich des Bundesverfassungsgerichts beschränkt[20)].

Fraglich ist indes, welcher Bedeutungsgehalt dieser Lehre mit ihren stark im Fluß befindlichen Konturen im Einzelfall zukommt[21)]. Zur Erzielung sachgerechter Lösungen bedarf es deshalb eines tragfähigen Konzeptes mit substantiellen Abgrenzungskriterien, die hinreichend präzise und damit praktikabel sind. Für die autonomen Regelungen von Berufsverbänden hat das Bundesverfassungsgericht die zur konkreten Ausfüllung der Wesentlichkeitslehre heranzuziehenden Grundsatzpositionen im bereits erwähnten bedeutsamen Facharztbeschluß aus dem Jahre 1972 inhaltlich weithin vorgeformt[22)]. Auf ihrer Grundlage ist die Rechtswirksamkeit generalklauselhafter Satzungsermächtigungen im Berufsordnungsrecht als Hauptproblem der vorliegenden Studie näher unten zu III. zu untersuchen[23)].

Anerkanntermaßen prägt die Besonderheit der jeweiligen Sachmaterie die erforderliche legislative Regelungsdichte[24]. Das Wesentlichkeitskriterium vermag demzufolge nur dann einen tauglichen Maßstab für das Erfordernis parlamentarischer Leitentscheidung abzugeben, wenn es sich als offen erweist für die Beobachtungen und Erfahrungen in einer vielfältigen Wandlungen unterliegenden Wirklichkeit[25]. Ein Übermaß an Deduktion aus abstrakten Prinzipien der Verfassung verstellt den Blick auf die Eigenart des ärztlichen Dienstes, dessen Inhalt und Tragweite nur mit Rücksicht auf die Spannungsverhältnisse zwischen Individualrechten und Gemeinschaftsbelangen festgelegt werden kann[26]. Vonnöten erscheint darum eine Darstellung der geschichtlichen Entwicklungslinien, Prüfungsmaßstäbe und praktischen Funktionen der bestehenden Ethik-Kommissionen (unten II.).

b) Der Prüfungsmaßstab für das Berufsordnungsrecht der Ethik-Kommissionen in grundrechtlicher, kollisionsrechtlicher und einfach-gesetzlicher Hinsicht

aa) Der Maßstab des Grundgesetzes

Obwohl das Bundesverfassungsgericht mit seiner Wesentlichkeitstheorie den Vorbehalt des Gesetzes in erster Linie von der historisch-klassischen Eingriffsformel zu lösen versuchte[27], betont die Judikatur des Gerichts bei der Umschreibung des Parlamentsvorbehalts weiterhin zumeist dessen grundrechtliche Bezüge[28]. Grundgesetzliche Anhaltspunkte für diese Auffassung ergeben sich hauptsächlich aus dem Schutz der Grundrechte. So sehen die meisten Grundrechtsartikel – in den Worten des Bundesverfassungsgerichts – „ohnehin vor, daß Eingriffe nur durch Gesetz oder auf Grund eines Gesetzes zulässig sind. Außerdem entspricht ihre Sicherung durch Einschaltung des Parlaments dem Ansatze nach der überkommenen Vorbehaltslehre, ohne daß allerdings zwischen Eingriffen und Leistungen zu unterscheiden ist. Im grundrechtsrelevanten Bereich bedeutet somit 'wesentlich' in der Regel 'wesentlich für die Verwirklichung der Grundrechte'."[29]
Nach diesem Konzept entfalten die Grundrechte deutlich kompetenzrechtliche Wirkungen. Hierin trifft sich der Parlamentsvorbehalt mit der Reichweite der einschlägigen Grundrechtspositionen. Diese Abhängigkeit läßt allerdings die Frage nach der materiellen Vereinbarkeit der Berufsordnungen mit den Grundrechten unberührt, auch wenn die Erkenntnisse des Bundesverfassungsgerichts mancherlei Überschneidungen und Verknüpfungen offenlegen[30].

Die Forschungsfreiheit (Art. 5 Abs. 3 GG)

Um vor diesem Hintergrund die Zulässigkeit der skizzierten standesrechtlichen Maßnahme beurteilen zu können, ist zunächst zu klären, welche Grundrechte sie berührt. Die obligatorische Beratung des Arztes durch Ethik-Kommissionen in medizinischen Handlungskonflikten, wie sie vornehmlich im Rahmen der humanmedizinischen Forschung begegnen können, zielt auf eine zusätzliche Legitimation durch einbindendes Verfahren[31]; eine autoritative Wirkung im Sinne einer öffentlich-rechtlichen Genehmigung kommt ihr keinesfalls zu. Gleichwohl ist anerkannt, daß durch die berufsrechtliche Pflicht zur Konsultation in den durch Art. 5 Abs. 3 GG geschützten Freiheitsraum des forschenden Arztes eingegriffen wird[32]. Dieser Interpretation des sachlichen Schutzbereiches der Forschungsfreiheit liegt das Vorverständnis vom hohen verfassungsmäßigen Rang der Wissenschaft zugrunde, in der „absolute Freiheit von jeder Ingerenz öffentlicher Gewalt"[33] herrscht.

In diesen Freiraum der Wissenschaften fällt jede methodisch kontrollierte Verfolgung von Erkenntnissen[34]; umfaßt sind insbesondere die Fragestellung und Vorgehensweise des Forschers sowie die Bewertung der Forschungsergebnisse und ihre Verbreitung. Bezogen auf den in der medizinisch-pharmazeutischen Forschung aktiven Arzt entfaltet Art. 5 Abs. 3 GG danach unter verschiedenen Gesichtspunkten eine umfassende Schutzwirkung zugunsten der selbstbestimmten wissenschaftlichen Betätigung des einzelnen Grundrechtsträgers: Neben der eigentlichen medizinischen Grundlagenarbeit wird die angewandte Forschung mit allen vorbereitenden und unterstützenden Tätigkeiten ebenso erfaßt wie die bloße Zweck- und Auftragsforschung[35]. Rechtssystematisch unterfallen deshalb selbst die Übergangs- und Randzonen der Forschung wie Produkttests und Marktstudien dem Regelungsbereich der Wissenschaftsfreiheit[36].

In der neueren Rechtsprechung des Bundesverfassungsgerichts ist des weiteren anerkannt, daß die einzelnen Grundrechte nicht nur die Ausgestaltung des materiellen Rechts beeinflussen, sondern zusätzlich vor verfahrensrechtlichen Behinderungen schützen[37]. Auch in personeller Hinsicht sind der Forschungsgarantie keine Grenzen gesetzt. Sie steht jedem als Individualrechtsposition zu, der in Eigenverantwortung „wissenschaftlich tätig ist oder tätig werden will"[38], dem beamteten Arzt in gleicher Weise wie dem angestellten.

Nach alledem gewährt die Forschungsfreiheit rechtliche Abschirmung auch gegenüber vergleichweise geringfügigen prozeduralen Einwirkungen auf den Vorgang der Gewinnung wissenschaftlicher Erkenntnisse[39]. Für die satzungsrechtliche Pflicht des Arztes, eine bei der Ärztekammer oder einer medizinischen Fakultät gebildete Ethik-Kommission anzurufen, um sich über die mit seinem Vorhaben verbundenen berufsethischen und berufsrechtlichen Fragen unverbindlich beraten zu lassen, findet diese extensive Schutzbereichsauslegung ihre Legitimation in den einem solchen Konsiliarverfahren eigentümlichen Belastungen[40]. So ist der Arzt gezwungen, seine moralische und fachliche Kompetenz gegenüber Dritten unter Beweis zu stellen, will er ein zustimmendes Votum erlangen. Ihn trifft die Darlegungs- und Verteidigungslast dafür, daß die Grenzen des Heilauftrags gewahrt bleiben; überdies sind im Einzelfall zeitliche Verzögerungen des Projektbeginns nicht ausgeschlossen.

Die Berufsfreiheit (Art. 12 Abs. 1 GG)

Die Regeln des ärztlichen Standesrechts haben typischerweise die Berufstätigkeit der Kammerangehörigen zum Gegenstand. Aus der Sicht des durch die Berufsordnung zwingend an die Konsiliargremien der Ärztekammer oder medizinischen Fakultäten verwiesenen Arztes erscheint daher – neben Art. 5 Abs. 3 GG – der Anwendungsbereich des Art. 12 Abs. 1 GG gleichfalls eröffnet zu sein[41]. Zu beachten ist indessen, daß der Beruf des Arztes auf die Heilung oder Linderung von Krankheiten und Beschwerden zielt, während die ein wesentliches Aufgabengebiet der Ethik-Kommissionen darstellenden experimentellen Studien in der humannmedizinischen Forschung vorrangig einem anderen Zweck, nämlich dem Erkenntnisfortschritt, verpflichtet sind. Bedenken resultieren zudem aus dem in Art. 12 GG vorausgesetzten ökonomischen Erwerbsgesichtspunkt der geschützten Betätigung. Umgekehrt entspricht es einer weitverbreiteten Tendenz im Verfassungsrecht, den Regelungsbereich der Berufsfreiheit aus dem Zusammenhang der herkömmlichen, rechtlich fixierten Berufsbilder und -inhalte zu lösen und auf jede auf Dauer angelegte, der Schaffung und Erhaltung einer Lebensgrundlage dienende, selbständig oder unselbständig, inner- oder außerhalb des öffentlichen Dienstes ausgeübte Tätigkeit zu erstrecken[42)].

Ein Blick auf das ausgreifende moderne Feld ärztlichen Handelns mit seinen vielfältigen Bezügen zwischen ärztlichem Heilauftrag und medizinischer Forschungsarbeit rechtfertigt diese Einschätzung. Die Neulandmedizin mit ihren Versuchen am Menschen gehört heute zum Alltag nicht nur der Stätten der Maximalversorgung, sondern auch kommunaler und anderer Krankenhäuser. Selbst niedergelassene Ärzte erscheinen als Teilnehmer der praktisch im Vordergrund stehenden Studien mit pharmazeutischen Präparaten[43)]. Ein Ausgrenzen wissenschaftlicher Tätigkeit aus dem ärztlichen Berufsbild – und damit aus der grundrechtlich garantierten Freiheit des Art. 12 Abs. 1 GG – ist deshalb wenigstens im Bereich von Biomedizin und Pharmakologie schon wegen der mannigfachen Verflechtung von Therapie und Forschung nicht möglich. Daß in diese verfassungsrechtliche Rechtsposition des seinen Beruf forschend ausübenden Arztes mittels der statutarischen Pflicht zur Einschaltung einer Ethik-Kommission eingegriffen wird, kann im Hinblick auf die Verfahrensgrundsätze der einzelnen Gremien, die dem Antragsteller unter anderem umfangreiche Angaben über die geplante Versuchsanordnung abfordern, nicht zweifelhaft sein. Auch der standesrechtliche Charakter der sich an eine Verletzung der Anrufungspflicht anschließenden berufsgerichtlichen Sanktionen[44)] dürfte die Berufsfreiheit nicht ganz unberührt lassen, gilt doch jede Maßnahme standesrechtlicher Disziplinierung dem Betroffenen als Inhaber eines bestimmten Berufs.

Die Grundrechtskonkurrenz

Erweisen sich mehrere Grundrechte als thematisch einschlägig, bereitet die Frage nach den Konkurrenzen mitunter besondere Schwierigkeiten[45)]. Im Verhältnis der Berufsfreiheit zur Freiheit der Forschung können sich dabei je nach der Prägung der wissenschaftlichen Betätigung durch den Erwerbs- oder Heilbehandlungsgesichtspunkt unterschiedliche Perspektiven ergeben[46)]. Soweit es etwa um die beobachtende Kontrolle von Forschungsergebnissen in der Vertriebsphase eines Produkts[47)] oder um die versuchsweise Umsetzung pharmakologischer Studien in praktische Therapieformen geht, konkurrieren beide Grundrechte ideal. In anderen Konstellationen tritt dagegen die Rolle des diagnostisch und therapeutisch tätigen Arztes als Helfer eines bestimmten Kranken durchaus hinter den naturwissenschaftlichen Aufgaben der Medizin mit ihren über die konkrete Heilbehandlung hinausweisenden Zwecken zurück.

Als Folge steht kraft des stärkeren sachlichen Bezugs zu dem zu prüfenden Sachverhalt nunmehr die Forschungsfreiheit als zentrale Maßstabsnorm im Vordergrund. Eine derartige unterschiedliche Verteilung der relativen Gewichte der Grundrechte aus Art. 5 Abs. 3 und Art. 12 Abs. 1 GG ist nach den bisherigen Überlegungen zur Neulandmedizin regelmäßig auch für diejenigen Fallkonstellationen zu konstatieren, die der berufsordnungsrechtlichen Beratungspflicht durch Ethik-Kommissionen zugrunde liegen[48)]. Im Rahmen der Prüfung am Maßstab der Forschungsfreiheit sind freilich die berufsrechtlichen Bezüge zu beachten[49)]; die unterschiedlich intensive Betroffenheit der beiden Grundrechte läßt sich in der entscheidenden materiellen Abwägung zwischen Grundrecht und Grundrechtsbeschränkung angemessen berücksichtigen[50)].

Der Gleichheitsgrundsatz (Art. 3 Abs.1 GG)

Die vorstehenden Ausführungen betreffen die Beeinträchtigung von grundrechtlichen Freiheitsgewährleistungen. Daneben erwägt Rupp[51)] noch eine Heranziehung des allgemeinen Gleichheitssatzes: Adressaten der ärztlichen Berufspflichten seien allein die Kammerzugehörigen. Indessen bestünden durch Ethik-Kommissionen zwingend zu beurteilende kritische Situationen auch bei pharmakologischen Forschungsvorhaben am Menschen unter nichtärztlicher Leitung; ein Verstoß gegen das Willkürverbot liege daher auf der Hand.

Art. 3 Abs. 1 GG gebietet, Gleiches gleich und Ungleiches entsprechend seiner Eigenart verschieden zu behandeln[52)]. Ein Verstoß gegen den Gleichheitssatz kann allerdings immer nur dann gegeben sein, wenn die Ungleichbehandlung vergleichbarer Sachverhalte lediglich einer Stelle zuzuordnen ist. Die Gleichheitsvorschriften binden nämlich Träger öffentlicher Gewalt allein in ihrem Zuständigkeitsbereich[53)], so daß eine Landesärztekammer Art. 3 Abs. 1 GG nicht deshalb verletzen kann, weil eine andere Ärztekammer oder der Gesetzgeber den gleichen Sachverhalt anders oder überhaupt nicht regelt. Bedeutung erlangt der Gleichheitsgedanke indes in einem anderen Zusammenhang. Analysiert man die der Wesentlichkeitstheorie zugrunde liegende Rechtsprechung und die im Schrifttum vorgetragenen Lösungen, zeigt sich, daß der Parlamentsvorrang seine Grundlage unter anderem in der einheitsstiftenden Funktion des förmlichen Gesetzes hat[54)]. Auf die berufsständische Satzungsautonomie gewendet, erfordert dieses Konzept eine koordinierende parlamentarische Rechtsetzung, sofern in vergleichbaren Sozialbereichen in Grundrechte ohne Differenzierungsgrund uneinheitlich eingegriffen wird (dazu im einzelnen unten III.)[55)].

Mittelbare Grundrechtsbeeinträchtigungen

Entsprechend der personalen Begrenzung der berufsständischen Satzungsgewalt erstreckt sich das Tätigkeitsfeld der öffentlich-rechtlich organisierten Ethik-Kommissionen ausschließlich auf die kammerangehörigen Ärzte. Die in § 1 Abs. 4 der Muster-Berufsordnung vorgeprägte Berufsregel gilt folglich für nahezu die gesamte Ärzteschaft und begründet deren Einheit mit, in welche die wissenschaftlichen Fächer der Medizin zum Vorteil der Leidenden einbezogen sind. Durch das berufsrechtliche

Konsiliarverfahren werden andererseits aber auch die Belange Dritter berührt. Mit betroffen sind neben den Probanden und Patienten vor allem die freien Ethik-Kommissionen sowie jene Unternehmen der pharmazeutischen Industrie und pharmakologischen Institute, in deren Auftrag und Interesse der forschende Arzt tätig ist. Während jedoch den Versuchspersonen durch die obligatorische Einschaltung der öffentlich-rechtlichen Prüfungskollegien lediglich ein zusätzlicher Schutz gewährt wird[56)], droht den aus privater Initiative gegründeten Ethik-Kommissionen der Verlust ihrer bisherigen, den Normen des Berufsrechts unterworfenen Auftraggeber[57)]. Für die Pharmaunternehmen und die sonstigen Forschungsinstitute ergeben sich Belastungen sowohl in finanzieller (gebührenrechtlicher) wie in zeitlicher Hinsicht als auch aus der Pflicht des ärztlichen Projektleiters, betriebliche Sachverhalte gegenüber externen Instanzen offenzulegen.

Wenngleich die berufliche und wissenschaftliche Betätigung der genannten Institutionen dem Schutzbereich der Artikel 12 Abs. 1 und 5 Abs.3 GG unterfällt[58)], steht deren Beeinträchtigung durch das Satzungsrecht der Ärztekammern damit keineswegs fest. Zwar wird heute im Grundsatz weitgehend anerkannt, daß unter Berücksichtigung der umfassenden Grundrechtsbindung öffentlicher Gewalt gemäß Art. 1 Abs. 3 GG verfassungsrechtlicher Schutz auch vor nur faktischen oder mittelbaren – d.h. über den jeweiligen finalen Regelungsgehalt hoheitlicher Maßnahmen hinausgehenden – Freiheitsbeschränkungen gewährleistet ist[59)].

Dennoch bleibt fraglich, wieweit die Abwehrfunktion der Grundrechte gegenüber derartigen nichtintendierten Eingriffen im Einzelfall reicht. Nach der Rechtsprechung des Bundesverfassungsgerichts (wie auch der Verwaltungsgerichte) ergeben sich Ausnahmen von dem vorbesprochenen Grundsatz vor allem in den Fällen, in denen sich eine öffentlich-rechtliche Regelung bereits für ihren Adressatenkreis nachteilig auswirkt[60)]. Hervorhebung verdient in diesem Zusammenhang allerdings, daß das Gericht in einem besonders gelagerten Sachverhalt trotz des Vorliegens einer zielgerichteten Eingriffshandlung auch Grundrechtsbeeinträchtigungen mittelbarer Art für möglich gehalten hat. Im Ladenschlußurteil[61)] heißt es insoweit: „Formell sind zwar Adressaten des Gesetzesbefehls nicht die Beschwerdeführerinnen selbst, sondern die Inhaber der Verkaufsstellen, denen die Schließung ihrer Läden zu bestimmten Zeiten auferlegt wird. Die Einwirkung dieser Maßnahme auf die Handlungsfreiheit der Beschwerdeführerinnen geht aber über eine bloße Reflexwirkung hinaus. Die an den Ladeninhaber gerichtete Norm hindert zwangsläufig die Kundschaft am Einkauf, wirkt also wie ein unmittelbar an diese gerichteter Gesetzesbefehl."

Die hier zum Ausdruck kommende Unterscheidung von reflexhafter und gleichsam „direkter" Drittwirkung gesetzlicher Verpflichtungen läßt sich indes nicht ohne weiteres auf die von den berufsständischen Kammern für ihre Mitglieder erlassenen Rechtsvorschriften übertragen. Dies gilt zumal im Blick auf die Eigenart des Heilberufs.

Den Standesregeln liegt zuvörderst die soziale Pflichtenstellung der Ärzteschaft zugrunde[62)]. Daraus erklärt sich, daß das Berufsrecht regelmäßig auch Außenstehende erfaßt. Vielfach wird es sich hierbei wie bei der Schweige- und Dokumentationspflicht[63)] um ausschließlich günstige Auswirkungen im Verhältnis zwischen dem Arzt und seinem Patienten handeln. Andere Bestimmungen tragen hingegen zu einem nachteiligen Einfluß des Kammerrechts auf die Stellung von Nichtmitgliedern bei.

Das zeigt sich an den Grenzen des Patientenrechts auf freie Arztwahl ebenso wie bei der Mitwirkung von Nichtärzten an der Heilbehandlung[64]. Gleiches gilt für die Untersagung jeglicher Werbung und Anpreisung und das Verbot, für die Verordnung von Arznei-, Heil-und Hilfsmitteln von dem Hersteller oder Händler eine Vergütung oder sonstige wirtschaftliche Vergünstigung entgegenzunehmen.[65]
In allen diesen Fällen erweist sich – was die Rechtspositionen außenstehender Dritter anbelangt – eine zweifelsfreie Grenzziehung zwischen bloßen Reflexen und zwangsläufigen Folgen von Standespflichten weder als möglich noch als sinnvoll[66]. Maßgeblicher Ausgangspunkt für die Bejahung einer mittelbaren Grundrechtsbeeinträchtigung muß vielmehr die Intensität der faktischen Beeinflußung sein[67].
Dieses Konzept darf freilich nicht unberücksichtigt lassen, daß gewisse Rückwirkungen der Berufsordnungen auf außerhalb des autonomen Bereichs stehende Grundrechtsträger als unvermeidbar in Kauf genommen werden müssen[68]. Zu Recht wird daher für das ärztliche Berufsrecht eine individuelle Grundrechtsbetroffenheit Dritter generell abgelehnt. Statt dessen finden deren Belange unter anderen Aspekten die nötige Beachtung: Die für den Kreis der ärztlichen Normadressaten durchzuführende Grundrechtsprüfung erstreckt sich im Rahmen der Verhältnismäßigkeitsabwägung jedenfalls auch auf die rechtlich geschützten Interessen von Nichtmitgliedern. Außerdem gewinnt die mittelbare Außenwirkung von Kammerstatuten nach der Lehre vom Vorbehalt des Gesetzes zentrale Bedeutung für die Reichweite der parlamentarischen Regelungspflicht.
Alles in allem besteht demnach Raum für die Gewährung von Individualrechtsschutz lediglich dort, wo der mittelbare Effekt von Berufspflichten einem direkten Verbot mit existenzvernichtenden Folgen gleichkommt[69]. Auf das die Ethik-Kommissionen konstituierende Standesrecht bezogen fehlt es an derart schwerwiegenden Auswirkungen. Insbesondere steht es der pharmazeutischen Industrie auch künftig frei, ärztlich geleitete Arzneimittelstudien zunächst privatrechtlich organisierten Ethik-Kommissionen zur kritischen Vorabbegutachtung vorzulegen[70]. Den freien Gremien wird damit weiterhin ein das gesamte Gebiet biomedizinischer Forschung am Menschen umfassendes Tätigkeitsfeld verbleiben. Zudem knüpft schon heute eine Vielzahl ihrer Aufgaben nicht an Funktionen im Rahmen der Berufsordnungen der Landesärztekammern an. Dazu zählen neben Diensten auf der internationalen Ebene vor allem die Hilfestellung beim Entwurf von Prüfungsprotokollen und die juristische und ethische Beratung der Arzneimittelhersteller in Fragen von Vertrieb und Erprobung pharmakologischer Substanzen[71].

Ergebnis

Zentraler Verfassungsmaßstab ist also allein das Grundrecht des forschenden Arztes aus Artikel 5 Abs. 3 GG; sein Grundrecht aus Art. 12 Abs. 1 GG ist mit zu beachten. Berücksichtigung finden in diesem Rahmen ferner die durch das ärztliche Berufsrecht mittelbar betroffenen Grundrechtspositionen nichtkammerangehöriger Personen (dazu unten V.)[72].

bb) Der Maßstab des Bundesrechts

Wie schon hervorgehoben, kommt den Ethik-Kommissionen nach ihren Statuten[73] die Aufgabe zu, dem Arzt bei der Gestaltung und Durchführung von Forschungsprojekten am Menschen nach ethischen und rechtlichen Maßgaben Hilfe durch Beratung und Beurteilung zu gewähren[74]. In der praktischen Arbeit dieser Gutachtergremien geht es dabei vornehmlich um die Prüfung des wissenschaftlichen Ansatzes von Arzneimittelstudien, der Plausibilität ihres wissenschaftlichen Designs, ferner um die Abwägung von Vorteilen und Gefahren, die Verrechnung von Nutzen mit Schaden, sodann zumeist um die rechte Aufklärung von Patienten und Probanden. Diese spannungsreichen Konfliktlagen sind mittlerweile mit dem Arzneimittelgesetz von 1976[75] in wesentlichen Punkten einer grundlegenden rechtlichen Klärung zugeführt worden; weitere normative Vorgaben für die Begutachtungstätigkeit der Ethik-Kommissionen enthalten die Strahlenschutzverordnung[76] sowie die Medizingeräteverordnung[77].
Nach dem in Art. 31 GG[78] zum Ausdruck kommenden allgemeinen bundesstaatlichen Vorrangprinzip muß sich das Satzungsrecht der Ärztekammern als Landesrecht an diesen bundesrechtlichen Vorschriften messen lassen. Namentlich ist zu prüfen, ob die Rechtsregeln zur klinischen Prüfung von Arzneimitteln nicht in ihrem Anwendungsbereich die auf die Berufsordnungen gestützte Pflicht zur Anrufung einer Ethik-Kommission aussschließen, weil der Bundesgesetzgeber mit dem Arzneimittelgesetz auf dem Gebiet der Medikation eine erschöpfende Regelung der Zulässigkeitsschranken und ihrer verfahrensrechtlichen Überwachung erstrebte (im folgenden IV.). Dieser Schluß wäre besonders dann erlaubt, wenn der Gesetzgeber auf die Verankerung der inzwischen bundesweit tätigen Ethik-Kommissionen im Arzneimittelgesetz bewußt verzichtet hätte[79].

cc) Der Maßstab des Landesrechts

Die Hauptfragen, die die berufsständische Autonomie aufwirft, erfahren ihre Antwort nach den Rechtssätzen des Grundgesetzes. Zur Debatte stehen indes nicht nur die Maßgaben der Grundrechte und der Wesentlichkeitstheorie, sondern ebenso die einfach-gesetzlichen Grenzen der verliehenen Rechtsetzungsmacht.
Die einzelnen Kammer- und Heilberufsgesetze der Bundesländer beschränken das Berufsordnungsrecht der Ärztekammern auf die Regelung von Berufspflichten und damit auf die ärztliche *Berufs*ausübung[80]. Diese bedeutet nach § 2 Abs. 5 der Bunderärzteordnung[81] die Ausübung der Heilkunde unter der Bezeichnung Arzt oder Ärztin. Eine Definition des Begriffs „Heilkunde" gibt die Bundesärzteordnung nicht. Das Heilpraktikergesetz von 1939 bestimmt ihn wie folgt[82]: „Ausübung der Heilkunde im Sinne dieses Gesetzes ist jede berufs- oder gewerbsmäßig vorgenommene Tätigkeit zur Feststellung, Heilung oder Linderung von Krankheiten, Leiden oder Körperschäden bei Menschen, auch wenn sie im Dienste von anderen ausgeübt wird". Diese Definition gilt unmittelbar nur für den Heilpraktiker, von dem sich der Arzt durch Fachwissen und statusbegründende Approbation unterscheidet. Mit ihren Kern charakterisiert sie freilich auch die ärztliche Aufgabe: die Diagnose und Therapie menschlicher Leiden und Krankheiten.

Die Überlegungen zum ärztlichen Heilauftrag lenken den Blick zugleich auf die medizinische Wissenschaft und Forschung. Der Arzt hat bei seiner Berufsarbeit von dem anerkannten Fachwissen und den Standards in seiner Disziplin auszugehen[83]. Desgleichen ist er gehalten, das Fortschreiten der Wissenschaft zu fördern[84]. So sucht der behandelnde Arzt etwa einer Universitätsklinik pflichtgemäß die gegebenen Möglichkeiten der Diagnostik und Therapie zu übertreffen, auf einen wirksameren Stand zu heben, überlegene Methoden und Mittel einzuführen. Umgekehrt macht es die wechselseitige Durchdringung von Heil- und Forschungsauftrag unumgänglich, den ausschließlich im Dienste der medizinischen Forschung stehenden Arzt gleichfalls in die Zusammenhänge des ärztlichen Berufs zu stellen[85]. Ein Blick auf die Neulandmedizin verdeutlicht dies. Dem Heilversuch gibt die in einem konkreten Krankheitsfall ins Werk gesetzte therapeutische Absicht das Gepräge, hingegen steht beim klinischen Experiment das wissenschaftliche oder allgemein medizinische Interesse im Vordergrund. Für beide Felder indes bildet die Forderung nach einem wissenschaftlichen und sittlich hochqualifizierten Berufsstand eine unverbrüchliche Einheit[86].
Im Ergebnis findet die Einbeziehung der wissenschaftlichen, nicht kurativen Tätigkeiten in das ärztliche Berufsbild damit ihren Niederschlag auch im Berufsordnungsrecht der Kammern: Die statutarische Pflicht des forschenden Arztes zur Einschaltung einer Ethik-Kommission hält sich als Berufspflicht im einfach-gesetzlichen Rahmen der verliehenen Satzungsautonomie; der Prüfungsmaßstab des Landesgesetzesrechts kann mithin im folgenden vernachlässigt werden.

II. Anlaß, Bestand, Funktion und Organisation der Ethik-Kommissionen: eine Situationsanalyse

1. Ärztliche Berufsethik und normative Ordnung: Ansatzpunkte zur Konzeption der berufsständischen Selbstkontrolle

„Wenn man als alter Arzt mehr als ein halbes Jahrhundert diese rasante, mit der industriellen Revolution einhergehende Entwicklung sehenden Auges miterlebt hat, erkennt man, fern von modischer Technikfeindlichkeit und romantischer Verklärung früherer Zustände, die zunehmende Zahl von tiefgreifenden ärztlichen Konfliktsituationen." Die hier von dem Chirurgen Wachsmuth[87)] thematisierte grundsätzliche Lage der modernen Medizin in einer durch Naturwissenschaft und Technik geprägten Zivilisation bildet die Kehrseite der beträchtlichen Erfolge des Faches, auf die das Publikum kaum mehr verzichten kann oder will, und die der Arzt auch von Rechts wegen zu nutzen verpflichtet ist. Während der letzten Jahrzehnte hat angestrengte Arbeit von Medizinern und Technikern das Leistungsvermögen in Forschung, Prävention, Diagnostik, Therapie und Rehabilitation stark ausgedehnt[88)]. Die unaufhaltsame Perfektion der Technik[89)] mit ihren komplexen Chancen und Gefahren schafft fortwährend weitere Alternativen, legt damit dem Arzt immer problematischere Konflikte wie Entschlüsse auf und erhöht so die Verantwortlichkeit. Gleichzeitig verunsichern und zersetzen jedoch die Fortschritte der naturwissenschaftlichen Medizin herkömmliche berufliche Grenzen und überlieferte, einsichtige Kriterien. In der Geschichte der Medizin erweist sich dabei der wissenschaftliche und therapeutische Optimismus als bestimmende und treibende Kraft, den kritisches ärztliches Denken zügeln muß, das hierfür der wissenschaftlichen, sittlichen und rechtlichen Legitimation bedarf[90)].

Bei den anstehenden Problemen sind somit Ethik und Recht gleichermaßen gefordert. Das Verhältnis beider ist verschieden gefaßt worden[91)]. Deutscher Philosophietradition kantischer Prägung entspricht es, zwischen moralischen Geboten und rechtlicher Ordnung deutlich zu unterscheiden[92)]. Diese alternative Zweiteiligkeit läßt denken, daß ethisches oder unethisches Verhalten nicht rechtlich relevant ist; wo das Recht auf äußeres Handeln und soziale Gestaltung zielt, verbleibt die Ethik mit dem Zweck individueller Vollkommenheit im Bereich der persönlichen Kultur. Die gemeinsame Ausrichtung der beiden Gebiete auf die Gewährleistung humaner Grundwerte kommt so nicht in den Blick. Doch nimmt das Recht, was den ärztlichen Heil- und Forschungsauftrag anbelangt, seit jeher medizinethische Grundsätze in sich auf und gibt dem Gewissen des Arztes Raum. Die Fortbildung des Rechts folgt den Fortschritten der Profession und berücksichtigt dabei das Ethos des durchgeformten ärztlichen Berufsstandes[93)].

Die Standesethik steht, so das Bundesverfassungsgericht im Anschluß an Eberhard Schmidt[94)], nicht isoliert neben dem Recht. Sie wirkt allenthalben und ständig in das Rechtsverhältnis zwischen Arzt und Patient oder Proband hinein. Was die Standesethik fordert, übernimmt das Recht weithin. Weit mehr als sonst beim Miteinander der

Menschen fließen im ärztlichen Berufsfeld Ethik und Recht zusammen und durchdringen sich[95]. Ohne den Beitrag des Standes läßt sich die beschriebene Homogenität von medizinischen, moralischen und normativen Gesichtspunkten allerdings nicht realisieren. Recht und Ethik des Arztes kommen demzufolge konkret und faßlich in den Berufsregeln der einzelnen Kammern zusammen[96]. Die sich daraus ergebende standesrechtliche Selbstkontrolle der Medizin nimmt dem Arzt indessen nicht seine moralische Kompetenz und Verantwortlichkeit[97]. Sie beschränkt sich vielmehr darauf, über die Einhaltung allgemein akzeptierter Maßgaben zu wachen und der Bildung ethisch bedenklicher Standards vorzubeugen[98].

2. Anlaß, Entwicklung, Bestand und Rechtsgrundlagen der Ethik-Kommissionen

Ausgehend von der eingangs dargestellten Konzeption ist in der Bundesrepublik Deutschland, angestoßen von der Entwicklung in den USA und den international anerkannten ethischen Richtlinien des Weltärztebundes, Mitte der siebziger Jahre der Ruf nach von der Ärzteschaft getragenen, interdisziplinär besetzten sogenannten Ethik-Kommissionen laut geworden, die in medizinischen Handlungskonflikten, wie sie vornehmlich im Bereich der biomedizinischen Forschung am Menschen auftreten können, beratend tätig werden sollten[99].

Ähnliche Konsiliargremien bildeten schon in der Antike und an den mittelalterlichen Universitäten ein bewährtes Mittel der standesinternen Qualitätskontrolle. Sie wachten über die Berufsausübung ihrer ärztlichen Kollegen, insbesondere darüber, daß die Grenzen des Heilauftrags gewahrt blieben[100]. Öffentliche Aufmerksamkeit fand das Thema mit der sprunghaften Ausdehnung der experimentellen Medizin zu Beginn dieses Jahrhunderts[101]. In der durch zahlreiche Fehlgriffe und Mißbräuche ausgelösten Diskussion über die Zulässigkeit und Grenzen der Neulandmedizin in ihren mannigfaltigen Spielarten konnte sich die von Teilen der Ärzteschaft und Presse erhobene Forderung nach „Kommissionen zur Erteilung von Erlaubnissen für Versuche am Menschen" allerdings nicht behaupten[102]. Das Reichsinnenministerium entschied sich vielmehr nach den Vorschlägen des Reichsgesundheitsrates für die Unterscheidung von neuartiger Heilbehandlung, dem Heilversuch, und wissenschaftlichem Versuch, dem klinischen Experiment, mit jeweils eigenständigen Anforderungen[103]; im übrigen erachtete es das ethische Ansinnen an den leitenden Arzt, gegebenenfalls in eigener Sache Verzicht zu leisten, als zureichende Sicherheit.

Im Folgenden sollen die Grundzüge sowie einzelne Elemente der Ausbreitung der Ethik-Kommissionen nach 1945 angesprochen werden. Dabei können auf dem beschränkten Raum nicht alle Einzelheiten erscheinen. Vielmehr wird nach der grundsätzlichen Bedeutung des Ausschußwesens gefragt, um so den Blick für die eigentliche Problematik zu schärfen, die tiefgreifenden Zweifel und Anfechtungen, denen das Recht wie die Ethik des ärztlichen Standes im Zeichen des technischen Fortschritts unterliegen und die der Klärung bedürfen.

a) Das Vorbild der Vereinigten Staaten von Amerika

Die modernen Prüferkollegien auf dem Felde der berufsethischen Kontrolle schwieriger medizinischer Forschungsvorhaben haben ihren Ursprung in den USA[104]. Die ersten Kommissionen entstanden im Zusammenhang mit Sterilisationsentscheidungen in den zwanziger Jahren, solche im Zusammenhang mit Schwangerschaftabbrüchen in den fünfziger Jahren. In der Praxis konnten diese Institutionen aus verschiedenen Gründen indes keine Bedeutung erlangen[105]. Wichtiger war demgegenüber, daß den vom National Institute of Health (NIH) betriebenen Kliniken und Forschungseinrichtungen seit 1953 durch administrative Richtlinien die Einrichtung von Ausschüssen zur Begutachtung menschenbezogener Forschung zwingend vorgeschrieben wurde[106]. Ähnliche „peer review" – Komitees[107] sind im gleichen Zeitraum nur noch für einige wenige Universitätskliniken belegt[108].
Den entscheidenden Aufschwung bewirkten zu Beginn der sechziger Jahre die Urteile in dem Fall Hyman v. Jewish Chronic Disease Hospital sowie eine Studie der Boston-University, die den Nachweis erbrachte, daß an den meisten Forschungsstätten weder Formulare noch Dienstanweisungen existierten, um den Interessen des forschenden Mediziners zugunsten der Persönlichkeitsrechte der Patienten und Probanden die gebotenen Grenzen zu setzen[109]. In der öffentlichen Diskussion gewannen nunmehr die Versuche an menschlichen Subjekten und die Arzneimittelprüfungen breiten Raum. Der unbefriedigende Stand der gesetzlichen und behördlichen Regelungen wurde vollends offenbar, als Beecher in einem im Jahre 1966 im New England Journal of Medicine veröffentlichten Aufsatz feststellte, daß von hundert in einer anerkannten Zeitschrift publizierten Forschungsberichten wenigstens zwölf schwerwiegenden ethischen Einwänden ausgesetzt waren[110]. Der Public Health Service (PHS), eine Behörde des Department of Health, Education and Welfare (DHEW), entschied sich daraufhin nach dem Vorbild des NIH für eine Präventivkontrollle von Humanexperimenten, indem er die Forschungsförderung mit Bundesmitteln von der vorherigen Billigung der Vorhaben durch eine lokale Ethik-Kommission, einem sogenannten Institutional Review Board[111], abhängig machte[112]. Dieser Beschluß wurde unter dem Eindruck der „Tuskegee syphilis study"[113] 1974 in Gestalt des National Research Act[114] in Gesetzesform überführt und durch die am 1. Oktober 1989 letztmals revidierten „Regulations for the Protection of Human Research Subjects"[115] inhaltlich weiter verschärft. Seit 1981 liegen zudem im wesentlichen gleichlautende Richtlinien der Food and Drug Administration (FDA) für die Arzneimittelprüfung und die Erprobung medizinischer Geräte vor[116].
Auch was die nicht mit Bundesmitteln geförderten Projekte der antragstellenden Forschungszentren angeht, erzwingen die Verordnungen des DHEW und der FDA mittelbar die Einschaltung eines Institutional Review Board[117]. Weitergehend unterwerfen aus Gründen der Gleichbehandlung einige Bundesstaaten[118] sowie der überwiegende Teil der Forschungseinrichtungen[119] Versuche am Menschen unabhängig von der Finanzierungsquelle generell dem Votum eines Prüferkollegiums. In die gleiche Richtung wirkt die Praxis etlicher medizinischer Fachzeitschriften, Manuskripte nur noch dann zur Veröffentlichung anzunehmen, wenn für die zugrundeliegenden Versuchsprotokolle der positive Bescheid einer geeignet organisierten Ethik-Kommission nachgewiesen werden kann[120]. Neuere Schätzungen nehmen dementsprechend für die

Vereinigten Staaten von Amerika einen Bestand von annähernd 1500 Institutional Review Boards an[121]).

Die Instutional Review Boards vereinen Forscher und Ärzte aus der Institution, die das geplante wissenschaftliche Unternehmen trägt, mit Kollegen von außerhalb, sowie Juristen, Theologen und anderen Dritten[122]). Sie müssen nach den Richtlinien aus mindestens fünf Mitgliedern bestehen, auf deren verschiedenartige ethnische, rassische und kulturelle Herkunft ebenso zu achten ist wie auf ein ausgewogenes Verhältnis der Geschlechter. Da nach amerikanischem Verständnis die Pluralität der Gesellschaft ihren Niederschlag auch in der Zusammensetzung der ethischen Komitees finden sollte, gilt die Beteiligung von Laien als unerläßlich[123]).

Die einzelnen Ausschüsse treffen ihre Entscheidungen aufgrund einer nach rechtsstaatlichen Grundsätzen ausgestalteten schriftlichen Verfahrensordnung selbständig, unabhängig und eigenverantwortlich, ohne einer Aufsicht oder Kontrolle durch Kommissionen auf zentraler Ebene zu unterliegen[124]). Bei positivem Votum ist die Forschungsinstitution gleichwohl frei, auf die geplante Versuchsreihe zu verzichten; Bindungswirkung kommt dagegen der verweigerten Zustimmung zu[125]). Mit der Genehmigung obliegt dem Institutional Review Board des weiteren die laufende projektbegleitende Überwachung[126]).

Neben den Institutional Review Boards haben sich in den USA seit den siebziger Jahren noch andere Formen von Ethik-Kommissionen etabliert. Wenig bekannt sind die Konsiliargremien in Krankenhäusern und ähnlichen Einrichtungen, die vornehmlich in der individuellen Krankenversorgung arbeiten. Die Anrufung dieser „hospital ethics comitees“[127]) ist freiwillig, ihre Bescheide binden in der Regel nicht. Sie überdenken ärztliche Vorhaben in Grenzsituationen wie beim Abbruch von lebenserhaltenden Maßnahmen oder bei der Versorgung von schwerstbehinderten Neugeborenen, beraten bei der Aufklärung von Patienten oder unterrichten die Öffentlichkeit, um das Bewußtsein für ethische Problemfelder zu schärfen. Im Auftrag der pharmazeutischen Industrie werden schließlich auch sogenannte Noninstitutional Review Boards tätig[128]). Diese freien Kommissionen spielen bei der Begutachtung von Arzneimittelprüfungen in der vorklinischen Phase allerdings nur eine unbedeutende Rolle.

b) Die Entwicklung von Ethik-Kommissionen im europäischen Ausland

Die hohe Anzahl klinischer Versuche, besonders von Arzneimittelprüfungen an Patienten, die zunehmend erkannte Bedeutung von Einverständniserklärungen nach Aufklärung und die Problematik der Studien mit sogenannten „freiwilligen Probanden“ führte auch in Europa zur sukzessiven Ausbreitung medizinischer Konsiliarverfahren. Eine gewichtige Rolle bei der Gründung von Ethik-Kommissionen spielten insbesondere Großbritannien und Schweden, die noch in den sechziger Jahren auf lokaler und regionaler Ebene das amerikanische Modell weithin übernahmen; Frankreich und Dänemark schlossen sich diesem Beispiel an[129]). Besondere Hervorhebung verdient die Position der Schweiz in der Entwicklungsgeschichte der Ethik-Kommissionen[130]). Jedes humanmedizinische Forschungsprojekt bedarf hier vor seiner Durchführung der Beurteilung und Genehmigung durch ein lokales Gremium. Als zentrale Institution gibt es die Schweizerische Akademie der Medizinischen Wissenschaften, die Leitlinien für die örtlichen Komitees herausgibt und als Rekursinstanz gegen deren Entscheidungen fungiert. Sie besteht aus vier amtierenden oder ehemaligen Senatoren der Schweizer Akademie der Wissenschaften, dem Präsidenten oder Vizepräsidenten des Zentralvorstandes des Verbandes der Schweizer Ärzte, einem Dozenten einer juristischen Fakultät, drei praktizierenden Ärzten, darunter mindestens eine Frau, sowie einem oder zwei Delegierten des Schweizerischen Verbandes Diplomierter Krankenschwestern oder Pfleger. Schließlich stehen die Niederlande, die bereits ein vielschichtiges Schulungsprogramm für Mitglieder von Ethik-Kommissionen aufgebaut haben, kurz vor der gesetzlichen Institutionalisierung des Ausschußwesens[131)].

c) Internationale ethische Richtlinien für das ärztliche Handeln auf dem Felde der experimentellen Medizin

Die Legitimation der Medizin bedarf eines feststehenden Ordnungssystems, wenn sie sich auf die Maxime konzentriert, daß die Interessen von Forschung und Allgemeinheit niemals Vorrang haben dürfen vor dem Wohlergehen des einzelnen[132)]. Seiner Grundlegung dienen in erster Linie die internationalen Erklärungen zur medizinischen Forschung am Menschen, die mit ihren – rechtlich nicht bindenden – Empfehlungen ein äußerst hilfreiches Regelwerk für die Praxis darstellen[133)].
Wichtige Dokumente bilden der von den alliierten Siegermächten im Rahmen der Kriegsverbrecherprozesse zur Grundlage der Verurteilungen gemachte Nürnberger Kodex aus dem Jahre 1947[134)] sowie die vom Weltärztebund seit 1954 formulierten Richtlinien zum Humanexperiment[135)], von denen die am 10. Oktober 1975 von der Generalversammlung des Weltärztebundes in Tokio verabschiedete Revidierte Deklaration von Helsinki aus dem Jahre 1964 besondere Bedeutung gewann[136)].
Diese enthält unter anderem folgende, vom deutschen Arzneimittelgesetz im wesentlichen übernommene Maßgaben: Das Vorhaben „muß den allgemein anerkannten wissenschaftlichen Grundsätzen entsprechen" und „sollte auf ausreichenden Laboratoriums- und Tierversuchen sowie einer umfassenden Kenntnis der wissenschaftlichen Literatur aufbauen". Der am Menschen forschende Arzt bedarf besonderer wissenschaftlicher Qualifikation. Immer muß „die Bedeutung des Versuchsziels in einem angemessenen Verhältnis zum Risiko für die Versuchsperson" stehen. Der Arzt hat die Risiken behutsam gegen den Nutzen abzuwiegen. „Die Sorge um die Belange der Versuchsperson muß stets ausschlaggebend sein im Vergleich zu den Interessen der Wissenschaft und der Gesellschaft." Das „Recht der Versuchsperson auf Wahrung ihrer Unversehrtheit" verlangt je und je Respekt. Besonders strengem Maßstab müssen Einwilligung und Aufklärung genügen. Der Arzt hat jeden Versuch abzubrechen, „sobald sich herausstellt, daß das Wagnis den möglichen Nutzen übersteigt".
Darüber hinaus empfiehlt die Revidierte Deklaration von Helsinki erstmals ein besonderes Kontrollverfahren: Eingehende Versuchsprotokolle sollten in allen Fällen „die ethischen Überlegungen im Zusammenhang mit der Durchführung des Versuchs darlegen und aufzeigen, daß die Grundsätze dieser Deklaration eingehalten sind"; diese Dokumentationen sollten sodann einem eigens berufenen „unabhängigen Ausschuß zur Beratung, Stellungnahme und Orientierung zugeleitet werden"[137)].

Die Aufgabe dieses für die ethische Begutachtung zuständigen Organs nahmen in der Folgezeit auch eine Reihe von freien Kommissionen wahr, obwohl ihnen nach einer im arztrechtlichen Schrifttum getroffenen Feststellung neben den staatlich oder standesrechtlich autorisierten Gremien „keinerlei Funktion im Rahmen der Revidierten Deklaration von Helsinki“ zukommt[138]. Die vom Weltärztebund im September 1989 in Hongkong beschlossene Neufassung der Deklaration von Helsinki hat diese Einschätzung im Sinne einer Klarstellung ausdrücklich bestätigt. So heißt es jetzt in Nummer 2 der allgemeinen Grundsätze: „Die Planung und Durchführung eines jeden Versuchs am Menschen sollte eindeutig in einem Versuchsprotokoll niedergelegt werden, welches einem besonders berufenen, *vom Forschungsteam und Sponsor* unabhängigen Ausschuß zur Beratung, Stellungnahme und Orientierung vorgelegt werden sollte. *Dabei wird davon ausgegangen, daß dieser Ausschuß gemäß den Gesetzen oder Bestimmungen des Landes, in dem der Versuch durchgeführt werden soll, anerkannt ist.*“[139] Die künftige Tätigkeit freier Ethik-Kommissionen weckt daher jedenfalls unter standesethischen Gesichtspunkten erhebliche Bedenken.

d) Entwicklung, Bestand und Rechtsgrundlagen der Ethik-Kommissionen in der Bundesrepublik Deutschland

Historischer Anknüpfungspunkt des bundesdeutschen Ausschußwesens war vorrangig die Helsinki-Tokio-Deklaration des Weltärztebundes[140]. Mit seiner Herausbildung ging das Bewußtsein einher, daß die kritischen Konsiliarverfahren sich nicht auf individuelle Kontrolle und Beratung beschränken, sondern auch konstitutiv für die biomedizinische Forschung am Menschen als Ganzes sind. Gleichwohl erlaubte es das Vertrauen in die Selbstregulierungskraft ethischer Prozesse, von zusätzlichen Sicherungen im Rahmen des berufsrechtlich Regelbaren vorerst Abstand zu nehmen. In der Folge entwickelten sich daher in der Bundesrepublik Deutschland allenthalben unterschiedlich organisierte und strukturierte Ethik-Kommissionen, deren Verfahren meist eigenen Regeln gehorchte[141].

aa) Die öffentlich-rechtlich legitimierten Ethik-Kommissionen der medizinischen Fakultäten und der Ärztekammern

In der Bundesrepublik Deutschland sind die ersten Ethik-Kommissionen den Aktivitäten der Deutschen Forschungsgemeinschaft zu verdanken. An den von ihr geförderten medizinischen Sonderforschungsbereichen setzte sich der Gedanke einer ethischen Präventivkontrolle zunächst 1971 in Ulm, dann 1973 in Göttingen und München durch; die übrigen universitären Sonderforschungsbereiche folgten noch in den siebziger Jahren[142]. Von der Deutschen Forschungsgemeinschaft ging auch die Aufforderung aus, an den nur zögernd auf die Vorschläge der Revidierten Deklaration von Helsinki reagierenden medizinischen Fakultäten gleichfalls Ethik-Kommissionen zu konstituieren. 1976 wurde daraufhin an den Universitäten Göttingen und Kiel, später an den medizinischen Fachbereichen anderer Hochschulen wie Münster, Bonn und Tübingen die Kommissionsarbeit aufgenommen[143]. Nachdem sich schließlich auch der Medizinische Fakultätentag 1979 und erneut 1981 zu der Notwendigkeit unabhängiger ethischer Instanzen bekannt hatte, kamen die Institutionalisierungsbestrebungen an fast allen Fachbereichen zu einem baldigen Abschluß. Insgesamt stieg die Zahl der den medizinischen Fakultäten unmittelbar zuzuordnenden Ethik-Kommissionen auf 24 Gremien an[144)], die ihre Rechtsgrundlage in der mit dem Selbstverwaltungsrecht der Hochschulen auf das engste zusammenhängenden Organisationsgewalt der Universitätsorgane in Angelegenheiten des Forschungsbetriebes finden[145)].

Die Frage nach dem Sinn und der Notwendigkeit einer Begutachtung von Forschungsvorhaben führte auch innerhalb der Standesorganisationen der Ärzteschaft zu längeren Diskussionen. Den Streit um das Für und Wider der unabhängigen Gremien beendete ein Beschluß des Vorstandes der Bundesärztekammer vom 12. Januar 1979, der den zwölf Ärztekammern in der Bundesrepublik Deutschland und in Berlin die Bildung von „Kommissionen zur Beratung und Beurteilung ethischer und rechtlicher Aspekte von Forschungen am Menschen" empfahl[146)]. Diesem Vorschlag sind seit 1980 alle Kammern – mit Ausnahme von Bremen – gefolgt[147)]. Einen Sonderfall stellt die Ethik-Kommission der Ärztekammer Westfalen-Lippe dar, deren Aufgaben durch das von der medizinischen Fakultät der Universität Münster eingesetzte Komitee wahrgenommen werden[148)].

Obgleich es nach dem Beschluß der Bundesärztekammer vom Januar 1979 dem für die Durchführung eines Forschungsvorhabens verantwortlichen Arzt freistand, die bei den Ärztekammern eingerichteten Gutachtergremien um eine kritische Stellungnahme zu bitten, wuchs deren Inanspruchnahme in den folgenden Jahren erheblich an[149)]. Aus praktischer Notwendigkeit heraus sahen sich viele Forscher veranlaßt, von Fall zu Fall ethischen und rechtlichen Rat einzuholen: Ohne die unabhängige und wissenschaftlichen Anforderungen genügende Beurteilung durch eine Ethik-Kommission blieb (und bleibt) den in bundesdeutschen Prüflabors entwickelten Medikamenten der amerikanische Arzneimittelmarkt weitgehend verschlossen[150)].

Weil die Prüfungskollegien bei geeigneter Zusammensetzung außerdem ein Instrument der Verkehrssicherung bilden, besteht für forschungsbetreibende Institutionen eine haftpflichtrechtlich erhebliche Sorgfaltspflicht, Ethik-Kommissionen einzurichten, für die Wissenschaftler, schwierige Vorhaben prüfen zu lassen. Auf den positiven Bescheid einer zweckmäßig organisierten Kommission darf der Forscher grundsätzlich vertrauen, auch wenn er stets für sein Tun und Lassen selbst verantwortlich bleibt[151)].

Die ärztlichen Standesorganisationen reagierten auf die infolge der beschriebenen mittelbaren Zwänge zur Einrichtung eines Prüfungskollegiums uneinheitliche und damit zumindest auf lange Sicht unbefriedigende Situation mit dem zunehmenden Bestreben nach klaren berufsrechtlichen Maßgaben, die zum einen den bisher vernachlässigten Gesichtspunkt der rechtlichen Verbindlichkeit besser zur Geltung bringen, zum anderen den durch die Revidierte Deklaration von Helsinki lediglich berufsethisch fundierten Ethik-Kommissionen eine zusätzliche Legitimation zur Seite stellen sollten. In einem ersten Schritt entschied sich der 88. Deutsche Ärztetag am 15. Mai 1985 zunächst für die Ergänzung der Muster-Berufsordnung um eine Soll-Vorschrift, die es jedem klinisch forschenden Arzt nahelegte, die Hilfe eines bei der Ärztekammer oder einer medizinischen Fakultät eingerichteten Gutachterausschusses in Anspruch zu nehmen[152)]. Eine Reihe von Ärztekammern transformierte diese Richtlinie in verbindliches Satzungsrecht[153], wobei einzelne Standesorganisationen anstelle der Soll- eine Muß-Bestimmung wählten[154]. Seit 1988 enthält nunmehr auch die Muster-Berufsordnung folgende Regel[155]: „Der Arzt *muß* sich vor der Durchführung klinischer Versuche am Menschen oder der epidemiologischen Forschung mit personenbezogenen Daten durch eine bei der Ärztekammer oder bei einer medizinischen Fakultät gebildete Ethik-Kommission über die mit seinem Vorhaben verbundenen berufsethischen und berufsrechtlichen Fragen beraten lassen". Einige Kammern sind dieser Maßgabe bereits gefolgt[156]. Danach soll das Votum einer freien, also nicht öffentlich-rechtlich verfaßten Kommission berufsrechtlich nicht mehr genügen.

Im pharmazeutischen Bereich, für den medizinischen Heilversuch und das wissenschaftliche Experiment mit Medikamenten, hat der forschende Arzt neben dem Berufsrecht der Kammer zugleich die „Bekanntmachung des Bundesministers für Jugend, Familie, Frauen und Gesundheit von Grundsätzen für die ordnungsgemäße Durchführung der klinischen Prüfung von Arzneimitteln (Good Clinical Practices)" vom 9. November 1987 zu beachten[157]. Danach sind vor der Anwendung eines Medikaments am Menschen zu dem Zweck, über den einzelnen Anwendungsfall hinaus Erkenntnisse über seinen therapeutischen oder diagnostischen Wert zu gewinnen, stets die ethischen und rechtlichen Voraussetzungen am Maßstab der §§ 40 und 41 des Arzneimittelgesetzes und der Revidierten Deklaration von Helsinki zu prüfen. Eine „unabhängige und sachkundige" Ethik-Kommission soll in allen Fällen gehört werden, insoweit wird ein allgemeiner Vorbehalt zugunsten des Berufsordnungsrechts anerkannt[158].

Dem gegenseitigen Informations- und Erfahrungsaustausch zwischen den Ethik-Kommissionen dient seit 1983 der Arbeitskreis medizinischer Ethik-Kommissionen[159]. Auf diese Weise können den ausschließlich auf Maßgaben des öffentlichen Rechts beruhenden Mitgliedskommissionen[160] Anregungen für die Beurteilung vorgelegter Forschungsvorhaben sowie einheitliche Empfehlungen für Organisation und Verfahren vermittelt werden. Die 1986 verabschiedeten, in den Folgejahren geringfügig geänderten „Verfahrensgrungsätze für die Arbeit der Ethik-Kommissionen"[161] sind ein wichtiges Beispiel dieser angesichts der herrschenden Erscheinungs- und Aufgabenvielfalt unentbehrlichen Ratschläge.

bb) Die privaten oder freien Ethik-Kommissionen

An der Begutachtung klinischer Arzneimittelstudien beteiligten sich in der Bundesrepublik Deutschland von Anfang an auch nicht öffentlich-rechtlich angebundene Ethik-Kommissionen. Insbesondere die pharmazeutische Industrie entschied sich aufgrund der strengen amerikanischen Anforderungen an die Medikamentenerprobung[162] frühzeitig für die Konstituierung firmeneigener Komitees, die meist mit angesehenen Vertretern verschiedener Disziplinen besetzt waren und deren Verfahrensordnungen den Erfordernissen des Rechts genügten[163]. Desgleichen entstanden an einzelnen Arzneimittelprüfinstituten[164] Kontrollgremien zum Schutz der schon in der Prüfungsphase I herangezogenen Probanden[165].

Daneben haben sich im Verlauf der vergangenen fünfzehn Jahre einige wenige aus privater Initiative gegründete Ethik-Kommissionen etabliert, die weder einem bestimmten Unternehmen oder Institut angegliedert sind noch einer externen Aufsicht unterliegen. Über ihre Organisation und Arbeitsweise ist im Detail wenig bekannt, gegen ihre auf Gewinn bedachte Tätigkeit haben sich überdies generelle Einwände erhoben[166]. Sie beanspruchen für sich eine internationale, so das European Ethical Review Committee mit Sitz in Rotterdam[167] und die Internationale Ethik-Kommission, oder zumindest überregionale Zuständigkeit, wie die bereits erwähnte, vornehmlich für verschiedene Pharmaunternehmen im süddeutschen Raum, aber auch französische und englische Firmen arbeitende Freiburger Ethik Kommission. Diese seit 1980 in der Rechtsform einer Gesellschaft des bürgerlichen Rechts bestehende Einrichtung hält sich nach ihrer Satzung[168] „strikt unabhängig von ihren jeweiligen Auftraggebern. Prüfung und Begutachtung erfolgen nach Maßgabe der Verfassung der Bundesrepublik Deutschland, den als allgemeinverbindlich anerkannten ethischen Selbstverpflichtungen der medizinischen Heilberufe, der Deklaration von Helsinki (1964) in der Fassung von Tokio (1975), den Richtlinien der Food and Drug Administration der USA (FDA) und des Arzneimittelgesetzes der Bundesrepublik Deutschland (AMG). Ausschließliche Leitlinien der Tätigkeit der Freiburger Ethik Kommission sind der Schutz der menschlichen Würde, der Gesundheit und der Rechte von Probanden und Patienten."

3. Funktion und Prüfungskompetenz der Ethik-Kommissionen

a) Die allgemeinen Funktionen der Ausschußkontrolle

Versuche mit Menschen bilden eine ebenso reizvolle wie für den Fortschritt der Medizin unerläßliche Erkenntnisquelle, die sich indes durch die Möglichkeiten eines Konflikts zwischen den Interessen des forschenden Arztes und denen der Patienten und Probanden des öfteren belastet sieht[169]. Der Vorstoß in medizinisches Neuland verlangt die Bereitschaft zum Risiko, das freilich rechtlich gebunden bleiben und ethisch fundiert sein muß. Wer sich anschickt, eingeführte und anerkannte Regeln zu übertreffen, steht daher in gesteigerter Verantwortung. Der ärztliche Pionier benötigt ein wachsames Gewissen, mit dessen Hilfe er sein Vorhaben als Ganzes an ethischen Maßstäben auf seine Vereinbarkeit mit den Rücksichten der Humanität zu überprüfen hat. Doch vermag auch der Arzt nicht stets frei zu sein von Voreingenommenheit und Eigeninteresse, deren wichtigste, oft unbewußte Wurzeln ungezügelter Forscherdrang, übertriebenes Karrierestreben und materieller Vorteil sind[170].

Bei den vielfach und in mancherlei Spielart praktizierten kontrollierten Therapiestudien besteht zudem die Schwierigkeit, die den informed consent gebietenden Erfordernisse des Persönlichkeitsschutzes mit den Verfahrensregeln der Wissenschaft und deren methodisch notwendigem Zwang zur radikalen Versachlichung des Beobachtungsgegenstandes in Einklang zu bringen[171]. Auch wo dies gelingt, nimmt die nur passiv beteiligte Versuchsperson aus freiem Willen häufig ein zusätzliches Risiko auf sich, obschon sie ihre Information ausschließlich vom behandelnden Arzt erhält und diese aus eigener Sachkunde weder nachzuprüfen noch in ihren Konsequenzen zu beurteilen vermag.

Diese Dilemmata in ihren Folgen abzumildern, ist die Hauptaufgabe der Ethik-Kommissionen. Sie schützen demgemäß vor allem die Patienten und Probanden, mittelbar aber auch den forschenden Arzt und dessen wissenschaftliche Institution vor überraschenden oder übermäßig gefährlichen Projekten durch das präventiv wirkende Urteil: bedenklich[172]. Um wenigstens grobe Mißstände methodischer, ethischer oder rechtlicher Provenienz zu verhindern, gilt es, Belastungen zu minimieren, riskante Versuche nicht oder nur unter angemessenen Sicherheitsvorkehrungen geschehen zu lassen. Die Ethik-Kommissionen können und dürfen jedoch keine eigenen Normen aufstellen nach dem Motto „ex facto oritur ius“[173] oder im Sinne eines elitären Szientismus[174], der moralische Werte aus naturwissenschaftlichen Erkenntnissen ableiten will.

Immerhin prägen die öffentlich-rechtlich legitimierten Kommissionen die Berufsregeln mit aus, indem sie die – oft tatbestandsarmen – Normen des Rechts ausfüllen und Standards verfeinern. Unverkennbar zeigt sich darin ein Beitrag zu dem verstärkten Bemühen der Ärzte und ihrer Standesorganisationen um Qualitätssicherung und -kontrolle – eine Aufgabe, die der Gesetzgeber und die staatliche Exekutive dem Berufsstand und seinen Fachverbänden nur zum Teil abnehmen können.

Daneben nehmen die Ethik-Kommissionen noch weitere wichtige Funktionen wahr. Sie bilden ein neues Forum für diskursive und kommunikative Prozesse in der medizinischen Profession. Durch die externe Kontrolle soll das Bewußtsein des einzelnen Forschers für ethische und rechtliche Prinzipien sensibilisiert und seine Bereitschaft zu deren Umsetzung gefördert werden. Die interdisziplinären Konsilien suchen die Selbstverantwortlichkeit des einzelnen Arztes durch sachverständigen Rat zu stärken. Diese Zielsetzung behält ihre Gültigkeit auch im Zeichen des sich über dem Ärztestand zunehmend verdichtenden juristischen Regelwerks mit seinen die individuelle Entscheidungsfreiheit beschneidenden Maßgaben[175]. Je mehr die Ärzteschaft dabei das Instrument der Selbstkontrolle nutzt, desto nachhaltiger wird sie ihre Berufsfreiheit wahren können. Die im Dienste einer humanen, das heißt freiheitlichen und kompetenten Gesundheitspflege tätigen Kommissionen bilden außerdem ein unentbehrliches Mittel, um dem wachsenden Mißtrauen der Öffentlichkeit vor Schädigungen durch die ärztliche Wissenschaft wirksam zu begegnen[176]. Darüber hinaus tragen sie durch Gedanken- und Erfahrungsaustausch im Einzelfall dazu bei, die medizinischen Erkenntnisse und Möglichkeiten selbst zu verbessern.

Indessen: Alle die genannten Funktionen der Ethik-Kommissionen ändern nichts an der verantwortlichen Freiheit des ärztlichen Entschlusses. Es sollte nicht übersehen werden, daß für den Patienten und Probanden die ethische Grundhaltung des ärztlichen Forschers auch durch eine institutionalisierte Kontrolle nicht zu ersetzen ist[177]. Auf Verbote, behördliche Überwachungen und Genehmigungen haben die berufsständischen Satzungsgeber daher mit Bedacht verzichtet. Nach den Berufsordnungen der Kammern tragen die Voten der Ethik-Kommissionen den Charakter von Gutachten und bleiben für den Antragsteller rechtlich unverbindlich[178]. Dies bedeutet: kein Arzt braucht sich durch die Stellungnahmen der Komitees zu bestimmten Methoden oder gar seinem Gewissen widersprechenden Maßnahmen drängen oder gar zwingen zu lassen. Weder ist der für das Forschungsprojekt Verantwortliche gehalten, sich einem negativen Votum zu fügen, noch hat er bei der erteilten Zustimmung die geplante Versuchsreihe durchzuführen[179]. Verhielte es sich anders, verlöre die ärztliche Entscheidung das Gewicht ihrer freiheitsverbürgenden Bedeutung und geriete in Gefahr, zum gedankenlosen Routinegeschäft zu werden. Wer als Arzt die vertrauliche und vertrauensvolle Zusammenarbeit mit den ethischen Komitees sucht, bleibt aus diesem Grunde mit allen haftpflichtrechtlichen Konsequenzen unter den Geboten des ärztlichen Berufsethos und des berufsrechtlichen und gesetzlichen Regelwerks[180].

b) Die Aufgaben und Prüfungskompetenzen der Ethik-Kommissionen im einzelnen

Übereinstimmende Aufgabe aller Ethik-Kommissionen ist es, bestimmte ärztliche Vorhaben weniger unter medizinisch-naturwissenschaftlichen als vielmehr unter ethischen und rechtlichen Gesichtspunkten zu prüfen und kritisch zu beurteilen[181]. Im Mittelpunkt der Kommissionsberatungen stehen dabei in der Mehrzahl der Fälle ärztliche Fragen[182], deren Inhalt sich allerdings regelmäßig erst im Blick auf die Sätze der Ethik und des Rechts voll erschließt, so wie umgekehrt für die normausfüllende Beratungstätigkeit der Aussschüsse angesichts des schwindenden Vermögens der geisteswissenschaftlichen Disziplinen, mit der Entwicklung von Naturwissenschaft und Technik Schritt zu halten, die Notwendigkeit besteht, sich mit den tatsächlichen experimentellen Situationen und ihren Randbedingungen intensiv zu beschäftigen. Sachangemessene Lösungen müssen dieser engen Verflochenheit der fachlichen, ethischen und juristischen Anforderungen auf zum Teil ganz verschiedenen Aufgabengebieten gerecht werden[183].

aa) Der zentrale Tätigkeitsbereich der Ethik-Kommisssionen: Die klinische Forschung am Menschen

Im Zuge der bisherigen Darstellung ist deutlich geworden, daß die Existenz von Ethik-Kommissionen auf der spezifischen Problematik der modernen experimentellen Medizin gründet. Die Prüfung von biomedizinischen Forschungsvorhaben am lebenden Menschen[184] nimmt demzufolge noch heute in der praktischen Arbeit der vielfach stark geforderten Gutachtergremien breiten Raum ein[185].

Es darf in diesem Zusammenhang freilich nicht übersehen werden, daß die schon im Hinblick auf die Reichweite der ärztlichen Konsultationspflicht (§ 1 Abs. 4 der Muster-Berufsordnung) unverzichtbare Begriffsbestimmung der klinischen Forschung am Menschen manche Zweifelsfragen aufwirft, zu deren Beantwortung weder die Berufsordnungen noch die Verfahrensordnungen der einzelnen Ethik-Kommissionen fest umrissene Ansätze liefern[186]. Analysiert man die im Schrifttum zur humanmedizinischen Forschung vorgetragenen Überlegungen, zeigt sich, daß der experimentelle Eingriff sich vom gewöhnlichen nicht durch die Ungewißheit des Ausgangs unterscheidet[187]. Die Medizin gebraucht zahlreiche eingeführte Therapien mit zweifelhaftem Erfolg. Wer experimentiert, begibt sich indes auf empirisch-wissenschaftliches Neuland. Die Grenze ist also nicht zwischen sicheren und unsicheren diagnostischen oder therapeutischen Methoden zu suchen, sondern zwischen anerkannten einerseits und noch in der Entwicklung oder Erprobung befindlichen andererseits. „Das Gegensatzpaar heißt nicht Versuch und Erfolg, sondern Versuchsbehandlung und Standardbe-

handlung."[188] Charakteristisch für die Neulandmedizin ist dabei eine weitere wesentliche Distinktion, die den vom konkret-individuellen Behandlungsziel geprägten Heilversuch vom klinischen Experiment mit seinen wissenschaftlichen oder allgemeinmedizinischen Erkenntnisinteressenn trennt[189]. Beide Felder umfassen ihrerseits wiederum verschiedene Fallgruppen klinischer Therapieforschung[190]. Aber auch der niedergelassene Arzt, der die Gesundheit des einzelnen Patienten fördern will, indem er Neuland zu erschließen sucht, betreibt – im Sinne der vorgenannten Definitionen von Heilversuch und klinischem Experiment – „klinische" Forschung am Menschen[191].
So klar und einfach diese Umschreibungen auch scheinen, so reichen ihre Kriterien gleichwohl nicht aus, das gesamte Spektrum der humanmedizinischen Forschung und damit den Umfang der ärztlichen Berufspflicht zur Anhörung von Ethik-Kommissionen angemessen zu erfassen. Das zeigen deutlich die auf dem Felde der experimentellen Medizin völlig im Vordergrund der berufsständischen Selbstkontrolle stehenden klinischen Arzneimittelprüfungen. Es geht dabei regelmäßig um kontrollierte Studien mit pharmazeutischen Präparaten nach biostatistischen Methoden im Dienste des Wirksamkeitsnachweises und der Nutzen-Risiko-Ermittlung. Während diese Versuche in den Phasen I bis III[192] jedoch stets und für jede Phase gesondert des beratenden Votums einer öffentlich-rechtlich legitimierten Ethik-Kommission bedürfen, herrscht Unklarheit darüber, ob für Phase-IV-Studien die Kontrollgremien gleichfalls in Anspruch genommen werden müssen[193]. Auch was sonstige klinisch-pharmakologische Prüfvorhaben angeht, erweist sich die Diskussion um die Aufgabenstellung der Ethik-Kommissionen als von zahlreichen Dissensen und Unsicherheiten begleitet[194].

Innerhalb der von den Ethik-Kommissionen anzuwendenden Prüfungsmaßstäbe ist zwischen allgemein arztethischen Gesichtspunkten und den in Spezialgesetzen und -verordnungen enthaltenen Vorgaben zum Schutz des Menschen bei der klinischen Forschung zu unterscheiden. Sonderregelungen auf dem Felde der Neulandmedizin bestehen vor allem für die klinische Arzneimittelprüfung, den Einsatz radioaktiver Stoffe und ionisierender Strahlen sowie den Umgang mit medizinisch-technischen Geräten[195].

Die berufsrechtlichen Anforderungen

Nach dem siebenten Abschnitt des Arzneimittelgesetzes unterliegt die klinische Prüfung mit pharmazeutischen Präparaten strengen Rechtsregeln[196]. Zunächst legt § 40 die medizinisches Experiment und Heilversuch gleichermaßen betreffenden allgemeinen Voraussetzungen fest. Besondere, zumeist abschwächende Maßgaben gelten nach § 41 für die klinische Prüfung „bei einer Person, die an einer Krankheit leidet, zu deren Behebung das zu prüfende Arzneimittel angewendet werden soll". Eine Mißachtung dieser Bestimmungen hat die Ethik-Kommission zu rügen. Dabei geht es vornehmlich um den Schutz des Versuchsteilnehmers, der Destinatär des ärztliche Heilauftrags, Subjekt des therapeutischen Verfahrens bleiben soll. Der Prüfplan[197], seit dem Inkrafttreten des Zweiten Gesetzes zur Änderung des Arzneimittelgesetzes am 1. Februar 1987 zwingende Zulässigkeitsvoraussetzung einer klinischen Prüfung und

zugleich bedeutsame Informationsquelle für die Kommissionsarbeit, darf in der Limitierung seiner Parameter das körperlich-seelische Gesamtbild des Probanden oder Patienten nicht verlorengehen lassen. Zur Überprüfung stehen an der wissenschaftliche Ansatz einer Studie, ihr medizinischer Anspruch und die Plausibilität des wissenschaftlichen Designs, ferner die Vertretbarkeit des Verhältnisses zwischen Vorteilen und Risiken, die Verrechnung von Nutzen mit Schaden, sodann der Abschluß einer sogenannten Probandenversicherung und die rechte Aufklärung des Patienten[198)].
Erforderlich ist ein hohes Maß an Wachsamkeit und kritischer Begleitung, die etwa bloße Marketing-Studien und unkonsentierte Begleitexperimente auszuschließen hat. Besonderes Augenmerk ist auf die Begründetheit des Vorhabens zu richten, das nicht wie eine eingeführte Maßnahme, wie ein Standardeingriff, als indiziert gelten kann. Es bleibt zu prüfen, ob das Ziel erstrebenswert und nicht auf weniger belastende Weise zu erreichen sei, ob Gefahren und Unwägsamkeiten minimiert und behutsam abgewogen seien. Wie der indizierte, so muß auch der versuchsweise unternommene Heileingriff auf einer selbstkritischen Prüfung des Arztes beruhen.
Angezeigt erscheint außerdem stets eine sorgfältige Kontrolle der rechtswirksamen Einwilligung der Versuchspersonen. Je neuer und unerprobter die Methode, desto umsichtiger und behutsamer muß der Arzt zu Werke gehen und desto eindringlicher und umfassender hat er den Probanden oder Patienten aufzuklären. Ist im Bereich des medikamentösen Heilversuchs ein geschäftsunfähiger oder in der Geschäftsfähigkeit beschränkter Patient imstande, Wesen, Bedeutung und Tragweite der klinischen Prüfung einzusehen und seinen Willen hiernach zu bestimmen, so bedarf es nach dem Arzneimittelgesetz gleichwohl „neben einer erforderlichen Einwilligung dieser Person der Einwilligung ihres gesetzlichen Vertreters oder Pflegers“[199)]. Liegt gar ein medizinisches Experiment vor, so kann dieses seine Rechtfertigung immer nur über die Einwilligung des uneingeschränkt Einwilligungsfähigen erfahren, wobei die Schranke der guten Sitten nach § 226a StGB Beachtung erfordert.
Bedenken wecken dagegen die verschiedentlich zu Unrecht geforderte umfassende Bedarfsprüfung und Wirksamkeitskontrolle der zu testenden Arzneimittel durch die Ethik-Kommissionen[200)].
Die Kommissionen wachen ferner anhand der Erfordernisse und Schranken von § 41 der Strahlenschutzverordnung, einer Regelung, die sich weitgehend an das Arzneimittelgesetz anlehnt, über die Rechte des Individuums bei der Verwendung radioaktiver Stoffe in der biomedizinischen Forschung[201)]. Berücksichtigt man indes, daß nach § 41 Abs. 1 Nr. 1 der Strahlenschutzverordnung eine vom Bundesgesundheitsamt für alle Bundesländer eingesetzte Gutachtergruppe[202)] seit kurzem[203)] auch zu überprüfen hat, „daß die strahlenbedingten Risiken, die mit der Anwendung für den Probanden verbunden sind, gemessen an der voraussichtlichen Bedeutung der Ergebnisse für die Heilkunde und die medizinische Forschung ärztlich“ – und das heißt aus der Sicht der Standesethik[204)] – „ vertretbar sind“, fragt es sich, ob diese Praxis als statthaft gelten darf. Die Antwort wird prinzipiell verneinend ausfallen müssen, läßt doch die Neufassung der Strahlenschutzverordnung ihren berufsregelnden Charakter deutlich erkennen, indem sie der genannten Gutachtergruppe typische Funktionen einer Ethik-Kommission zuweist. Das Grundgesetz verleiht in solchen Fällen dem Bundesrecht den Vorrang vor dem denselben Sachverhalt normierenden Satzungsrecht der Ärztekammern[205)].

Die berufsethischen Anforderungen

Wo spezielle rechtliche Schranken fehlen, gewinnen die Ethik-Kommissionen aus der kritisch geprüften und rational fortentwickelten Tradition des Standes ethische Richtlinien für ihr Handeln[206]. Ein hilfreiches Regelwerk bilden fernerhin die Maßgaben des Weltärztebundes in der Revidierten Deklaration von Helsinki[207], aus denen sich Maximen ziehen lassen, die dem notwendigen Streben nach erweiterter medizinischer Erkenntnis und Möglichkeit Raum lassen, ohne den Patienten oder Probanden zu überfordern. Der Konkretisierung dieser Sätze dienen auch die Normen des Rechts, die den richtigen Ansatz treffen und sich insofern verallgemeinern lassen: Wenngleich die Vorschriften des Arzneimittelgesetzes nur für den Bereich der Medikation gelten, wird der forschende Arzt die ihnen zugrundliegenden Prinzipien beachten, wenn er etwa als Chirurg oder Internist Neuland betritt. In der Praxis findet sich die angesprochene arztethische Kompetenz der Kommissionen beispielsweise in den Geboten wieder, die Regeln für die Einleitung medizinischer Experimente auch auf deren Fortdauer auszudehnen, behandlungsfreie Phasen möglichst kurz zu bemessen oder pharmakologisch unwirksame Substanzen, Placebos, nur in engen Grenzen einzusetzen[208].

bb) Die Entwicklungsoffenheit der Ethik-Kommissionen für neue Aufgaben

Während sich die freien Ethik-Kommissionen bis heute im wesentlichen auf die Begutachtung von Arzneimittelstudien beschränken, eröffneten sich für die öffentlich-rechtlich organisierten Kommissionen schon bald diverse Entfaltungsmöglichkeiten. So erweisen sich ihre interdisziplinären Konsilien seit 1985 auch an einem anderen Brennpunkt des medizinischen Fortschritts als hilfreich und geboten: Das im Zeichen der epidemiologischen Forschung mit personenbezogenen Daten gefährdete Patientengeheimnis forderte die Fürsorge des Standes gleichfalls heraus[209]. „Forschungsvorhaben", so der Wissenschaftliche Beirat der Bundesärztekammer[210], „sind nicht a priori ein höherwertiges Rechtsgut als der Vertrauensschutz des Individuums".
Die Spannung zwischen dem durch das Grundrecht auf informationelle Selbstbestimmung geschützten Indivudualinteresse an Geheimhaltung einerseits und dem Allgemeininteresse an Fortschritten der Medizin andererseits zeigt sich vornehmlich auf dem Feld der epidemiologischen Krebsforschung. Hier haben die Ethik-Kommissionen in erster Linie für eine frühestmögliche Anonymisierung der Daten in den Krebsregistern Sorge zu tragen[211]. Andere Probleme, nicht nur die Übermittlung personenbezogener Daten oder die Befragung Dritter, bedürfen noch der Lösung, wobei das gebotene Streben nach hohem, international wettbewerbsfähigen Standard die Persönlichkeitsrechte des einzelnen nicht verkürzen darf.

Des weiteren haben sich die öffentlich-rechtlichen Ethik-Kommissionen seit kurzem mit der gleichermaßen vielschichtigen wie kontroversen Problematik der Humangenetik zu befassen[212]. Ihr Beratungspotential wurde auf diesem Felde angesichts der durch die neuen Technologien aufgeworfenen Lebensfragen von den Ärztekammern ebenso aktiviert wie die Sachkunde etlicher anderer Kommissionen und Beiräte mit zum Teil überörtlicher Zuständigkeit. Die ärztlichen Standesvertretungen haben sich damit – medizinischer Praxis folgend, um überhaupt eine Kontrolle auszuüben – trotz tiefgreifender verfassungsrechtlicher Bedenken weit vorgewagt[213].

Die Vorhaben der Reproduktionsmedizin

Der 88. Deutsche Ärztetag ergänzte 1985 seine Muster-Berufsordnung durch Vorgaben für die In-vitro-Fertilisation mit folgendem Embryotransfer (§ 6a)[214]. Danach ist die „künstliche Befruchtung einer Eizelle außerhalb des Mutterleibes und die anschließende Einführung des Embryos in die Gebärmutter ... als Maßnahme zur Behandlung der Sterilität eine ärztliche Tätigkeit"[215]. Diese muß den als Bestandteil der Berufsordnung beschlossenen, inzwischen durch den 91. Deutschen Ärztetag 1988 fortgeschriebenen „Richtlinien zur Durchführung der In-vitro-Fertilisation mit Embryotransfer und des intratubaren Gameten- und Embryotransfers als Behandlungsmethoden der menschlichen Sterilität" genügen[216]. Der verantwortliche Arzt „hat sein Vorhaben der Ärztekammer anzuzeigen und nachzuweisen, daß die berufsrechtlichen Anforderungen erfüllt sind"[217].

Die zusammen mit § 6a der Muster-Berufsordnung in Satzungsrecht überführten Richtlinien[218] folgen dem homologen System, der Sterilitätstherapie bei Eheleuten, und lassen Ausnahmen zugunsten nichtehelicher Lebensgemeinschaften nur in begründeten Einzelfällen „nach vorheriger Anrufung der bei der Ärztekammer eingerichteten Kommissionen" zu[219]. Uneingeschränkte Ablehnung erfahren die Leihmutterschaft, das Austragen des Kindes einer anderen genetischen Mutter mit dem Ziel, es dieser oder einer anderen Frau zu überlassen, und die Spende von Eizellen. Dagegen trifft die Samenspende eines anderen als des ehelichen Mannes lediglich ein bedingtes Verdikt: Wo sie ausnahmesweise vertretbar erscheint, bedarf es seitens des behandelnden Arztes – wie schon im Falle der artifiziellen Insemination bei einer unverheirateten Frau – der Einholung einer Stellungnahme durch die bei der zuständigen Ärztekammer eingerichteten Kommission, welche die Einhaltung der in den Richtlinien normierten Zulassungs- und Durchführungsbedingungen zu prüfen hat[220].

Dieses als „Ständige Kommission" bezeichnete Aufsichtsgremium unterscheidet sich von den bestehenden Ethik-Kommissionen der Ärztekammern in funktioneller und personeller Hinsicht[221]. Insofern bleibt jedoch zu beachten, daß das baden-württembergische Berufsordnungsrecht eine von den IVF-Richtlinien der Bundesärztekammer abweichende Aufgabenverteilung zwischen den obengenannten Ausschüssen vorsieht. Ausweislich einer vom Vorstand der Landesärztekammer Baden-Württemberg am 22. Oktober 1986 beschlossenen Verfahrensregelung[222] verbleibt es nämlich „für die Bewertung der Frage, ob ausnahmsweise eine In-vitro-Fertilisation mit anschließendem Embryotransfer heterolog oder bei einer nichtehelichen Lebensgemeinschaft oder bei einer alleinstehenden Frau durchgeführt werden kann", bei der grundsätzlich den gesamten ärztlichen Tätigkeitsbereich umfassenden Zuständigkeit der Ethikkommission bei der Landesärztekammer Baden-Württemberg.

Die Forschung an menschlichen Embryonen

Die mit unterschiedlichem Erfolg gehandhabten neuen Fertilisationstechniken stellen nicht nur Ei- und Samenzellen, sondern auch frühes menschliches Leben im Labor und für die Konservierung zu Gebote und bereiten so der Gentechnologie den Weg. Ob menschliche Wesen äußerster Jugend[223)] wissenschaftlichem Erkenntnisdrang zum Opfer fallen dürfen und unter welchen Voraussetzungen, steht damit zur Debatte.
Seit 1988 enthält die Muster-Berufsordnung hierzu folgende Regeln, die den Arzt wie auch sonst vor Versuchen zwingend an eine öffentlich-rechtlich legitimierte Ethik-Kommission verweisen[224)]: „Die Erzeugung von menschlichen Embryonen zu Forschungszwecken sowie der Gentransfer an Embryonen sind verboten. Grundsätzlich verboten ist auch die Forschung an menschlichen Embryonen. Der Arzt muß sich vor der Durchführung der Forschung mit vitalen menschlichen Gameten und lebendem embryonalen Gewebe[225)] durch eine bei der Ärztekammer oder bei einer medizinischen Fakultät gebildete Ethik-Kommission über die mit seinem Vorhaben verbundenen berufsethischen und berufsrechtlichen Fragen beraten lassen."
Näheren Aufschluß über die somit kraft Satzungsrechts[226)] festgelegten Schnittpunkte, innerhalb derer der unabdingbare Schutz der Menschenwürde und des Lebensrechts des embryonalen Menschen stattfinden soll, versprechen die vom Wissenschaftlichen Beirat der Bundesärztekammer beschlossenen „Richtlinien zur Forschung an frühen menschlichen Embryonen"[227)]. Indessen bleiben diese Vorgaben mit ihrem Kommentar und ihrem Anhang wegen der ihnen zugrundeliegenden, eingestandenen Dissense im Prinzipiellen in ihrem Aussagewert begrenzt. Auch die Ethik-Kommissionen, die seit der von Berufsrechts wegen geforderten obligatorischen Beratung verstärkt auf dem Feld der Embryonenforschung in Erscheinung treten[228)], leiden unter diesen rechtlichen und ethischen Aporien, über die auch die als ständiger Ausschuß bei der Bundesärztekammer gebildete „Zentrale Kommission zur Wahrung ethischer Grundsätze in der Reproduktionsmedizin, Forschung an menschlichen Embryonen und Gentherapie" nicht hinweghelfen kann[229)]. Das neue Embryonenschutzgesetz hat die Rechtslage verändert und geklärt.

Der Bereich gentechnologischer Forschungsvorhaben

Schwierige Fragen werfen desgleichen die auf eine Veränderung von Erbinformationen zielenden Methoden der Gentechnologie auf. Werden sie unter ärztlicher Leitung am lebenden Menschen angewendet, unterliegen sie als humanmedizinische Forschungsvorhaben kraft Berufsrechts der obligatorischen Überprüfung durch eine bei der Ärztekammer oder bei einer medizinischen Fakultät gebildete Ethik-Kommission[230)]. Dagegen ist der eine besondere Form der Substitutionstherapie darstellende Gentransfer in somatische Zellen des Menschen Gegenstand der vom Bundesminister für Forschung und Technologie mit Zustimmung der Bundesregierung erlassenen „Richtlinien zum Schutz vor Gefahren durch in-vitro neukombinierte Nukleinsäuren"[231)], einer Verwaltungsvorschrift, die für alle unmittelbar oder mittelbar vom Bund geförderten gentechnischen Forschungs- und Entwicklungsvorhaben Verbindlichkeit beansprucht und welcher sich die Industrie darüber hinaus im Wege der freiwilligen Selbstbindung unterworfen hat[232]. Neben den allgemeinen sicherheitstechnischen, zumeist anlagenbezogenen Vorkehrungen schenken die Richtlinien der Überprüfung der Durchführung von gentechnologischen Arbeiten besondere Beachtung. Gentherapien in somatischen menschlichen Zellen bedürfen danach nicht nur einer Sicherheitskontrolle durch die „Zentrale Kommission für die Biologische Sicherheit" und der Genehmigung durch die Zulassungsstelle beim Bundesgesundheitsamt, sondern auch der vorherigen Beratung und Zustimmung durch die lokale Ethik-Kommission, welcher die medizinischen Gründe für die geplanten Maßnahmen in einem ausführlichen Gutachten darzulegen sind[233].

Eine Reihe öffentlich-rechtlich legitimierter Konsiliargremien wird schließlich auf freiwilliger Basis auch in einem anderen Zusammenhang tätig, wenn ein Arzt sie mit Grenzproblemen anruft. Die Aufgabenvielfalt der Hamburger Ethik-Kommission spiegelt sich etwa in den Themen Tierversuche, Sterbehilfe und Patiententestamente wider[234]; der Tätigkeitsbereich der Kommission bei der Landesärztekammer Baden-Württemberg umfaßt gar die Beurteilung ethischer und rechtlicher Aspekte bei der Ausübung jedweder ärztlicher Tätigkeit[235].

4. Organisation, Zusammensetzung und Verfahrensgrundsätze der Ethik-Kommissionen

Die bestehenden öffentlich-rechtlichen Konsiliargremien sind in organisationsrechtlicher Hinsicht Unterorgane oder Organteile der medizinischen Fakultäten und der Ärztekammern, deren Rechtsaufsicht sie unterstehen[236]. Ihre meistenteils fünf bis sieben Mitglieder rekrutieren sich in erster Linie aus der Ärzteschaft. Angehörige anderer Fachgebiete werden in unterschiedlichem Umfang beteiligt. Dabei handelt es sich vorwiegend um Juristen, bisweilen auch um Theologen oder Philosophen. Andere medizinische Laien, Repräsentanten der Öffentlichkeit und – bei den Kommissionen der medizinischen Fakultäten – Vertreter des nichtwissenschaftlichen Fachbereichspersonals sind von der Mitwirkung in den ethischen Komitees ausgeschlossen[237].
Werden Forschungsvorhaben im Bereich einer Hochschule durchgeführt, ist die Ethik-Kommission der dortigen medizinischen Fakultät zuständig, sonst die Kommission der Ärztekammer, welcher der Arzt angehört. Bei den praktisch häufigen multizentrischen Studien soll derjenige Ausschuß in Anspruch genommen werden, welcher für den für das Bundesgebiet verantwortlichen ärztlichen Projektleiter zuständig ist[238].
Die Ethik-Kommissionen entscheiden selbständig, unabhängig und eigenverantwortlich aufgrund von rechtsstaatlichen Prinzipien folgenden, obschon im Detail nicht unerheblich variierenden Verfahrensordnungen[239]. Das Ergebnis ihrer Beratungen ist dem antragstellenden Arzt schriftlich mitzuteilen. Ablehnende Beschlüsse, Auflagen und Modifikationsanregungen sind schriftlich zu begründen[240]. Zunehmender Praxis der Kommissionen entspricht es, für ihre Tätigkeit Gebühren nach der Kammergebührenordnung zu erheben[241]. Soweit bekannt, gelten für das Verfahren vor den freien Ethik-Kommissionen ähnliche Grundsätze[242].

III. Der formelle Rahmen des Berufsordnungsrechts der Ethik-Kommissionen: Parlamentsvorbehalt, Wesentlichkeitslehre und autonome Satzungsgewalt

1. Allgemeine Ansatzpunkte zur Bestimmung der Regelungsebene im ärztlichen Berufsrecht

a) Das autonome Kammerrecht im Rechtsquellensystem

Die den Landesärztekammern zustehende Selbstverwaltung zur Vertretung und Förderung der Berufsinteressen und Wahrung der Berufsregeln[243)] beschränkt sich – trotz der insoweit mißverständlichen Ausdrucksweise – nicht bloß auf eine verwaltende Tätigkeit im eigentlichen Sinne[244)]. Ihre Aufgabe ist vielmehr funktionell zu verstehen und umfaßt auch die „Selbstgesetzgebung", das heißt den eigenverantwortlichen Erlaß verbindlicher Rechtssätze. Es bedarf hier keiner weiteren Erörterung, ob diese Autonomie dem Selbstverwaltungsgedanken notwendig immanent ist[245)]; denn dem bei allen Kammern anzutreffenden Satzungsrecht liegt jeweils eine ausdrückliche Verleihung durch die Kammer- und Heilberufsgesetze der Länder zugrunde[246)].

Als Satzungen zählen die von den Standesorganisationen erlassenen Berufsordnungen zu den Normen objektiven Rechts, deren Einstufung im System der Rechtsquellen sich aus ihrer Struktur als Verbandsnorm ergibt. Wie die Ärztekammern als Selbstverwaltungskörperschaften öffentlicher Aufgabenbestimmung dem staatlichen Organisationsgefüge als freie Glieder integriert sind und die über sie bestehende Staatsaufsicht diese Einfügung durch Rechtskontrolle laufend überwacht, entfalten auch die statutarischen Berufsregeln, die durchweg der Genehmigung der nach Landesrecht zuständigen staatlichen Aufsichtsbehörde bedürfen[247)], ihre Rechtswirksamkeit nur im Rahmen und in den Grenzen des staatlichen Rechts[248)]. Im Kollisionsfall weicht die Berufsordnung jeder staatlichen Norm gleich welcher Rangstufe, also nicht nur dem förmlichen Gesetz, sondern auch der Rechtsverordnung der Exekutive. Andererseits hat die gültige Berufsordnung für die in ihr enthaltenen Standespflichten die gleiche Kraft als hinreichende Rechts- und Sanktionsgrundlage[249)] wie die staatliche Rechtsnorm.

Der zulässige Gegenstand berufsordnender Satzungen wird durch die Generalpflichtenklauseln der Kammer- und Heilberufsgesetze der Bundesländer in recht pauschaler Weise umschrieben[250)]. Was zur Förderung und Aufrechterhaltung der gewissenhaften ärztlichen Berufsausübung nach Gegenstand, Inhalt und Zweck erforderlich, geeignet und verhältnismäßig genannt werden kann, vermag auch Gegenstand einschlägiger Satzungsregelung zu sein. Dieser einfach-gesetzlichen Bestimmung des potentiellen Inhalts der Berufsordnungen der einzelnen Kammern liegt die – im Folgenden kritisch zu überprüfende – Annahme zugrunde, daß der (Landes-)Gesetzgeber sich von (Landes-)Verfassungs wegen seiner Rechtsetzungsbefugnis völlig entäußern und seinen Einfluß auf den konkreten Inhalt der durch die berufsständischen Körperschaften erlassenen Normen gänzlich preisgeben darf, obschon die generelle Autonomieverlei-

hung nicht nur das Recht zur eigenverantwortlichen Wahrnehmung der übertragenen Aufgaben beinhaltet, sondern zugleich zu Eingriffen in den Grundrechtsbereich der Kammerangehörigen[251] ermächtigt.
Die damit aufgeworfene Frage nach der besonderen Verantwortung des Parlaments für Grundrechtsbeschränkungen führt mitten in ein zentrales Konfliktfeld der Verfassungstheorie und -interpretation; es geht um den allgemeinen Vorbehalt des Gesetzes, wie er in Gestalt des aus der Wesentlichkeitslehre resultierenden Parlamentsvorbehalts sowohl in der Rechtsprechung als auch im Schrifttum seit längerem erörtert wird[252].
Im Vordergrund dieses verschieden begründbaren[253] verfassungsrechtlichen Instituts stehen die rechtsstaatlichen, grundrechtsbezogenen Aspekte[254]. Insbesondere das Bundesverfassungsrecht hat in ständiger Spruchpraxis deutlich gemacht, Geltung und Reichweite des Parlamentsvorbehalts seien in erster Linie mit Blick auf die Grundrechte zu bestimmen. „Der Grundsatz des Vorbehalts des Gesetzes wird zwar in der Verfassung nicht ausdrücklich erwähnt, seine Geltung ergibt sich jedoch aus Art. 20 Abs. 3 GG. ... Heute ist es ständige Rechtsprechung, daß der Gesetzgeber verpflichtet ist, – losgelöst vom Merkmal des 'Eingriffs' – in grundlegenden normativen Bereichen, zumal im Bereich der Grundrechtsausübung, soweit diese staatlicher Regelung zugänglich ist, alle wesentlichen Entscheidungen selbst zu treffen.“[255] Zu Recht wird daher gefordert, die Kompetenzfrage für den jeweiligen Regelungsbereich auf dem Hintergrund der einschlägigen Grundrechtspositionen und ihrer formellen Beschränkungsmöglichkeiten zu beantworten[256]. Auf die den Arzt zwingend an die Ethik-Kommissionen der Ärztekammern oder medizinischen Fakultäten verweisenden Berufsordnungen angewendet, fordert dieses Konzept eine sorgfältige Untersuchung des kompetenzrechtlichen Gehalts der bereits als Maßstabsnormen erkannten Grundrechte aus Artikel 5 Abs. 3 GG (Forschungsfreiheit) und Artikel 12 Abs. 1 GG (Berufsfreiheit)[257].

b) Die immanenten Schranken der Forschungsfreiheit in formeller Hinsicht

Die Forschungsfreiheit unterliegt in Art. 5 Abs. 3 GG keinem ausdrücklichen Schrankenvorbehalt[258]. Weder die Vorbehalte des Art. 5 Abs. 2 GG noch die Schrankentrias des Art. 2 Abs. 1 GG sind ihr gegenüber unmittelbar oder mittelbar wirksam[259].
Allerdings sind Verfassungsbestimmungen mit Rücksicht auf die Einheit der Verfassung stets so auszulegen, daß Widersprüche zu anderen Verfassungsnormen grundrechtlicher oder sonstiger Art vermieden werden[260]. Im Einklang mit der überwiegenden Meinung im verfassungsrechtlichen Schrifttum hat das Bundesverfassungsgericht[261] deshalb wiederholt festgestellt, daß „kollidierende Grundrechte Dritter und andere mit Verfassungsrang ausgestattete Rechtswerte“ als im Verfassungstext nicht benannte Begrenzungen vorbehaltloser grundrechtlicher Gewährleistungen in Betracht kommen (sogenannte „verfassungsimmanente Schranken“). Konflikte zwischen gegenläufigen Verfassungsrechtsgütern sind dabei durch Herstellung „praktischer Konkordanz“ im Sinne einer auf Erreichung optimaler Wirksamkeit gerichteten Zuordnung der beteiligten Wertprinzipien zu lösen.

Wer berufen ist, eine solche, an den Umständen des Einzelfalles orientierte Abwägung vorzunehmen, bleibt damit allerdings weiterhin offen; nach Auffassung des Bundesverfassungsgerichts läßt sich jedenfalls allein aus dem Umstand, daß einem Grundrecht, wie der Forschungsfreiheit, ein ausdrücklicher Schrankenvorbehalt fehlt, eine Beschränkung oder gar ein Verbot der Delegation rechtsetzender Kompetenzen auf die staatliche Exekutive oder die autonomen Träger von Selbstverwaltungsrechten nicht entnehmen[262]. Vielmehr sind sowohl Rechtsverordnungen als auch Satzungen neben dem förmlichen Gesetz prinzipiell imstande, die durch das Grundgesetz gezogenen Grenzen grundrechtlicher Freiheit näher zu interpretieren[263].

Insgesamt läßt sich somit feststellen: Die als Satzungen ergehenden ärztlichen Berufsordnungen vermögen auch im Schutzbereich der vorbehaltlos gewährleisteten Forschungsfreiheit als Grundrechtsschranken zu wirken. Als abgeleitete Rechtsquellen bedürfen sie freilich stets einer gesetzlichen Ermächtigung[264], die sich durchgängig in den insoweit einheitlich ausgestalteten Kammer- und Heilberufsgesetzen der Länder findet, welche die Festlegung der Berufspflichten generell den Ärztekammern übertragen[265].

Indessen erwähnt in diesem Zusammenhang keines der einschlägigen Landesgesetze die Regelungsbefugnis der Kammern in bezug auf die Errichtung und Aufgabenstellung von Ethik-Kommissionen besonders. Damit gewinnt wieder der Grundsatz des Parlamentsvorbehalts an Bedeutung. Es bleibt nämlich zu beachten, daß die Wesentlichkeitslehre nicht nur eine Entscheidung über das „Ob“ des gesetzgeberischen Handelns beansprucht, sondern auch über das „Wie“ einer eventuellen Delegation[266]. Nicht in jedem Falle reicht es also aus, daß überhaupt eine parlamentsgesetzliche Normierung vorhanden ist; vielmehr muß der Gesetzgeber unter dem Gesichtspunkt rechtsstaatlicher Bestimmtheitsanforderungen die Voraussetzungen einer Grundrechtsbeschränkung regelmäßig selbst hinreichend konkretisieren[267].

Die verfassungsrechtliche Spruchpraxis anerkennt aus diesem Grunde die Verwendung von Generalklauseln und unbestimmten Rechtsbegriffen nur in engen Grenzen, deren Reichweite sie vorzugsweise von den Besonderheiten der jeweiligen Sachmaterie, dem Ausmaß und der Intensität der individuellen Grundrechtsbetroffenheit sowie der Bedeutung der zu treffenden Regelung abhängig macht[268]. Bezogen auf die ärztlichen Berufsordnungen verlangen diese Maßgaben eine parlamentarische Rechtsetzung, auf deren Grundlage und in deren Rahmen die Standesorganisationen zwar die ihnen vorgegebenen Zwecke angemessen und nachhaltig verfolgen können, die vor allem aber die kammerangehörigen Ärzte in die Lage versetzt, sich in voraussehbarer und berechenbarer Weise auf mögliche Beeinträchtigungen einzurichten.

Vor diesem Hintergrund könnten die generalklauselhaften Ermächtigungen der Kammer- und Heilberufsgesetze zur Berufsregelung der ärztlichen Tätigkeit für den hier einschlägigen Sachbereich der Forschungskontrolle aus verschiedenen Gründen eine zu geringe Regelungsdichte aufweisen und infolgedessen als rechtswirksame gesetzliche Grundlagen der Standespflicht, sich durch öffentlich-rechtliche Ethik-Kommissionen beraten zu lassen, ausscheiden. Das Bundesverfassungsgericht hat sich mit vergleichbaren Bedenken bislang nur auf dem Gebiet der Berufsausübung, also im Regelungsbereich des Art. 12 GG, auseinandersetzen müssen. Weil aber die biomedizinische Forschung mit ihren Versuchen am Menschen in nicht wenigen Fällen zugleich mit der diagnostischen oder therapeutischen Tätigkeit des Arztes in einem untrennbaren Zusammenhang steht[269], findet die für das Grundrecht der Berufsfreiheit entwickelte Grundsatzposition des Gerichts auf das durch Art. 5 Abs. 3 GG geschützte Verhalten gleichfalls Anwendung. In den Blick gerät somit die zur Autonomie von Berufsverbänden ergangene Facharztentscheidung aus dem Jahre 1972, in der das Bundesverfassungsgericht den grundlegenden Versuch unternommen hat, die Grenzlinien festzulegen, innerhalb derer es den Berufsvertretungen trotz Unbestimmtheit der Ermächtigung zukommt, berufsständische Regeln als verbindliches Satzungsrecht aufzustellen[270].

c) Die Umgrenzung des Parlamentsvorbehalts im Bereich der Berufsfreiheit durch den Facharztbeschluß des Bundesverfassungsgerichts

Nach Art. 12 Abs. 1 S. 2 GG kann die Berufsausübung „durch Gesetz oder aufgrund eines Gesetzes“ geregelt werden. Diese Formulierung geht auf die Ergänzung des Grundgesetzes vom 24. Juni 1968[271] zurück. Sie stellt klar, daß Begrenzungen der Berufsfreiheit[272] nicht ausschließlich durch förmliches Parlamentsgesetz zu erfolgen brauchen. Es bleibt vielmehr dem Gesetzgeber überlassen, sich zwischen Eigenregelung und Delegation zu entscheiden. Einschränkungen[273] der Berufsfreiheit können demnach – auf der Grundlage einer formellgesetzlichen Ermächtigung – auch durch untergesetzliche Normen in Gestalt einer Rechtsverordnung oder einer Satzung statuiert werden[274].

Für die berufsständische Selbstverwaltung stellt sich damit die entscheidende Frage, welche Grenzen das Grundgesetz allgemein[275] der Grundrechtsbeschränkung durch autonome Satzungen zieht. Das Bundesverfassungsgericht hat zu diesem Problem in seinem bereits erwähnten Facharztbeschluß in grundsätzlichen Ausführungen richtungsweisend Stellung genommen[276].

Im Einklang mit seiner bisherigen Spruchpraxis geht das Bundesverfassungsgericht zunächst davon aus, daß die Verleihung von Satzungsautonomie an nichtstaatliche Gruppierungen auch über die im Grundgesetz ausdrücklich genannten Fälle hinaus zulässig sei[277], weil es einen guten Sinne habe, „gesellschaftliche Kräfte zu aktivieren, den entsprechenden gesellschaftlichen Gruppen die Regelung solcher Angelegenheiten, die sie selbst betreffen und die sie in überschaubaren Bereichen am sachkundigsten beurteilen können, eigenverantwortlich zu überlassen und dadurch den Abstand zwischen Normgeber und Normadressat zu verringern“. Indes bleibe auch im Rahmen einer an sich zulässigen Autonomiegewährleistung der Grundsatz bestehen, daß der Gesetzgeber seinen Einfluß auf den Inhalt der von den körperschaftlichen Organen zu erlassenden Normen wachzuhalten habe; dies folge nicht nur aus dem Rechtsstaatsprinzip und dessen Forderung nach klarer Kompetenzordnung und Funktionentrennung im Interesse der Verhütung von Machtmißbrauch, sondern auch aus dem Demokratieprinzip, aufgrund dessen sich jede Ordnung eines Lebensbereichs auf die Willensentschließung der vom Volke bestellten Gesetzgebungsorgane zurückführen lassen müsse[278].

Die sich daraus ergebenden Beschränkungen für die Autonomieeinräumung gälten in besonderem Maße, wenn der autonome Verband nicht nur zur Regelung von Organisationsfragen, sondern darüber hinaus zu Eingriffen in den Grundrechtsbereich ermächtigt werde; denn die grundrechtlichen Gesetzesvorbehalte übertrügen in erster Linie dem Gesetzgeber als dem berufenen „Hüter des Gemeinwohls gegenüber Gruppeninteressen" die Entscheidung darüber, welche Gemeinschaftsinteressen so wichtig seien, daß das Freiheitsrecht des einzelnen zurücktreten müsse. Andererseits dürfe jedoch nicht verkannt werden, daß die Vorteile der Selbstgesetzgebung autonomer Körperschaften verlorengingen, legte man ihr zu starke Fesseln an[279].

Ob und wie weit ein Berufsverband hiernach zu berufsregelnder Rechtsetzung ermächtigt werden dürfe und welche Anforderungen an die Ermächtigung zu stellen seien, hänge von der „jeweiligen Intensität des Eingriffs" ab[280]. Zur weiteren Konkretisierung dieses Kriteriums greift das Bundesverfassungsgericht auf die im Apothekenurteil[281] begründete, später in Richtung auf eine allgemeine Angemessenheits- und Verhältnismäßigkeitsklausel verfeinerte sogenannte „Stufenlehre"[282] zurück, die damit auf die Kompetenzabgrenzung zwischen Gesetz- und Satzungsgeber entsprechend übertragen wird.

Während Regelungen, mit denen in die Freiheit der Berufswahl[283] – und folglich zugleich in die Freiheit Außenstehender – eingegriffen werde, mit Ausnahme allenfalls von Einzelfragen fachlich-technischen Charakters vom Gesetzgeber selbst getroffen werden müßten, bestünden insoweit, als es sich um die Regelung der Berufsausübung[284] von Verbandsmitgliedern handele, keine Bedenken gegen eine Normierung durch die berufsständischen Selbstverwaltungskörperschaften mittels autonomer Satzungen[285]. Freilich müsse auch hier das zulässige Maß für Eingriffe in den Grundrechtsbereich „um so deutlicher in der gesetzlichen Ermächtigung bestimmt werden, ..., je intensiver eine auf Dauer angelegte Lebensentscheidung des Einzelnen und das Interesse der Allgemeinheit an der Art und Weise der Tätigkeit" berührt würden. „Einschneidende, das Gesamtbild der beruflichen Betätigung wesentlich prägende Vorschriften über die Ausübung des Berufs" seien auch insoweit zumindest in den Grundzügen dem Gesetzgeber vorzubehalten[286].

In Anwendung dieser Grundsätze auf die Regelung des Facharztwesens stellt das Gericht zunächst fest, daß unabhängig von der Qualifizierung als Berufswahl- oder Berufsausübungsregelung jedenfalls die „statusbildenden" Normen, das heißt etwa diejenigen Regeln, welche die Voraussetzungen der Facharztanerkennung, die zugelassenen Facharztrichtungen, die Mindestdauer der Ausbildung, das Verfahren der Anerkennung, die Gründe für eine Zurücknahme der Anerkennung sowie endlich auch die allgemeine Stellung der Fachärzte innerhalb des gesamten Gesundheitswesens beträfen, in den Grundzügen durch ein förmliches Gesetz festzulegen seien[287]. Lediglich ergänzende, die formellgesetzliche Statusbildung voraussetzende Regelungen könnten dem Satzungsrecht der Ärztekammern überlassen bleiben.

Nicht zu den statusbildenden Normen zählen nach der Erkenntnis des Gerichts Vorschriften, die Berufspflichten der Fachärzte statuieren. Als grundrechtsbeschränkende Regelungen bedürfen indes auch sie einer gesetzlichen Grundlage. Angesichts der Unmöglichkeit für das Standesrecht, alle Berufspflichten in einzelnen Tatbeständen erschöpfend zu umschreiben, reichten insoweit allerdings die üblichen Generalklauseln[288] als legitime Ermächtigung aus[289], auch wenn die besondere standes- und gesundheitspolitische Bedeutung einzelner Pflichten es „erwünscht, wenn nicht sogar geboten" erscheinen lasse, sie aus dem Kreis der in der allgemeinen Ermächtigung mitumfaßten Berufspflichten herauszuheben und gesetzlich einzeln zu regeln[290].

Mißt man das die Ethik-Kommissionen betreffende Kammerrecht an diesen Maßgaben, wird deutlich, daß im Bereich der berufsständischen Selbstkontrolle das Erfordernis parlamentarischer Leitentscheidung keinesfalls offen zutage liegt[291)].
Der neue § 1 Abs. 4 der Berufsordnung für die deutschen Ärzte stellt sich als typische Regelung der Berufsausübung dar, weil er weder den Zugang zum Beruf noch die Berufsaufnahme zum Gegenstand hat, sondern nur die Art und Weise der Berufsgestaltung bestimmt[292)]; die berufsordnende Beratungspflicht durch öffentlich-rechtlich organisierte Ethik-Kommissionen ist eine bloße Folge der Entscheidung für den Arztberuf. Ein statusbildender Charakter kommt dieser Standespflicht nicht zu. Zwar beugen die – in erster Linie Patienten und Probanden vor gefährlicher oder überraschender Forschung bewahrenden[293)] – Ethik-Kommissionen auch öffentlichem Mißtrauen gegen die Profession vor[294)]. Doch verschafft dieser Umstand dem im Dienste der Wissenschaft stehenden Arzt in den Augen der Allgemeinheit kein eigenständiges Berufsbild[295)]. Denn im Gegensatz etwa zum fachärztlichen Dienst fehlen der forschenden Tätigkeit des Arztes die gemeinsamen äußeren Kennzeichen.
Nicht haltbar ist in diesem Zusammenhang der Einwand[296)], die Ethik-Kommissionen der Ärztekammern und der medizinischen Fakultäten stellten ein – gegenseitig allerdings ungeregeltes – „Monopol“ dar, das den freien Ethik-Kommissionen das Recht der privaten Eigeninitiative nehme und wegen seiner Sperrwirkung einen äußerst schwerwiegenden Eingriff in die Berufswahl darstelle, den autonom zu normieren den ärztlichen Selbstverwaltungskörperschaften nach dem Facharztbeschluß versagt sei.
Kennzeichen eines (Verwaltungs-)Monopols ist es, daß der Staat oder ein sonstiger öffentlich-rechtlicher Träger bestimmte Tätigkeiten als öffentliche Aufgabenerledigung dergestalt an sich zieht, daß Privaten jene Tätigkeiten verboten sind[297)]. Öffentlich-rechtliche Monopole schließen also, als objektive Zulassungsschranken, Betätigungen von Grundrechtsträgern in ihrem Anwendungsbereich mit normativer Wirkung aus. Demgegenüber hat die durch das Standesrecht eingeführte Pflicht des Arztes, sich jedenfalls und unumgänglich durch öffentlich-rechtlich legitimierte Ethik-Kommissionen beraten zu lassen, nur eine vergleichsweise „geringfügige“ faktische Einschränkung freier Kontrollgremien zur Folge, denen weiterhin ein das gesamte Gebiet biomedizinischer Forschung am Menschen umfassendes Tätigkeitsfeld verbleiben wird. Eine verfassungsrechtlich relevante Rückwirkung auf die Freiheit der Berufswahl vermögen diese Auswirkungen nicht zu begründen. Dies ergibt sich im übrigen schon aus der zu Anfang dieser Untersuchung getroffenen Feststellung, daß dem ärztlichen Berufsrecht der Ethik-Kommissionen eine individuelle Grundrechtsbetroffenheit Dritter nicht zu entnehmen ist[298)].
Wenn demnach die den forschenden Arzt zwingend an die Gremien der Ärztekammer oder medizinischen Fakultäten verweisende Muster-Regel *prinzipiell* der untergesetzlichen Satzungsgebung der Standesorganisationen offensteht, weil sie unmittelbar allein die Berufsausübungsfreiheit der Kammerangehörigen betrifft und als allgemeine Berufspflicht auch nicht zu den statusbildenden Faktoren des ärztlichen Berufs zählt[299)], so verbleibt als Korrektiv dieser Einschätzung lediglich der allgemeine Maßstab des „Wesentlichen“[300)]. Ob und in welchem Umfang es hiernach eines über die pauschale Ermächtigung des Satzungsgebers zur Regelung von Berufspflichten hinausgehenden gesetzgeberischen Tätigwerdens bedarf, bemißt sich nach den wiederholt angesprochenen Kriterien „Sachmaterie“ und „Intensität der Regelung“, die indes

auch in ihrer Handhabung durch die Rechtsprechung nur grobe Anhaltspunkte liefern können.
Hierzu gehören nach dem Facharztbeschluß des Bundesverfassungsgerichts in erster Linie die besonderen Gefahren, welche die autonome Rechtsetzung durch Berufsverbände für die Berufsanfänger und Außenseiter unter den betroffenen Verbandsmitgliedern sowie für die Interessen von Nichtmitgliedern und der Allgemeinheit mit sich bringen kann[301)]. Aufs Ganze gesehen wird die neuere Rechtsprechung des Bundesverfassungsgerichts und der Verwaltungsgerichte jedoch von der Tendenz beherrscht, den Vorbehaltsbereich enger zu fassen.

d) Die Einschränkung des Wesentlichkeitsmerkmals in der neueren Rechtsprechung des Bundesverfassungsgerichts und des Bundesverwaltungsgerichts zur berufsständischen Autonomie

Zu den Gefahren der Wesentlichkeitskonzeption zählen neben der allgemeinen Verrechtlichung die Überlastung der Parlamente und die Behinderung flexibler administrativer Regelungen. In der Judikatur sowohl des Bundesverfassungs- als auch des Bundesverwaltungsgerichts läßt sich daher seit einigen Jahren das Bestreben erkennen, die Vorbehaltslehre nach einer Phase der Ausdehnung einer behutsamen und schrittweisen Korrektur zu unterziehen[302)]. Speziell für den Bereich der berufsständischen Autonomie gehen beide Gerichte mittlerweile von einem äußerst großzügigen Spielraum des Gesetzgebers zur Übertragung von Satzungsgewalt aus.
Ein Hauptthema dieser Rechtsprechung bilden die berufsordnenden Werbebeschränkungen der freien Berufe[303)]. Nach ihrem wirtschaftlichen Gewicht nähern sich diese Verbote den statusbildenden Normen im Sinne des Facharztbeschlusses[304)]. Gleichwohl sollen sie zulässig sein, auch wenn die Landesgesetze den Kammern lediglich ganz allgemein die rechtliche Ordnung des Berufs übertragen haben, ohne dabei die Regelungsbefugnis der Werbung besonders aufzuführen. Denn der Begriff der Berufsordnung und die von ihm erfaßte Materie seien, so das Bundesverfassungsgericht[305)], aus dem Zusammenhang des überkommenen Berufsrechts im allgemeinen und aus dem vom Gesetzgeber vorgezeichneten Bild des freien Berufs hinreichend klar zu erkennen.
Hierauf weiterbauend verzichtet die Rechtsprechung des Bundesverfassungsgerichts für Berufspflichten im Ergebnis nahezu vollständig auf das Erfordernis spezieller gesetzgeberischer Eigenregelung, insbesondere weil gesetzliche Berufsordnungen nicht alle Einzelheiten der Berufsausübung regeln können. „Die vollständige Aufführung berufsbezogener Pflichten im Gesetz ist nicht möglich und auch nicht nötig, wenn es sich um Normen handelt, die nur den Kreis der Berufsangehörigen betreffen, die sich aus der ihnen gestellten Aufgabe ergeben und daher für sie leicht erkennbar sind.“[306)]. Daß schließlich durch berufsordnende Regelungen sogar die Belange der Allgemeinheit oder von Außenseitern berührt werden können, leitet das Bundesverfassungsgericht daraus ab, daß die Heilberufs- und Kammergesetze der Länder für die Berufsordnung eine Genehmigung vorschreiben[307)].

e) Zwischenergebnis: Kriterien zur Bestimmung der Reichweite des Parlamentsvorbehalts im Berufsordnungsrecht

Bei der Standespflicht aus § 1 Abs. 4 der novellierten Muster-Berufsordnung handelt es sich um eine Regelung der ärztlichen Berufsausübung ohne statusbildenden Charakter, die nach der insoweit „selbstverwaltungsfreundlichen" Rechtsprechung des Bundesverfassungsgerichts der Normierung durch die einzelnen Ärztekammern mittels autonomer Berufsordnungen auf der Grundlage generalklauselhafter Ermächtigungen prinzipiell offensteht. Unter welchen Voraussetzungen diese Pflicht durch den parlamentarischen Gesetzgeber jedenfalls in den Grundzügen *gleichwohl* selbst zu statuieren ist, läßt sich nur im Blick auf die Besonderheiten des jeweiligen Gegenstandes und die Intensität der getroffenen Regelung ermitteln. Dabei erweisen sich nach einer Analyse der Rechtsprechung und der im Schrifttum vorgetragenen Überlegungen insbesondere folgende – mehrheitlich bereits angesprochene – Gesichtspunkte für eine Bejahung oder Verneinung des Parlamentsvorbehalts als maßgeblich:[308)]

- die Berührung eines besonderen Interesses der Allgemeinheit;
- der Umfang und die Intensität der mittelbaren Erfassung nichtkammerangehöriger Personen;
- die Normierung lediglich berufsinterner Angelegenheiten, die ausschließlich das Verhältnis der Kammermitglieder untereinander berühren;
- das Erfordernis eines Schutzes der Rechte von Außenseitern oder Minderheiten innerhalb der Standesorganisationen;
- die Notwendigkeit, die Rechtssphären und divergierenden Interessen verschiedener Grundrechtsträger gegeneinander abzuwägen und abzugrenzen;
- das Vorhandensein eines Steuerungsbedürfnisses im Hinblick auf Gemeinwohlbelangen zuwiderlaufende sachfremde, berufspolitische Erwägungen;
- die Gefahr der Rechtszersplitterung infolge der uneinheitlichen und sachwidrigen Einschränkung von Grundrechten in unterschiedlichen Sozialbereichen;
- die Vorherbestimmung der Regelung und der von ihr umfaßten Materie durch den Zusammenhang des überkommenen Berufsrechts und das vom Gesetzgeber vorgezeichnete Berufsbild des Arztes, das heißt der Ausfluß der Berufspflicht ergibt sich unmittelbar aus den Sachstrukturen des ärztlichen Berufs;
- die Notwendigkeit der Vermeidung schwerfälliger parlamentarischer Entscheidungsprozeduren.

2. Das ärztliche Standesrecht als hinreichende Grundlage der Pflicht zur Beratung durch die Ethik-Kommissionen der Ärztekammern oder medizinischen Fakultäten

Wendet man das gewonnene Prüfungsraster auf die hier zu beurteilende Berufspflicht aus § 1 Abs. 4 der Berufsordnung für die deutschen Ärzte an, so gilt es im folgenden zwei Rechtsebenen zu unterscheiden[309)]: Zum einen ist Adressat der Muster-Regel zur Berufsausübung allein der kammerzugehörige Arzt, in dessen Freiheitsbereich der Satzungsgeber unmittelbar eingreift. Zum anderen nimmt die standesinterne Vorschrift mittelbar Einfluß auf die Belange Außenstehender[310] und der Allgemeinheit. In kompetenzrechtlicher Hinsicht unterliegen beide Ebenen dem Wesentlichkeitskriterium; die schwierigeren Fragen werfen allerdings die Auswirkungen des Kammerrechts auf externe Dritte auf.

a) Die Auswirkungen der neuen Berufsregel auf ihren unmittelbaren Adressatenkreis

Ob die genannte Berufspflicht für die betroffenen Kammermitglieder „wesentlich", das heißt von erheblichem Gewicht für die gesamte Gestaltung der ärztlichen Tätigkeit ist, bestimmt sich vornehmlich nach den den Ethik-Kommissionen der Ärztekammern und der medizinischen Fakultäten kraft Berufsordnungsrecht eingeräumten Kompetenzen[311]. Aufgabe der Kommissionen ist es danach, den zwingend an sie verwiesenen Arzt auf dem Felde der Neulandmedizin zu beraten. Als Konsiliargremien dürfen sie weder reglementierend in die Praxen, Kliniken und Forschungsstätten der pharmazeutischen Industrie eingreifen noch der Medizin die Entwicklung vorschreiben; ihr Ziel hat ausschließlich die Gewährung sachkundigen Rates und fachmännischer Hilfe zu sein[312]. Die Stellungnahmen der Ethik-Kommisssionen tragen dementsprechend den Charakter unverbindlicher Gutachten. Diese enthalten ein Urteil über die Unbedenklichkeit oder Unzulässigkeit des pflichtgemäß zur Überprüfung eingereichten humanmedizinischen Forschungsvorhabens nach Maßgabe rechtlicher und berufsethischer Maßstäbe[313], das zu beherzigen dem Arzt freisteht[314] und deswegen vor den Verwaltungsgerichten unanfechtbar bleibt[315]. „Materiell erfährt die Forschungsfreiheit des Arztes also keine Beschränkungen, die nicht auch ohne ein Beratungsverfahren vor den Ethik-Kommissionen gelten."[316]

Problematisch sind damit allein die verfahrensrechtlichen Behinderungen, welche für den Arzt und Forscher infolge der obligatorischen Kommissionskontrolle entstehen[317]. So zwingt ihn die auf Konsens zielende, diskursive Vorgehensweise der Ethik-Kommissionen, die mit seinem Forschungsprojekt verbundenen ethischen Erwägungen und Entscheidungsmöglichkeiten zu explizieren, wobei indes die Maßgaben des Weltärztebundes in der Revidierten Deklaration von Helsinki mit ihren Empfehlungen für Ärzte, die in der biomedizinischen Forschung am Menschen tätig sind[318], einen äußerst hilfreichen Leitfaden bilden.

Ferner kostet den Arzt die Abfassung eines detaillierten Antrags an den zuständigen Ausschuß unter Umständen einige Tage oder – in seltenen Fällen – gar Wochen intensiver Arbeit, die sich allerdings weitgehend auf den vom Arzneimittelgesetz geforderten Prüfplan stützen kann[319]. Aufs Ganze gesehen sind diese prozeduralen Belastungen freilich als geringfügig zu erachten, zumal sich die Ethik-Kommisssionen durchaus konzentriert um eine Beschleunigung der Verfahren bemühen[320] und überdies die Begutachtung durch ein fachlich und moralisch kompetentes Gremium in mancherlei Hinsicht auch förderlich zu sein vermag, um so mehr als in der Sache vielfach Anhörungen und Dialoge zwischen Kommissionen und Antragstellern stattfinden[321].

Besondere Bedeutung gewinnt in diesem Zusammenhang eine Entscheidung des Bundesverfassungsgerichts aus dem Jahre 1978[322], in welcher die unscharfe Grenze zwischen begrüßenswertem Mitbedenken des Forschers im Hinblick auf schwerwiegende Konsequenzen seines Tuns für verfassungsrechtlich geschützte Gemeinschaftsgüter einerseits und einer aufgrund Art. 5 Abs. 3 GG unzulässigen Gängelung gemäß irgendwelchen verabsolutierten ethischen Standpunkten der gesellschaftlich-staatlichen Öffentlichkeit andererseits im Blick auf die immanenten Schranken der Forschungsfreiheit materiell-rechtlich näher bestimmt wurde. Das Gericht sah es in enger verfassungskonformer Auslegung des zu beurteilenden § 6 des Hessischen Universitätsgesetzes[323)] als zulässig an, den einzelnen Wissenschaftler staatlicherseits der Rechtspflicht zu unterwerfen, die Folgen seiner Tätigkeit abzuschätzen und hierüber die zuständigen Hochschulorgane im Falle erheblicher Gefahren für hochwertige Rechtsgüter zu unterrichten. Diese Einschätzung beruhte vor allem auf der Erkenntnis, daß die mit der genannten Regelung verbundenen Einwirkungen auf den Prozeß wissenschaftlichen Suchens und Abwägens als nur schwach anzusehen sind: „Der Gesetzgeber hat mit der Verpflichtung zum Mitbedenken in vertretbarer Weise an die Eigenverantwortung der Wissenschaftler appelliert und damit in möglichst *schonender* Weise in die freie Betätigung der Wissenschaftler eingegriffen"[324)]. Und weiter: „Der in der Informationspflicht liegende verhältnismäßig *leichte und schonende* Eingriff ist aber jedenfalls insoweit gerechtfertigt, als es darum geht, notwendige Voraussetzungen für den Schutz vor erheblichen Gefahren für die genannten Rechtsgüter zu schaffen"[325)].

Für die vorliegend zu beurteilende Fallkonstellation kann in formeller Hinsicht nichts anderes gelten[326)]. Denn auch die ärztliche Berufspflicht, sich vor Durchführung eines Forschungsvorhabens durch eine Ethik-Kommission beraten zu lassen, bewegt sich auf der untersten Einschränkungsstufe des Art. 5 Abs. 3 GG, wenn berücksichtigt wird, daß sie ebenso wie die Folgenabschätzungs- und Informationspflicht aus § 6 des Hessischen Universitätsgesetzes der bloßen Sensibilisierung des Forschers in bezug auf seine besondere ethische Verantwortung dient und daß sie dieses Ziel gleichfalls ohne inhaltlich bindende Einflußnahme auf den Freiraum der Wisssenschaften zu erreichen sucht. Eine Regelung von derart minimaler Grundrechtsrelevanz ist nach der von der Literatur insoweit einhellig geteilten Rechtsprechung des Bundesverfassungsgerichts und der Verwaltungsgerichte nicht als wesentlich im Sinne der Lehre vom Parlamentsvorbehalt zu qualifizieren[327)].

Parlamentarischer Legitimation in Gestalt einer ausdrücklichen gesetzlichen Ermächtigungsgrundlage bedürfen vielmehr erst solche Grundrechtseingriffe, die wie die Festlegung von Genehmigungsvorbehalten im Rahmen eines behördlichen Zulassungsverfahrens oder das Verbot, bestimmte Arten von Forschung zu betreiben, über lediglich prozedurale Erschwernisse hinausgehen[328)].

Gegen die Notwendigkeit einer gesetzgeberischen Leitentscheidung sprechen schließlich noch weitere Aspekte. Faßt man etwa das gegen den Parlamentsvorbehalt sprechende Kriterium der anderweitigen Ausformung der untergesetzlichen Regelung ins Auge[329)], wird deutlich, daß es sich bei der Berufsregel aus § 1 Abs. 4 der Muster-Berufsordnung um eine Norm handelt, die sich großenteils bereits aus den dem ärztlichen Stand gestellten und vom Gesetzgeber partiell vorgezeichneten Aufgaben ergibt und die daher der Kreis der Berufsangehörigen leicht erkennen kann. Nach der Bundesärzteordnung[330)] kennzeichnen den Arzt der Dienst an der Gesundheit des einzelnen wie des gesamten Volkes nach Maßgabe ärztlichen Gewissens und der ärztlichen Sitte. Bei der Bestimmung des ärztlichen Berufsbilds bleibt weiter das herkömmliche staatliche Kammerrecht[331] zu beachten, das den Arzt verpflichtet, seinen Beruf gewissenhaft auszuüben und dem ihm in Zusammenhang mit dem Beruf entgegengebrachten Vertrauen zu entsprechen. Pflege und Fortbildung des Berufsethos bilden also nach dem Gesetz – neben der Gewährleistung eines hohen fachlichen Leistungsvermögens – die Hauptaufgabe wie den Existenzgrund des ärztlichen Standes und seiner Institutionen[332]. Wo die Arztethik Zweifeln und Anfechtungen unterliegt, die der Klärung bedürfen, ist die erwünschte Selbstkontrolle des Standes gefordert: Charakteristikum des freien Berufs ist es, über die selbstgesetzten beruflichen Standards in eigener Verantwortung zu wachen, sie zu entwickeln und zu verteidigen. Diesem Zweck ordnen sich die Ethik-Kommissionen ohne weiteres unter. Sie sollen nicht gesellschaftliche oder öffentliche Entscheidungen antizipieren, sondern die ethischen Aufgaben der medizinischen Wissenschaft in interner Zuständigkeit wahrnehmen[333]. Sie prägen fernerhin die Berufsregeln mit aus, indem sie die – oft tatbestandsarmen – Normen des Rechts ausfüllen und Standards verfeinern. Im Mittelpunkt ihrer Gutachtertätigkeit stehen dementsprechend mit ethischen und juristischen Fragen eng verflochtene medizinisch-fachliche Erwägungen[334]. Die Aufgaben der Ethik-Kommissionen sind folglich – in den Worten des Bundesverfassungsgerichts[335] – „aus dem Zusammenhang des überkommenen Berufsrecht im allgemeinen und aus dem vom Gesetzgeber vorgezeichneten Berufsbild" des Arztes in einer Weise vorherbestimmt, die es dem Satzungsgeber ermöglicht, derartige Gremien in Wahrnehmung seiner Autonomie zu institutionalisieren.

Außerdem ist zu berücksichtigen, daß die neue Berufsregel lediglich das konkretisiert, was sich für den forschenden Arzt schon bislang als ethische und – mittelbar gebotene, ungeschriebene – rechtliche Pflicht darstellt[336]. So soll nach den berufsethisch bindenden Maßgaben der Revidierten Deklaration von Helsinki der klinisch forschende Arzt bei den ethischen Fragen, die seine Arbeit fortwährend aufwirft, die Hilfe von unabhängigen, gesetzlich oder standesrechtlich anerkannten Gutachterausschüssen in Anspruch nehmen[337]. Unter haftungsrechtlichen Gesichtspunkten unterliegt er der Sorgfaltspflicht, schwierige Vorhaben durch eine geeignet zusammmengesetzte Ethik-Kommission prüfen zu lassen[338].

Dies alles zeigt: Schwerwiegende Eingriffe in die Forschungs- und Berufsausübungsfreiheit des wissenschaftlich tätigen Arztes sind mit der Pflicht, eine Ethik-Kommisssion anzurufen, nicht verbunden. Die Beteiligung am Konsiliarverfahren belastet nur mäßig; die Bescheide der Kommissionen binden nicht. Die obligatorische Inanspruchnahme der Ethik-Kommissionen liegt im Sinne der unverzichtbaren berufsständischen Selbstkontrolle und ist insofern so sehr mit dem gesetzlich geprägten Berufsbild von der besonderen ethischen Verantwortung des Arztes verknüpft, daß ihrer ausdrücklichen Anordnung in einer autonomen Berufsordnung vom Kompetenzgesichtspunkt her keine Einwände entgegenstehen.

b) Die begrenzte Zulässigkeit autonomer Rechtsetzung mit Auswirkung auf die Belange Dritter oder der Allgemeinheit

Wie eingangs[339] klargestellt wurde, verletzt das die Ethik-Kommissionen betreffende Kammerrecht nicht die Grundrechtspositionen Außenstehender. Im Hinblick auf die grundsätzlich bei den Mitgliedern endende Autonomie der Kammern ist jedoch im Auge zu behalten, daß die Tätigkeit der öffentlich-rechtlich verfaßten Kommissionen neben Fragen des Gemeinwohls auch die Interessen der Patienten und Probanden sowie der freien und firmeneigenen Ethik-Kommissionen berühren kann[340]. Welche Konsequenzen sich hieraus für den Umfang der parlamentarischen Regelungspflicht ergeben, ist in Rechtsprechung und Schrifttum noch nicht voll geklärt[341]. Abzulehnen sind jedenfalls schematische Lösungen, die eine mittelbare Erfassung Externer durch Berufsordnungen ohne Einschränkung zulassen oder andererseits eine solche generell als unzulässig ansehen[342].

aa) Die Problematik der mittelbaren Außenwirkung berufsständischer Satzungen

Der persönliche Geltungsbereich der Berufsordnungen beschränkt sich auf die kammerangehörigen Ärzte. Nach dem Bundesverfassungsgericht ist demgemäß die Ordnung interner Angelegenheiten der naheliegende und bevorzugte Bereich des Kammerrechts[343]. Gemeint sind solche Lebenssachverhalte, welche die Ärzteschaft „selbst betreffen und die sie in überschaubaren Bereichen am sachkundigsten" zu beurteilen vermag[344].

Regelungen, die dagegen den Kreis eigener Angelegenheiten überschreiten, müssen grundsätzlich vom parlamentarischen Gesetzgeber getroffen werden, zu dessen originären Aufgaben es gehört, dem Gemeinwohl sowie den schutzwürdigen Belangen Außenstehender Geltung gegenüber der einseitigen Rücksichtnahme auf Standesinteressen zu verschaffen. Hinzu kommt, daß die Selbstverwaltungskörperschaften ihre demokratische Legitimation nur kraft der Mitwirkungsbefugnisse ihrer Mitglieder in sich tragen, während Externe außerhalb dieses Partizipationszusammenhanges stehen[345].

In welchem Umfang danach die statutarische Erfassung Dritter der Rechtsgrundlage in einem förmlichen Gesetz bedarf, läßt sich auch hier nur nach Maßgabe der Wesentlichkeitslehre, das heißt im Blick auf die jeweilige Sachmaterie und die Intensität der getroffenen Regelungen ermitteln. Generell gilt: Je stärker eine Regelung auf Personen außerhalb des Mitgliederkreises einwirkt oder je bedeutsamer sie für die Interessen der Bevölkerung insgesamt ist, desto höhere Anforderungen müssen an den Bestimmtheitsgrad der Ermächtigung gestellt werden[346].

In Anwendung dieser Grundsätze sah es das Bundesverfassungsgericht als „erwünscht, wenn nicht sogar geboten" an, Berufspflichten, die das Verhältnis des Arztes zum Patienten dergestalt berühren, daß dieser in seinem Recht auf freie Arztwahl beschnitten wird, in Gesetzesform zu artikulieren[347]. Ein Eingreifen des Gesetzgebers ist nach dieser Rechtsprechung[348] ferner dann erforderlich, wenn es „sich nicht um eine bloße berufsinterne Angelegenheit (handelt), die ausschließlich das Verhältnis der Kammermitglieder untereinander betrifft. Vielmehr berührt die Frage, unter welchen Voraussetzungen und an welchen Orten ein Apotheker außerhalb seiner Apotheke der Bevölkerung seine Dienstleistungen durch Einrichtung von Rezeptsammelstellen anbieten darf, die allgemeine Stellung des Apothekers im Wirtschaftsleben und insbesondere das Interesse der Allgemeinheit an ihrer raschen und ordnungsgemäßen Versorgung mit Arzneimitteln". Der Fall verdeutliche die Gefahr, „daß ohne eine derartige gesetzliche Festlegung berufspolitische Erwägungen die Regelung und ihre praktische Handhabung bestimmen und daß die Interessen der Bevölkerung dahinter zurücktreten müssen".

Weniger eindeutig ist die Rechtslage indessen, wenn sich die belastenden Auswirkungen auf Dritte oder das Allgemeinwohl als geringer bedeutsame „bloße Reflexe"[349)] interner Berufsregeln darstellen[350)]. Zutreffender Ansicht nach läßt sich eine derartige „mittelbare Geltungserstreckung"[351)] von Satzungsnormen allein aus der sozialen Pflichtenstellung des Standes rechtfertigen[352)]. Die Ärzteschaft hat der Gesundheit des einzelnen und des gesamten Volkes zu dienen[353)]. Diesem Dienst haben sich auch die Berufsordnungen unterzuordnen. Sie sollen das „sachlich-ethische Minimum" enthalten, das für eine funktionsgerechte Erfüllung der gemeinschaftsbezogenen Standespflichten unabdingbar erforderlich ist[354)]. Diese strenge Funktionalität hebt das Berufsordnungsrecht der Kammern von der allgemeinen Rechtsordnung ab und legitimiert es ihr gegenüber.

Damit stehen aber zugleich die Grenzen der Regelungskompetenz der Kammern im Hinblick auf die Berührung externer Belange fest: *Nur die unvermeidbaren und mit der vorstehend beschriebenen sozialen Berufsfunktion in einem engen und notwendigen Sachzusammenhang stehenden Auswirkungen von Berufspflichten auf Dritte oder die Allgemeinheit bedürfen keiner ausdrücklichen gesetzlichen Ermächtigungsgrundlage*[355)]. Das bejaht auch das Bundesverfassungsgericht, wenn es feststellt: „Der Rückwirkung (von Satzungen) auf Außenstehende und den mit der Ermächtigung autonomer Körperschaften verbundenen spezifischen Gefahren (wird) durch das Erfordernis staatlicher Mitwirkung Rechnung getragen"[356)].

bb) Schlußfolgerungen

Mißt man die in § 1 Abs. 4 der Muster-Berufsordnung vorgeprägte Berufsregel an diesen Erfordernissen, so ist zunächst augenfällig, daß die den Arzt treffende Konsultationspflicht dessen Verhältnis zur Versuchsperson zwar berührt, diese dadurch jedoch in keiner Weise beeinträchtigt wird. Aufgabe der Ethik-Kommissionen ist es vielmehr, in einer „Stellvertreterfunktion" die schutzwürdigen Interessen der Probanden und Patienten wahrzunehmen[357)].

Wie schon hervorgehoben[358)], ergeben sich die im Falle einer Einwirkung auf Rechtspositionen Außenstehender vorhandenen Delegationsschranken in erster Linie aus der Verpflichtung des staatlichen Gesetzgebers, als Hüter des Gemeinwohls gegenüber einem möglicherweise gruppenegoistischen Standesdenken tätig zu werden. Dem Parlament kommt deshalb die Entscheidungsprärogative dort zu, wo die Rechtsetzung durch Berufsverbände Gefahren für die Freiheit des Einzelnen oder die Allgemeinheit mit sich bringen kann[359]. Solchen Risiken gilt es indes nicht vorzubeugen, wenn das Standesrecht auf die Rechtspositionen Dritter ausschließlich günstigen Einfluß nimmt. Zu Recht wird es daher als zulässig angesehen, daß die Berufsvertretungen aufgrund ihrer allgemeinen Ermächtigungen zur Berufsregelung die Kammerangehörigen mit Pflichten belasten, die mittelbar dem Schutz Dritter dienen[360]. Insbesondere die Berufsordnungen der Ärztekammern verfolgen demgemäß in einzelnen ihrer Bestimmungen erkennbar keinen anderen Sinn, als denjenigen zu schützen, dem der Arzt seine Leistung erbringt[361].

Insofern ist es vom Kompetenzgesichtspunkt her nicht zu beanstanden, wenn die Kammersatzungen vermittels der Pflicht, das Votum einer öffentlich-rechtlich verfaßten Ethik-Kommission einzuholen, nicht nur den Forscher selbst, sondern auch die Patienten und Probanden vor ethisch und rechtlich bedenklichen Vorhaben zu bewahren suchen. Daß der Schutz von Versuchspersonen vor Risiken und möglichen Mißbräuchen in der biomedizinischen Forschung zugleich eine öffentliche Aufgabe darstellt[362], steht hierzu nicht in Widerspruch. Denn die Aufgabe eines Berufsstandes liegt gerade darin, im Interesse der Berufsangehörigen *und* der Allgemeinheit tätig zu sein[363].

Da es bei den durch die humanmedizinische Forschung aufgeworfenen Fragen – die Menschenwürde, das Leben und die Gesundheit der Patienten und Probanden zum einen, die Freiheit und Effektivität der Forschung zum anderen stehen auf dem Spiel – um Grundwerte unserer Rechtsordnung und damit um Angelegenheiten der Allgemeinheit geht, wird der Blick auf ein weiteres hier zu erörterndes Kriterium zur Bestimmung der Reichweite des Parlamentsvorbehalts gelenkt: auf die Notwendigkeit, die Rechtssphären und divergierenden Interessen verschiedener Grundrechtsträger gegeneinander abzuwägen[364]. Dieser Gesichtspunkt gründet namentlich auf den für den Parlamentsvorbehalt sprechenden funktionell-strukturellen Vorteilen des Gesetzgebungsverfahrens. Nur dessen besondere Leistungsfähigkeit in Gestalt der umfassenden Berücksichtigung und des gerechten Ausgleichs widersprechender Belange sowie der Mitwirkung der Öffentlichkeit an der politischen Willensbildung und der Beteiligung der parlamentarischen Opposition vermag bei komplexen Entscheidungen das erforderliche Maß an „Richtigkeit" zu vermitteln[365].

Indessen: Ist der Inhalt einer Regelung in einer gesetzgeberischen Grundentscheidung bereits vorgezeichnet, so kann das aufwendige parlamentarische Rechtsetzungsverfahren seinen Sinn verlieren[366]. So ist der ärztliche Eingriff auf dem Felde der biomedizinischen Forschung am Menschen an medizinische, ethische und rechtliche Bedingungen geknüpft, die in den wissenschaftlichen Standards enthalten, in der Revidierten Deklaration von Helsinki verankert und in einer Vielzahl nationaler rechtlicher Bestimmungen[367] normiert sind. Insbesondere die im Mittelpunkt der Kontrolltätigkeit der Ethik-Kommissionen stehende Arzneimittelforschung ist umfassend gesetzlich geregelt und unterliegt überdies der staatlichen Überwachung[368]. Diese Rechtssätze strahlen auch auf die Beurteilung der medizinischen Forschungsbereiche aus, für die es noch keine speziellen Normen gibt[369].

Berücksichtigt man daher, daß gesetzliche Regelungen Zulässigkeit und Grenzen der medizinischen Forschung am Menschen weitgehend determinieren, der (Bundes-)Gesetzgeber auf dem Felde der Neulandmedizin also schon selbst über die Zuordnung der konkurrierenden Grundrechte und sonstigen Rechtsgüter entschieden hat[370], so sind in kompetenzrechtlicher Hinsicht Zweifel gegenüber einer Selbstkontrolle des ärztlichen Standes, die lediglich auf die Beachtung des geschriebenen Rechts sowie elementarer ethischer Prinzipien zielt, nicht angebracht, zumal die Ethik-Kommissionen eigene Normen weder aufstellen können noch dürfen[371]. An der allein dem Gesetzgeber vorbehaltenen verbindlichen Grundrechtsbegrenzung durch Herstellung praktischer Konkordanz[372] haben die nur beratenden Gutachterausschüsse keinen Anteil[373].

Wie schon angedeutet[374], umgreift der Parlamentsvorbehalt auch solche Angelegenheiten, die im Allgemeininteresse einer nicht berufsspezifischen Normierung bedürfen. „Die Bestimmung des Art. 3 GG darf nicht dadurch ausgehöhlt werden, daß in unterschiedlichen Sozialbereichen die Grundrechte ohne sachlichen Grund uneinheitlich eingeschränkt werden. Dem parlamentarischen Gesetzgeber obliegt daher eine Koordinationsaufgabe bei der Sicherung einer einheitlichen Geltung der Grundrechte."[375]

Ein derartiges Harmonisierungserfordernis könnte sich für Forschungsarbeiten am Menschen daraus ergeben, daß Verfahren kritischer Konsultation, die dem Schutz der Versuchsteilnehmer, der Gewissensprüfung wie der Selbstkontrolle dienen, zwar für den Neulandschritt unter ärztlicher Leitung, nicht jedoch für experimentelle Studien beispielshalber von Humanbiologen, Psychologen, Soziologen oder Pädagogen existieren[376]. Indes sprechen zwei Gründe gegen eine solche Schlußfolgerung. Zum einen hat selbst der Gesetzgeber trotz entsprechender Forderungen[377] bis heute keine Veranlassung gesehen, auch für die nichtmedizinische Forschung am Menschen spezielle[378] gesetzliche Anhaltspunkte zu liefern. Zum anderen ist der ärztliche Beruf ein seiner Natur nach freier Beruf, den korporativ entfaltete Standesregeln und ein alle Mitglieder der Profession verpflichtendes Berufsethos kennzeichnen. Die Ethik-Kommissionen beruhen auf diesen Besonderheiten des ärztlichen Berufs, die es rechtfertigen, ihn anders zu behandeln als sonstige Tätigkeiten[379].

Für die verfassungsgebotene parlamentarische Befassung mit der Frage einer obligatorischen Begutachtung von humanmedizinischen Forschungsvorhaben durch Ethik-Kommissionen könnten somit nur noch die nachteiligen Rückwirkungen der in § 1 Abs. 4 der Muster-Berufsordnung vorgeprägten Berufsregel auf Nichtmitglieder sprechen. Dabei gewinnt der bei der Erörterung der Problematik der mittelbaren Außenwirkung berufsständischer Satzungen aufgestellte Grundsatz[380], wonach die mit der Sachaufgabe der Ärztekammern in einem notwendigen Zusammenhang stehende Berührung von Belangen Externer der Rechtswirksamkeit berufsordnender Regelungen nicht entgegensteht, entscheidende Bedeutung.

Das berufsrechtliche Konsiliarverfahren beeinträchtigt zunächst die Forschungstätigkeit jener Unternehmen der pharmazeutischen Industrie und jener pharmakologischen Institute, in deren Auftrag und Interesse der kammerzugehörige Arzt die klinische Prüfung von Arzneimitteln plant und durchführt[381]. Belastungen ergeben sich hierbei sowohl aus der Pflicht des ärztlichen Projektleiters, betriebliche Sachverhalte gegenüber externen Instanzen offenzulegen, als auch aus der mit der Anrufung einer Ethik-Kommission regelmäßig verbundenen Verzögerung des Beginns der klinischen Prüfung.

Wie der Vergleich mit den Auswirkungen der neuen Berufsregel auf ihren unmittelbaren Adressatenkreis zeigt, sind diese Behinderungen nach ihrem Gewicht allerdings nur von nachgeordneter Bedeutung[382], zumal die Konsiliargremien auf die wissenschaftliche Eigenverantwortung der genannten Institutionen ebensowenig Einfluß nehmen wie auf diejenige des kammerzugehörigen Arztes. Berücksichtigt man des weiteren, daß diese geringfügigen Belastungen lediglich die zwangsläufigen Folgen der gewissenhaften Erfüllung einer gemeinschaftsbezogenen ärztlichen Berufspflicht darstellen, und daß die Ethik-Kommissionen auch den (zulässigen) Schutz der Forschung betreibenden Einrichtungen vor Regreßansprüchen bezwecken[383], so läßt sich die satzungsrechtliche Pflicht zur Inanspruchnahme einer öffentlich-rechtlich verfaßten Ethik-Kommission schwerlich dem Bereich „wesentlicher“ Regelungen zurechnen. Solche mit der Ordnung der internen Selbstverwaltungsangelegenheiten in einem engen Sachzusammenhang stehenden Auswirkungen auf Außenstehende sind vielmehr als unvermeidbar hinzunehmen[384]. Zudem vermögen die gesetzlichen Grundlagen der einzelnen Berufsordnungen als abstrakt-generelle Rechtssätze nicht alle Berufspflichten einschließlich ihrer Ausstrahlung auf die Belange von Nichtmitgliedern ausdrücklich zu erfassen.

Gleiches gilt auch in bezug auf die durch das berufsrechtliche Konsiliarverfahren ebenfalls nachteilig betroffenen privaten oder freien ethischen Komitees[385]. Hier ist zu berücksichtigen, daß mit der durch das Gesetz ermöglichten Selbstverwaltung freier Berufsverbände zugleich die öffentlich-rechtliche Anerkennung einer sozialen Funktion erfolgte[386]: An die Stelle unmittelbarer Staatskontrolle des einzelnen trat die berufsständische Selbstkontrolle, deren entscheidendes Wesensmerkmal es gerade ist, daß sie um der Eigenverantwortung des Standes willen ohne die Zuhilfenahme externer Instanzen ausgeübt wird. Die mit der neuen Berufsausübungsregel erstrebte Sicherung der ethischen Grundlagen des Arztberufs entspricht diesem gesetzlichen Leitbild von der eigenverantwortlichen Überwachung der dem ärztlichen Stand vorgegebenen Aufgaben[387]. Daher müssen auch die mit der unentbehrlichen berufsständischen Selbstkontrolle notwendigerweise verbundenen Rückwirkungen auf außenstehende Dritte, die aus privater Initiative mit einer ähnlichen Zielsetzung tätig werden, in Kauf genommen werden[388]. Das gilt im vorstehend zu beurteilenden Fall um so mehr, als den freien Gremien auch weiterhin ein das gesamte Gebiet biomedizinischer Forschung am Menschen umfassendes Betätigungsfeld verbleiben wird[389].

Alles in allem wirkt somit die Pflicht des forschenden Arztes, sich von einer bei der Ärztekammer oder bei einer medizinischen Fakultät gebildeten Ethik-Kommission beraten zu lassen, nicht derart auf Außenstehende ein, daß sie nur auf der Grundlage einer speziellen gesetzlichen Ermächtigung Bestand haben könnte. Vielmehr gilt als leitendes Prinzip, daß einer mittelbaren Einflußnahme auf Nichtmitglieder dann keine kompetenzrechtlichen Bedenken entgegenstehen, wenn sie lediglich als *unvermeidbare* Folge einer *ausschließlich* der Ordnung interner Angelegenheiten dienenden Regelung erscheint. Eine solche interne Standesvorschrift ist die Konsultationspflicht aus § 1 Abs. 4 der Muster-Berufsordnung, die ihre Rechtfertigung in der gebotenen Selbstkontrolle des ärztlichen Standes findet. Ihre Wirkung auf Forschungsinstitutionen und freie Ethik-Kommissionen ist ein bloßer Reflex dieser im Interesse des Berufsstandes und der Allgemeinheit bestehenden Überwachungsaufgabe der Kammern.

Daß im Berufsordnungsrecht daher generalklauselhafte Ermächtigungen genügen, entspricht auch der neueren Rechtsprechung des Bundesverfassungsgerichts, das die Zulässigkeit der indirekten Erfassung Dritter außerdem auf das Erfordernis staatlicher Mitwirkung stützt. Hinzu kommt, daß angesichts der Unmöglichkeit einer vollständigen parlamentarischen Vorstrukturierung der Berufspflichten auf gesetzliche Generalklauseln nicht verzichtet werden kann[390].

IV. Die Verteilung der Gesetzgebungszuständigkeiten zwischen Bund und Ländern im Fall der Ethik-Kommissionen

1. Das generelle Verhältnis von Bundesrecht und Berufsordnungsrecht der Länder nach der Rechtsprechung des Bundesverfassungsgerichts und der Verwaltungsgerichte

Das Satzungsrecht der Ärztekammern ist Landesrecht[391]. Es muß sich daher in die für den Bundesstaat kennzeichnende Aufteilung der Gesetzgebungszuständigkeiten zwischen Gesamtstaat und Gliedstaaten einfügen, die das Grundgesetz[392] in der Weise vornimmt, daß es den Ländern die Gesetzgebungsbefugnis nur abspricht, wenn und soweit eine Sachmaterie in die Regelungskompetenz des Bundes fällt.

Nach Art. 74 Nr. 19 des Grundgesetzes besitzt der Bund die konkurrierende Gesetzgebungszuständigkeit lediglich für die Zulassung zum Berufe des Arztes. Hierunter fallen die Vorschriften, die sich auf die Erteilung, die Zurücknahme und den Verlust der Approbation oder auf die Befugnis zur Ausübung des ärztlichen Berufs beziehen. Die Regelung der Berufsausübung der Ärzte nach ihrer Zulassung gehört dagegen zur ausschließlichen Gesetzgebungskompetenz der Länder, von der diese durch den Erlaß der Kammer- und Heilberufsgesetze auch Gebrauch gemacht haben[393]. Die aufgrund dieser Gesetze von den Ärztekammern erlassenen Berufsordnungen stehen demzufolge mit der bundesstaatlichen Kompetenzordnung des Grundgesetzes in Einklang. Dies gilt selbstverständlich auch für die statutarische Pflicht des forschenden Arztes zur Einschaltung einer öffentlich-rechtlichen Ethik-Kommission. Sie dient der Bewahrung der standesinternen Ordnung, wie sie für eine sachgerechte Berufsausübung erforderlich ist, zu der wegen der mannigfachen Berührung von Therapie und Forschung auch die wissenschaftlichen Tätigkeiten des Arztes zählen[394].

Nach der Rechtsprechung des Bundesverfassungsgerichts[395] und der Verwaltungsgerichte[396] kommt die den Kammern durch die Landesgesetze verliehene Befugnis zur Festlegung von Standespflichten selbst dann nicht in Wegfall, wenn die hiervon betroffene berufliche Betätigung des Arztes zugleich einer dem Bundesgesetzgeber zur Normierung zugewiesenen Materie zugehört. Bundesrecht und Berufsordnungsrecht seien, so die Rechtsprechung[397], zwei sich in einzelnen Bereichen zwar „teilweise überschneidende, aber gleichwohl unabhängig voneinander geltende und wirkende Rechtskreise mit unterschiedlichen normativen Zweckrichtungen". Die satzungsrechtliche Pflicht eines jeden Arztes, vor der Durchführung klinischer Versuche am Menschen eine Ethik-Kommission anzurufen, besitzt danach auch gegenüber dem bundesrechtlich auf der Grundlage der Kompetenz zur konkurrierenden Gesetzgebung für „den Verkehr mit Arzneien, Heil- und Betäubungsmitteln" (Art. 74 Nr. 19 GG) erlassenen Gesetz zu Neuordnung des Arzneimittelrechts (AMG)[398] Gültigkeit: Regelungsgegenstand und Normzwecke von Arzneimittelgesetz und Berufsrecht der Ethik-Kommissionen gleichen sich nicht.

Der Berufsregel aus § 1 Abs. 4 der Muster-Berufsordnung liegt in erster Linie die Sicherung der ärztlichen Standesethik zugrunde. Sie erfaßt weit gespannt das gesamte Feld der humanmedizinischen Forschung, während das Bundesrecht nur dem Schutz des Menschen bei der klinischen Arzneimittelprüfung dient. Im Unterschied zum Kammerrecht richten sich die Rechtssätze des Arzneimittelgesetzes keinesfalls nur an den Arzt, sondern vornehmlich an die Betriebe und Einrichtungen der pharmazeutischen Industrie[399]).

Insgesamt ist somit aus der Sicht der Rechtsprechung festzustellen: Die Standespflicht, sich durch Ethik-Kommissionen beraten zu lassen, ist nicht am Arzneimittelgesetz zu messen. Es handelt sich bei ihr vielmehr um eine Angelegenheit der Berufsausübung, die zu regeln nach Art. 70 Abs. 1 des Grundgesetzes allein Sache des Landesgesetzgebers und der als Körperschaften des öffentlichen Rechts kraft Landesrechts eingerichteten autonomen Ärztekammern ist[400]).

2. Die Offenheit des Arzneimittelgesetzes für eine berufsständische Selbstkontrolle

Als komplizierter erweisen sich dagegen die Bewandtnisse, wenn man den von der Rechtsprechung vertretenen generellen Vorrang des Berufsordnungsrechts gegenüber dem Bundesrecht verneint[401]) und des weiteren annimmt, daß die obligatorische Anhörung einer Ethik-Kommission vor Beginn der klinischen Arzneimittelprüfung allein nach der Kompetenzbestimmung des Art. 74 Nr. 19 des Grundgesetzes (Verkehr mit Arzneien, Heil- und Betäubungsmitteln) zu beurteilen sei[402]). Es gälten dann die besonderen Maßgaben des Art. 72 Abs. 1 des Grundgesetzes, das heißt Raum für eine berufsrechtliche Normierung des Ausschußwesens bliebe nur, sofern (und soweit) der Bundesgesetzgeber mit den §§ 40 bis 42 des Arzneimittelgesetzes auf dem Gebiet der Medikation keine umfassende und abschließende Regelung der Zulässigkeitsschranken erstrebte.

Im Schrifttum[403]) findet sich in diesem Zusammenhang der Standpunkt, aus dem Wortlaut und der Entstehungsgeschichte des Arzneimittelgesetzes ergebe sich eindeutig, „daß der Gesetzgeber die zwingende Anhörung einer Ethik-Kommission – insbesondere einer bestimmten – bewußt nicht vorgesehen" habe. So werde in der Entwurfsbegründung „unter der Erwähnung der Deklaration von Helsinki (offensichtlich der von 1964)[404]) angeführt, daß der in den §§ 40 und 41 AMG konkretisierte Schutz 'notwendig, aber auch ausreichend'" erscheine.

Diese Auffassung hält indessen einer näheren Überprüfung nicht stand. Der siebente Abschnitt des Arzneimittelgesetzes regelt den Schutz des Menschen bei der klinischen Prüfung. Zunächst legt § 40 die „unerläßlichen "[405]) Voraussetzungen fest. § 41 erweitert und modifiziert diese allgemeinen Maßgaben unter Berücksichtigung der besonderen Situation des kranken Menschen. Einige Änderungen dieser Erfordernisse und Schranken brachte die sogenannte Zweite AMG-Novelle[406]). So darf eine klinische Prüfung beim Menschen nunmehr nur durchgeführt werden , wenn „ein dem jeweiligen Stand der wissenschaftlichen Erkenntnisse entsprechender Prüfplan vorhanden ist" (§ 40 Abs. 1 Nr. 7a AMG). Außerdem müssen seit dem 1. Februar 1987 „Betriebe und Einrichtungen, die Arzneimittel entwickeln, herstellen, klinisch prüfen..., dies vor Aufnahme der Tätigkeiten" der zuständigen Landesbehörde anzeigen[407]. Eine behördliche Genehmigung ist für Arzneimittelprüfungen am Menschen jedoch auch weiterhin nicht erforderlich. Vielmehr sollte nach Ansicht der Parlamentsmehrheit „die Verantwortung tunlichst beim Hersteller bleiben und nicht auf den Staat verschoben werden", auch sei eine Genehmigungspflicht durch die Behörde kaum umsetzbar[408].

Demgegenüber sah sich der Bundesgesetzgeber bislang noch nicht aufgerufen, sich ausdrücklich mit dem viel erörterten Vorschlag der Revidierten Deklaration von Helsinki, Ethik-Kommissionen zu errichten, auseinanderzusetzen[409]. Er folgte damit ersichtlich einer Empfehlung der Bundesregierung aus dem Jahre 1982[410], in der es unter anderem hieß: „Für die Durchführung der klinischen Prüfung ist die persönliche Verantwortung des leitenden Arztes unverzichtbar. Gegen die Beteiligung von Ethik-Kommissionen, die vor Beginn des Tests die vorhandenen Unterlagen über Voruntersuchungen und Versuchsplanung prüfen und sich gutachterlich dazu äußern, ob die Durchführung der Prüfung ärztlich vertretbar ist, bestehen jedoch keine Bedenken; die Anhörung kann sich sogar als sehr hilfreich erweisen und ist bereits weit verbreitet. Die überregionale Forschungsförderung wird bereits regelmäßig vom Vorliegen eines positiven Gutachtens einer Ethik-Kommission abhängig gemacht. Vielfach ist im öffentlichen Bereich, bei Universitätskliniken und öffentlichen Krankenhäusern, die Beteiligung von Ethik-Kommissionen vor der Durchführung klinischer Prüfungen im Rahmen des Dienstrechts zur Pflicht gemacht. Allerdings sind eine Reihe von Fragen, beispielsweise zur Unabhängigkeit, zur Zusammensetzung und zum Verfahren der Ethik-Kommissionen, noch nicht endgültig geklärt. Schon aus diesem Grund sollte zum gegenwärtigen Zeitpunkt davon abgesehen werden, die Anhörung einer Ethik-Kommission vor Beginn der klinischen Prüfung vorzuschreiben. *Zudem ist zunächst abzuwarten, welchen Beitrag die ärztliche Selbstverwaltung zur Lösung bisher noch offener Fragen zu leisten imstande ist.*"[411]

Eine derartige Offenheit des Arzneimittelgesetzes gegenüber dem ärztlichen Standesrecht läßt sich im übrigen auch seinem Wortlaut und seiner Entstehungsgeschichte entnehmen. Nach § 40 Abs. 1 Nr. 1 des Arzneimittelgesetzes ist die klinische Prüfung eines Arzneimittels nur zulässig, wenn und solange „die Risiken, die mit ihr für die Person verbunden sind, bei der sie durchgeführt werden soll, gemessen an der voraussichtlichen Bedeutung des Arzneimittels für die Heilkunde *ärztlich vertretbar* sind". Die Definition der ärztlichen Vertretbarkeit verweist auf das Berufsethos[412], dessen Pflege und Fortbildung mit den Mitteln des Selbstkontrolle zu den Hauptaufgaben des ärztlichen Standes zählt[413]. Beruflichen Vorschriften, die, wie die Pflicht zur Inanspruchnahme einer Ethik-Kommission, dieser Zielsetzung entsprechen, steht das Arzneimittelgesetz nicht entgegen; der Bundesgesetzgeber hat insoweit bewußt keine erschöpfende Regelung getroffen.

Nach alledem ist das Berufsordnungsrecht der Ethik-Kommissionen unter keinem Gesichtspunkt wegen Verstoßes gegen Bundesrecht unwirksam.

V. Die materielle Vereinbarkeit der berufsrechtlichen Konsultationspflicht mit den Grundrechten

1. Der materielle Rahmen des Berufsordnungsrechts der Ethik-Kommissionen

Nachdem sich die in § 1 Abs. 4 der Muster-Berufsordnung vorgeprägte Berufsregel als formell mit dem Grundgesetz vereinbar erwiesen hat, ist zum Schluß ihre materielle Verfassungsmäßigkeit zu prüfen. Als zentraler Verfassungsmaßstab wurde insoweit bereits das Grundrecht des forschenden Arztes aus Art. 5 Abs. 3 GG erkannt; sein Grundrecht aus Art. 12 Abs. 1 GG ist mit zu beachten. Berücksichtigung finden in diesem Rahmen ferner die durch das ärztliche Berufsrecht mittelbar betroffenen Grundrechtspositionen nichtkammerangehöriger Personen[414)].

Wie schon hervorgehoben[415)], unterliegt die Forschungsfreiheit keinem ausdrücklichen Schrankenvorbehalt. Nach der insbesondere vom Bundesverfassungsgericht entwickelten Lehre von der „Einheit der Verfassung" sind jedoch auch ihr Grenzen gezogen. Es gilt, die Freiheit der Forschung mit anderen Verfassungspositionen grundrechtlicher und sonstiger Art in Einklang zu bringen. Die durch die Rücksichtnahme auf kollidierende Verfassungswerte notwendig werdende Grenzziehung kann indessen nicht generell, sondern nur im Einzelfall durch Güterabwägung vorgenommen werden. „Dabei muß die Abwägung den Wertprinzipien der Verfassung, insbesondere der Bedeutung der miteinander kollidierenden Grundrechte, und dem rechtsstaatlichen Grundsatz der Verhältnismäßigkeit ... Rechnung tragen."[416)] Zulässig sind danach insbesondere Regelungen, die dem Schutz der Grundrechte Dritter durch Form und Verfahren dienen[417)]. Denn das Grundrecht der Wissenschaftsfreiheit nach Art. 5 Abs. 3 GG erlaubt es dem forschenden Arzt keineswegs, über die Rechte der Patienten und Probanden in einem vorgeblich höheren Wahrheits- und Gemeininteresse hinwegzugehen[418)].

Als Regelung der Berufsausübung[419)] bedeutet die Auferlegung von Standespflichten durch Berufsordnungen einen Eingriff in das Grundrecht der Berufsfreiheit (Art. 12 Abs. 1 GG) auf der untersten Stufe, welche dem Gesetz- oder Satzungsgeber den relativ größten Regelungsspielraum läßt: Die Berufsregeln sind schon dann legitimiert, wenn und soweit vernünftige Erwägungen des Gemeinwohls ihre Normierung zweckmäßig erscheinen lassen[420)]. Dabei steht die Schwere des Eingriffs in einem Abhängigkeitsverhältnis zu den mit der Regelung verfolgten Gemeinwohlbelangen. Infolgedessen vermag eine Berufspflicht, die lediglich eine geringfügige Beeinträchtigung der Berufsausübung zur Folge hat und der daher kaum mehr als Bagatellcharakter zukommt, schwerlich den Grundsatz der Verhältnismäßigkeit zu verletzen[421)].

Im Zentrum der materiellen Fragen der Grundrechtsbeschränkung steht somit das Übermaßverbot. Die Pflicht des forschenden Arztes, sich auf dem Felde der Neulandmedizin durch eine bei der Ärztekammer oder bei einer medizinischen Fakultät gebildete Ethik-Kommission beraten zu lassen, müßte danach einen sachlichen Grund haben. Außerdem müßte sie geeignet, notwendig und verhältnismäßig sein, um den Sachgrund zu fördern[422].

2. Die Anforderungen des Grundsatzes der Verhältnismäßigkeit

Bei der Tätigkeit des forschenden Arztes geht es um die mit ihr verbundenen wichtigsten Rechtsgüter des Menschen. Sie sind dem Urteil und der Hand des Arztes anheimgegeben: Leben, Gesundheit, Autonomie. Es ist unbestritten, daß der Wissenschaftler sich insbesondere bei etwaigen Versuchen über diese Rechte seiner Mitbürger nicht hinwegsetzen darf[423]. Die hiermit berührte Frage nach den verfassungsimmanenten Schranken der Forschungsfreiheit hat das grundlegende Urteil des Bundesverfassungsgerichts zu § 6 des Hessischen Universitätsgesetzes[424] eindeutig geklärt. Danach bestehen grundsätzlich keine Bedenken, „die freie wissenschaftliche Betätigung ... zu begrenzen, soweit es zum Schutz (hochwertiger) Rechtsgüter im Einzelfall erforderlich und angemessen ist"[425].

Diesen Anforderungen genügen insbesondere Organisations- und Verfahrensregelungen, welche die Inhalte der Forschung unberührt lassen[426]. Sie sind ein geeignetes und – da nur mäßig belastend – auch verhältnismäßiges Mittel, um widerstreitende Verfassungspositionen zum Ausgleich zu bringen. Zulässig sind daher neben Melde- und Folgenabschätzungspflichten auch präventiv wirkende Kontrollen, um die Einhaltung anerkannter Grenzen der Forschung zu gewährleisten. Zum Schutz dieser Grenzen braucht sich der Gesetz- oder Satzungsgeber nicht damit zu begnügen, an das Gewissen und die berufsethischen Bindungen des Wissenschaftlers zu appellieren oder zunächst eine Regelung im Wege der freiwilligen Selbstkontrolle anzustreben[427]. „Zwar muß er nach dem Grundsatz der Verhältnismäßigkeit den am wenigsten belastenden Eingriff in die garantierte Forschungsfreiheit wählen. Aber der Eingriff wird nicht dadurch weitreichender, daß die akzeptierten Grenzen der Forschung auch kontrolliert werden."[428]

Nicht anders verhält es sich mit der lediglich als Konsultations- und Anhörungspflicht ausgestalteten Berufsregel aus § 1 Abs. 4 der Muster-Berufsordnung. Ihre materielle Verfassungsmäßigkeit kann angesichts der besonderen Risiken von ärztlichem Heilversuch und medizinischem Experiment und der mitunter fehlenden ethischen und juristischen Kenntnisse des forschenden Arztes nicht zweifelhaft sein[429]. Dies gilt um so mehr, als das Bundesverfassungsgericht zur Begrenzung der Forschungsfreiheit ausdrücklich auch ethische Gesichtspunkte herangezogen hat[430].

Die Geringfügigkeit des Grundrechtseingriffs[431] und die überragende Bedeutung der zu schützenden Rechtsgüter rechtfertigen überdies die ausnahmslose Ausgestaltung der neuen Standespflicht ohne Rücksicht auf die konkrete Gefährdung der Versuchsteilnehmer. Weitere Sachgründe hierfür stellen die Gefahren des Mißbrauchs und der Fehleinschätzung durch den Arzt dar. Auch wird in einfach gelagerten Fällen unnötiger Arbeitsaufwand durch die um Flexibilität bemühte Praxis der Ethik-Kommissionen vermieden.

Wie eingangs erwähnt[432], verlangt das Übermaßverbot außerdem die angemessene Beachtung der rechtlich geschützten Interessen Dritter. Das bedeutet, daß der in den einzelnen Berufsordnungen zum Ausdruck kommende Verzicht auf die Beratungstätigkeit bestehender freier oder firmeneigener Ethik-Kommissionen durch vernünftige Erwägungen gerechtfertigt sein muß[433].

Gewiß können private Instanzen aus eigenem Antrieb mitunter ein erhebliches Leistungsvermögen erreichen, etwa durch die sorgfältige Auswahl ihrer Mitglieder und die strenge Befolgung selbstgestellter, rechtsstaatlichen Erfordernissen genügenden Verfahrens- und Prüfungsrichtlinien. Für die ungebundenen Gremien schlechthin läßt sich aber keine hoheitlich normierte, nachprüfbare oder allgemeinverbindliche Qualifikation feststellen, die sie als fachlich genügend geeignet auswiese.

Insoweit ist vor allem zu berücksichtigen, *daß rechtlich garantierte und kontrollierte Unabhängigkeit durch Integration in das Organisationsgefüge korporativer Träger öffentlicher Gewalt, fehlende kommerzielle Ausrichtung aufgrund ehrenamtlicher Tätigkeit, umfassende Rechtsbindung unter staatlicher Aufsicht sowie demokratische Legitimation durch Wahl - unerläßliche - Wesensmerkmale allein der bei den Ärztekammern und medizinischen Fakultäten[434] gebildeten Ethik-Kommissionen sind.* Annähernd gleiche Bedingungen für die freien Gremien mittels einer hoheitlichen Mißbrauchsaufsicht herzustellen, ist den Ärztekammern schon aus kompetenzrechtlichen Gründen verwehrt[435]. Hinzu kommt, daß insbesondere bei firmeneigenen Komitees die Gefahr von Interessenkollisionen in der Person der einzelnen Komissionsmitglieder besteht. Der berufsrechtliche Vorrang der öffentlich-rechtlich legitimierten Ethik-Kommissionen erscheint demzufolge sachlich wohlbegründet. Er allein entspricht überdies dem gesetzlich vorgesehenen Leitbild von der *eigenverantwortlichen* Überwachung der dem ärztlichen Stand vorgegebenen Aufgaben[436].

Zugunsten der freien Ethik-Kommissionen läßt sich somit nur noch der Gesichtspunkt des Vertrauensschutzes ins Feld führen. In der Rechtsprechung des Bundesverfassungsgerichts[437] ist insoweit anerkannt, daß der bestehende Rechtslagen aufhebende oder modifizierende Gesetz- oder Satzungsgeber die damit verbundenen Eingriffe „in schutzwürdige Vertrauenstatbestände ... nach Möglichkeit in geeigneter Weise durch eine angemessene Übergangsregelung abmildern oder ausgleichen (muß). Dies ist zum einen im Rahmen der ... Abwägung zwischen dem Einzelinteresse der Betroffenen und der Bedeutung des gesetzgeberischen Anliegens für das Wohl der Allgemeinheit zu berücksichtigen. Es ergibt sich ferner ... aus dem rechtsstaatlichen Grundsatz der Verhältnismäßigkeit."

Insgesamt steht den zur Rechtsetzung berufenen Instanzen dabei ein erheblicher Spielraum zu, der sich im wesentlichen aus der Gewichtigkeit der Beeinträchtigung sowie den eventuellen Gefahren einer Übergangsvorschrift für die Allgemeinheit ergibt. Dieser rechtsstaatliche Grundsatz des Vertrauensschutzes ist vorliegend nicht verletzt. Zum einen sind Übergangsregelungen nur für diejenigen vorzusehen, welche eine künftig unzulässige Tätigkeit in der Vergangenheit in erlaubter Weise ausgeübt haben[438]; die Konsiliartätigkeit der freien Gremien verstößt indes jedenfalls teilweise gegen das Rechtsberatungsgesetz[439]. Zum anderen sahen sich die freien Ethik-Kommissionen auch schon nach bisheriger Rechtslage mit berufsordnungsrechtlichen Bestimmungen konfrontiert, nach denen die Anrufung einer öffentlich-rechtlich verfaßten Kommission zum Regelfall werden sollte[440].

§ 1 Abs. 4 der Muster-Berufsordnung genügt daher im Ergebnis allen verfassungsrechtlichen Anforderungen; der Übernahme der neuen Berufspflicht in das Satzungsrecht der Ärztekammern stehen Rechtsgründe nicht entgegen.

VI. Beschluß (Zusammenfassung der Ergebnisse)

1. Durch die Ethik-Kommissionen der Ärztekammern und medizinischen Fakultäten erweist sich der Charakter des ärztlichen Berufs als ein seiner Natur nach freier. Diese besondere Freiheit ergibt sich aus dem Standesrecht, das sich gegenüber vordringendem erwerbswirtschaftlichen Denken nur zu behaupten vermag, wenn es sich auf seine eigentliche Funktion besinnt: den Dienst an der Gesundheit des einzelnen und des gesamten Volkes. Dabei geht es in erster Linie um die Stärkung der verantwortlichen Freiheit des Entscheidens als Voraussetzung ärztlichen Handelns, auch auf dem Felde der humanmedizinischen Forschung. Auf dem Spiel stehen ferner die Autonomie und Selbstkontrolle des Berufsstandes sowie die berufsethische Bindung des Arztes.
Die Ethik-Kommissionen fügen sich in dieses Programm ohne weiteres ein. Mit der durch Gesetz ermöglichten Selbstverwaltung freier Berufsstände in Körperschaften des öffentlichen Rechts erfolgte zugleich die öffentlich-rechtliche Anerkennung einer sozialen Funktion: an die Stelle unmittelbarer Staatskontrolle des einzelnen trat die berufsständische Selbstkontrolle. Diesem von Staat und Gesellschaft gewährten Vertrauensvorschuß trägt die Einrichtung von Ethik-Kommissionen durch die Ärztekammern Rechnung. Sie erfolgt in Wahrnehmung der gemeinschaftsbezogenen Standesfunktion und ist daher auch gegenüber Außenstehenden legitimiert.

2. Die Konsultationspflicht aus § 1 Abs. 4 der Muster-Berufsordnung berührt unmittelbar nur Grundrechte des forschenden Arztes. Zentraler Verfassungsmaßstab ist sein Grundrecht aus Art. 5 Abs. 3 GG (Forschungsfreiheit); sein Recht auf freie Berufsausübung (Art. 12 Abs. 1 GG) ist mit zu beachten.
Durch das berufsrechtliche Konsiliarverfahren werden indes mittelbar auch die Grundrechtspositionen Dritter tangiert. Mit betroffen sind neben den Probanden und Patienten vor allem die freien Ethik-Kommissionen sowie jene Unternehmen der pharmazeutischen Industrie und pharmakologischen Institute, in deren Auftrag und Interesse der forschende Arzt tätig ist. Ihre Belange finden allein unter objektiv-rechtlichen Aspekten die nötige Beachtung: Die für den Kreis der ärztlichen Normadressaten durchzuführende Grundrechtsprüfung erstreckt sich im Rahmen der Verhältnismäßigkeitsabwägung jedenfalls auch auf die rechtlich geschützten Interessen von Nichtmitgliedern. Außerdem gewinnt die mittelbare Außenwirkung von Kammerstatuten nach der Lehre vom Vorbehalt des Gesetzes zentrale Bedeutung für die Reichweite der parlamentarischen Regelungspflicht.

3. Einer gesetzgeberischen Grundentscheidung über die Einrichtung, Organisation und Zusammensetzung von Ethik-Kommissionen bedarf es nicht. Die allgemeinen Ermächtigungen der Kammer- und Heilberufsgesetze der Länder bilden insoweit eine hinreichende Grundlage der berufsordnungsrechtlichen Verpflichtung der Ärzte, sich

vor Durchführung von Forschungsvorhaben an Menschen durch eine Ethik-Kommission beraten zu lassen.
Dies ergibt sich unter besonderer Berücksichtigung der Maßgaben des bundesverfassungsgerichtlichen Facharztbeschlusses aus den folgenden Erwägungen:
§ 1 Abs. 4 der Muster-Berufsordnung ist eine bloße Berufsausübungsregel ohne statusbildenden Charakter und unterliegt damit grundsätzlich der Regelungskompetenz des Satzungsgebers.
Schwerwiegende Eingriffe in die Forschungs- und Berufsausübungsfreiheit des wissenschaftlich tätigen Arztes sind mit der Pflicht, eine Ethik-Kommission anzurufen, nicht verbunden. Die Beteiligung am Konsiliarverfahren belastet nur mäßig; die Bescheide der Kommissionen binden nicht. Die informationellen Vorteile für den Arzt überwiegen.
Das Berufsordnungsrecht der Ethik-Kommissionen wirkt nicht derart auf Außenstehende ein, daß es nur auf der Grundlage einer speziellen gesetzlichen Ermächtigung Bestand haben könnte. Vielmehr gilt als leitendes Prinzip, daß einer mittelbaren Einflußnahme auf Nichtmitglieder dann keine kompetenzrechtlichen Bedenken entgegenstehen, wenn sie lediglich als unvermeidbare Folge einer ausschließlich der Ordnung interner Angelegenheiten dienenden Regelung erscheint. Eine solche interne Standesvorschrift ist die Konsultationspflicht aus § 1 Abs. 4 der Muster-Berufsordnung, die ihre Rechtfertigung in der gebotenen Selbstkontrolle des ärztlichen Standes findet. Ihre Wirkung auf Forschungsinstitutionen und freie Ethik-Kommissionen ist ein bloßer Reflex dieser im Interesse des Berufsstandes und der Allgemeinheit bestehenden Überwachungsaufgabe der Kammern.
Daß im Berufsordnungsrecht daher generalklauselhafte Ermächtigungen genügen, entspricht auch der neueren Rechtsprechung des Bundesverfassungsgerichts, das die Zulässigkeit der indirekten Erfassung Dritter außerdem auf das Erfordernis staatlicher Mitwirkung stützt. Hinzu kommt, daß angesichts der Unmöglichkeit einer vollständigen parlamentarischen Vorstrukturierung der Berufspflichten auf gesetzliche Generalklauseln nicht verzichtet werden kann.

4. Die neue Berufsregel ist nach der Rechtsprechung des Bundesverfassungsgerichts und der Verwaltungsgerichte nicht am Arzneimittelgesetz zu messen. Es handelt sich bei ihr vielmehr um eine Angelegenheit der Berufsausübung, die zu regeln nach Art. 70 Abs. 1 des Grundgesetzes allein Sache des Landesgesetzgebers und der als Körperschaften des öffentlichen Rechts kraft Landesrechts eingerichteten autonomen Ärztekammern ist. Aber auch unabhängig davon erweist sich das Arzneimittelgesetz als für eine berufsständische Selbstkontrolle offen.

5. Aus materieller Sicht stellt die Konsultationspflicht eine nur geringfügige und daher zulässige prozedurale Beeinträchtigung der Forschungsfreiheit des Arztes dar. Auch unter dem Gesichtspunkt, daß künftig das Votum einer freien, also nicht öffentlich-rechtlich verfaßten Ethik-Kommission nicht mehr genügt, ergeben sich keine Zweifel an der Verfassungsmäßigkeit der neuen Berufsregel. Denn rechtlich garantierte und kontrollierte Unabhängigkeit durch Integration in das Organisationsgefüge korporativer Träger öffentlicher Gewalt, fehlende kommerzielle Ausrichtung aufgrund ehrenamtlicher Tätigkeit und umfassende Rechtsbindung unter staatlicher Aufsicht

sind – unerläßliche – Wesensmerkmale allein der bei den Ärztekammern und medizinischen Fakultäten gebildeten Ethik-Kommissionen.

Anmerkungen

Die vorstehende Abhandlung beruht auf einem von den Verfassern im September 1990 für die Landesärztekammer Baden-Württemberg erstatteten Rechtsgutachten.

1) Der ärztliche Heilauftrag richtet sich nach naturwissenschaftlich-medizinischen Standards und selbstgesetzten sittlichen Geboten, die sich allerdings im Rahmen der allgemeinen Gesetze und Moral halten müssen, unter denen der Arzt wie jeder Bürger steht. „Aufgabe des Arztes ist es", so § 1 Abs. 2 der Berufsordnung (BO) der Landesärztekammer Baden-Württemberg i.d.F. vom 10. Dezember 1986 (Sonderbeil. ÄBl. Bad.-Württ. 2/1987), „das Leben zu erhalten, die Gesundheit zu schützen und wiederherzustellen sowie Leiden zu lindern. Der Arzt übt seinen Beruf nach den Geboten der Menschlichkeit aus. Er darf keine Grundsätze anerkennen und keine Vorschriften oder Anweisungen beachten, die mit seiner Aufgabe nicht vereinbar sind oder deren Befolgung er nicht verantworten kann."

2) Text bei Laufs, Arztrecht, 4. Aufl. 1988, VIII. Zur aktuellen Bedeutung des Eides Seidler, Medizinische Ethik 31 (Sonderbeil. ÄBl. Bad.-Württ. 4/1989).

3) Allgemein zum Konzept erwünschter Selbstkontrolle und ihren Grenzen Schreiber, Notwendigkeit und Grenzen rechtlicher Kontrolle der Medizin, 1984 (Göttinger Universitätsreden). Herausfordernd kritisch Kornblum, ZRP 1988, 465 ff.

4) § 1 Abs. 4 der BO für die deutschen Ärzte (MBO), DtÄBl. 1988, A-3601.

5) Für Baden-Württemberg siehe § 1 Abs. 4 der BO der Landesärztekammer Baden-Württemberg in der Fassung der Beschlußvorlage der Vertreterversammlung der Landesärztekammer Baden-Württemberg vom 26. November 1988. Die aufsichtsrechtliche Genehmigung dieser Berufsregel nach § 9 Abs. 3 des Kammergesetzes Baden-Württemberg (KG BW) i.d.F. vom 31. Mai 1976 (GBl. 473), zuletzt geändert durch Art. 4 Anpassungs-VO vom 13. Februar 1989 (GBl. 101), wurde durch das zuständige Ministerium für Arbeit, Gesundheit, Familie und Sozialordnung des Landes Baden-Württemberg (§ 7 Abs. 2 KG) mit Erlaß vom 5. Mai 1989 im Hinblick auf die zukünftige Stellung der freien Ethik-Kommissionen zurückgestellt. Weitere Nachweise zum Standesrecht der einzelnen Ärztekammern unten Fn. 154 ff.

6) Betroffen vornehmlich die 1980 gegründete Freiburger Ethik Kommission. Vgl. nachstehende Note 168.

7) Laufs, NJW 1989, 1525. – Aus der neueren Literatur informieren über die Tätigkeit von Ethik-Kommissionen aus ärztlicher, ethischer und juristischer Sicht umfassend der von Toellner herausgegebene Sammelband, Die Ethik-Kommission in der Medizin: Problemgeschichte, Aufgabenstellung, Arbeitsweise, Rechtsstellung und Organisationsformen Medizinischer Ethikkommissionen, 1990 (Medizin-Ethik 1) sowie die Darstellung von van den Daele/Müller-Salomon, Die Kontrolle der Forschung am Menschen durch Ethikkommissionen, 1990 (Medizin in Recht und Ethik 22). Siehe ferner Jahrmärker, Aufgaben und Bedeutung der Ethik-Kommissionen, Medizinische Klinik 85 (1990), 672 ff.

8) Die Verteilung der Gesetzgebungszuständigkeit auf dem Gebiet des ärztlichen Berufsrechts darf mittlerweile als geklärt angesehen werden. Nach Art. 74 Nr. 19 des Grundgesetzes (GG) beschränkt sich die Kompetenz des Bundesgesetzgebers auf das Berufszulassungsrecht. Hierunter fallen die Vorschriften, die sich auf die Erteilung, die Zurücknahme und den Verlust der Approbation und auf die Befugnis zur Ausübung des ärztlichen Berufs beziehen, vgl. BVerfGE 4, 74 (83); 7, 18 (25); 17, 287 (292); 33, 125 (154 f.). Keine Zulassungsfrage ist die Berufsausübung. Damit unterliegen nach Art. 70 Abs. 1 GG insbesondere das Ärztekammerrecht (BVerwGE 41, 261 [262]) und die ärztliche Berufsgerichtsbarkeit (BVerfGE 17, 287 [292 f.]) der Gesetzgebungskompetenz der Länder.

9) Für Baden-Württemberg s. § 9 i.V.m. § 10 KG: „Über folgende Gegenstände sind Satzungen zu erlassen ...Nr. 15. Berufsordnung". Eine umfassende Wiedergabe der einschlägigen landesrechtlichen Grundlagen für die ärztliche Berufsausübung findet sich bei Schiwy/Harmony/Jakubowski/Dalichau, Deutsches Arztrecht, Stand: 1. Februar 1990.

10) § 31 KG BW. – Angesichts der weitreichenden Bedeutung der freien Berufe für das moderne Wirtschafts- und Sozialsystem erscheint es verwunderlich, daß die mit der berufsständischen Autonomie verbundenen Verfassungsfragen ungeachtet der Facharztentscheidung des Bundesverfassungsgerichts (BVerfGE 33, 125) in Rechtsprechung und Schrifttum bislang nur wenig Beachtung gefunden haben. Vgl. jetzt aber Kleine-Cosack, Berufsständische Autonomie und Grundgesetz, 1986 (Studien und Materialien zur Verfassungsgerichtsbarkeit 32) und Taupitz, Die Standesordnungen der freien Berufe – Geschichtliche Entwicklung, Funktionen, Stellung im Rechtssystem, 1990 (im Erscheinen, zit. nach Schröder, VersR 1990, 246 Fn. 34) sowie an älteren Darstellungen die juristischen Dissertationen von Atzbach, Grundfragen der ärztlichen Kammergesetzgebung und Berufsgerichtsbarkeit und ihr Verhältnis zum Grundgesetz unter besonderer Berücksichtigung der historischen Entwicklung des ärztlichen Berufsrechts, Marburg 1960; Brandstetter, Der Erlaß von Berufsordnungen durch die Kammern der freien Berufe, 1971 (Schriften zum Öffentlichen Recht 147); Bieräugel, Die Grenzen berufsständischer Rechte. Im wesentlichen dargestellt am Berufsstand der Ärzte, Würzburg 1976, und Dölker, Anforderungen an Ermächtigungsgrundlagen von Satzungen, Heidelberg 1984.

11) Für Baden-Württemberg s. § 29 KG. Zum Begriff Narr, Ärztliches Berufsrecht. Ausbildung, Weiterbildung, Berufsausübung, 2. Aufl., Stand: September 1989, Bd. 2, Rdnrn. 648 ff.

12) BVerfGE 33, 125 = NJW 1972, 1504 mit Anm. Starck, NJW 1972, 1489 ff.

13) Für Baden-Württemberg s. § 30 KG.

14) § 31 Abs. 2 KG BW. Bezüglich der Beteiligung am Notfalldienst ergibt sich Inhalt und Umfang der Standespflicht bereits unmittelbar aus dem Gesetz, § 31 Abs. 1 S. 2 KG BW.

15) §§ 2, 8, 13, 22 BO der Landesärztekammer Baden-Württemberg (Fn. 1).

16) Für das baden-württembergische KG vgl. LT-Drs. 6/8650, S. 34 (Zu Nr. 33 des Regierungsentwurfs).

17) I.d.F. der Bekanntmachung vom 10. Juni 1988 (BGBl. I 818, ber. 1590).

18) So die §§ 6, 12, 15 BO der Landesärztekammer Baden-Württemberg (Fn. 1).

19) Gesetzliche Generalklausel für die Landesärztekammer Baden-Württemberg in § 31 Abs. 1 S. 1 i. V. m. Abs. 2 KG BW.

20) Die nahezu unüberschaubar gewordene Literatur und Rechtsprechung zum allgemeinen Gesetzesvorbehalt in der Form des Parlamentsvorbehalts können hier nicht nachgewiesen wer-

den. Zum Komplex insgesamt etwa Jarass/Pieroth, Grundgesetz für die Bundesrepublik Deutschland, Kommentar, 1989, Art. 20, Rdnr. 28 ff., 42; Frohn, Zs. f. Gesetzgebung 5 (1990), 117 ff.

21) Böckenförde, Gesetz und gesetzgebende Gewalt, 2. Aufl. 1981, 398, weist zutreffend darauf hin, daß die Wesentlichkeitstheorie immer noch kein ausgeformtes verfassungsrechtsdogmatisches Institut, sondern erst den Ansatzpunkt für ein solches darstelle. Zur Bedeutung der Theorie Kleine-Cosack (Fn. 10), 241 ff.

22) BVerfGE 33, 125. Der Beschluß war neben BVerfGE 33,1 – Grundrechte der Strafgefangenen – Ausgangspunkt der Judikatur zur Wesentlichkeitstheorie. Dazu Krebs, Jura 1979, 304 ff.

23) Mit der Frage, ob die allgemeine Ermächtigungsgrundlage für das Berufsordnungsrecht den aus dem Vorbehaltsprinzip resultierenden Bestimmtheitsanforderungen genügt, haben sich im Hinblick auf die berufsständische Konstituierung von Ethik-Kommissionen bislang nur Rupp in einem Gutachten für die Freiburger Ethik Kommission aus dem Jahre 1988 – Verfassungsrechtliche Probleme der Ausschließlichkeit der bei den Landesärztekammern und medizinischen Fakultäten gebildeten Ethik-Kommissionen – (mit geringfügigen Abweichungen veröffentlicht in: Jahrbuch des Umwelt- und Technikrechts 1990, 23 ff.) und Schröder, VersR 1990, 243 ff., eingehend auseinandergesetzt. Ihre Ergebnisse belegen nachdrücklich die besondere Schwierigkeit einer exakten Grenzziehung zwischen Gesetz- und Satzungsgeber anhand des Merkmals der Wesentlichkeit. So bedarf für Rupp die Begutachtungstätigkeit öffentlich-rechtlich organisierter Ethik-Kommissionen einer speziellen parlamentarischen Legitimation, weil „Forschungsvorhaben am Menschen mitten im diffizilen Bereich eminent wichtiger grundrechtlicher Berührungs- und Verfassungszonen (liegen). Sie verlangen nach der ordnenden Hand des Gesetzgebers, nach Sicherungen, Abgrenzungen, Verfahren und Organisationen der Konfliktlösung. Die wissenschaftliche Forschung auf der einen Seite und die Würde, Integrität und Gesundheit der Probanden und Patienten auf der anderen Seite sind geradezu das Musterbeispiel einer solchen Grundrechtskonfligation" (S. 47). Demgegenüber vermag nach Schröder die nur marginale Berührung der Forschungsfreiheit durch die Regelung des § 1 Abs. 4 MBO die Beratung durch eine Ethik-Kommission nicht als wesentlich zu qualifizieren: „Die Selbstbeschränkung oder Selbstkontrolle, die einem Forscher bezüglich seines Vorhabens durch die Beratung nahegelegt wird, besteht vor allem in dem Hinweis auf feststehende rechtliche und ethische Vorgaben ... Materiell erfährt die Forschungsfreiheit also keine Beschränkungen, die nicht auch ohne ein Beratungsverfahren vor den Ethik-Kommissionen gelten" (S. 251). Zur einsetzenden Disussion dieser Frage in der Ärzteschaft und in der juristischen Fachliteratur siehe auch Die Neue Ärztliche vom 7. Februar 1990, 3, 14; Pfeiffer/Tiedemann, Medizinische Ethik 1989, 557 ff.; Pfeiffer, VersR 1990, 685 ff.; Tiedemann, ZRP 1991, 54 ff.; sowie die Beiträge von Pfeiffer, Vilmar und Schlund in Münch. med. Wschr. 1990, 32 ff.

24) Vgl. zuletzt BVerfGE 76, 1 (75).

25) Löffler, Parlamentsvorbehalt im Kernenergierecht. Eine Untersuchung zur parlamentarischen Verantwortung für neue Technologien, 1985, 16. Allgemein dazu Böckenförde (Fn. 21), 332 f.

26) Vgl. Laufs, Der ärztliche Heilauftrag aus juristischer Sicht, 1989 (Schriftenreihe der Juristischen Studiengesellschaft Karlsruhe 185), 50 f.

27) BVerfGE 40, 237 (248 f.); 47, 46 (78 f.).

28) Vgl. Eberle, DÖV 1984, 485 f., sowie früher schon Kisker, NJW 1977, 1318.

29) BVerfGE 47, 46 (79), sowie zuletzt BVerfGE 80, 124 (132).

30) Die Wiederholung der Prüfungsmaßstäbe zeigt sich insbesondere an der Relation zwischen der Intensität der individuellen Grundrechtsbetroffenheit (als Kriterium der Wesentlichkeit) und dem verfasssungsrechtlichen Übermaß- und Willkürverbot (als Teil der grundrechtlichen Verhältnismäßigkeitsprüfung). Diese Interdependenz verschärft sich im Bereich der Berufsfreiheit, sofern man mit dem Bundesverfassungsgericht die Stufentheorie auch zur Lösung der kompetenzrechtlichen Probleme heranzieht (vgl. BVerfGE 33, 125 [160]). Eine großzügige Vermengung von Parlamentsvorbehalt und materieller Grundrechtsprüfung findet sich dementsprechend bei Schröder, VersR 1990, 250 ff.

31) Czwalinna, Ethik-Kommissionen: Forschungslegitimation durch Verfahren, 1987 (Recht & Medizin 14).

32) Vgl. Rupp (Fn. 23), 45 ff.; Schröder, VersR 1990, 251; Bork, DRiZ 1986, 172.

33) BVerfGE 35, 79 (112).

34) Scholz, in: Maunz/Dürig, Grundgesetz, Kommentar, Bd. 1, Stand: Dezember 1989, Art. 5 Abs. 3, Rdnr. 91. Zum Begriff von Wissenschaft und Forschung vgl. ferner BVerfGE 47, 327 (367 f.) u. BVerwGE 23, 112 (120).

35) Scholz (Fn. 34), Art. 5 Abs. 3 Rdnr. 98; Starck, in: v. Mangoldt/Klein, Das Bonner Grundgesetz, Bd. 1, 3. Aufl. 1985, Art. 5 Abs. 3, Rdnr. 229.

36) Vgl. Bericht der Enquete-Kommission des Deutschen Bundestages: Chancen und Risiken der Gentechnologie, Abschnitt E: Rechtsfragen der Gentechnologie, BT-Drs. 10/6775 vom 6. Januar 1987, 284.

37) Zusammenfassend BVerfGE 53, 62 (71 ff.).

38) BVerfGE 35, 79 (112); vgl. auch BVerfG, NJW 1978 1621.

39) Diese Ansicht entspricht der Entscheidung des Bundesverfassungsgerichts zu § 6 des Hessischen Universitätsgesetzes (BVerfGE 47, 327 ff. = NJW 1978, 1621 ff.), in der das Gericht dem einzelnen Wissenschaftler ein Abwehrrecht aus Art. 5 Abs. 3 GG gegenüber der ihn nur mäßig belastenden Pflicht, die gesellschaftlichen Folgen seines Tuns mitzubedenken und über gefährliche Forschungsergebnisse zu informieren, zugestand.

40) Dazu Schröder, VersR 1990, 251 f., der daneben zu Recht die förderlichen Aspekte der Beratung durch ein fachlich kompetent besetztes Gremium betont.

41) Dies die formalistische Posistion Schröders, VersR 1990, 245. Zurückhaltend demgegenüber Scholz/Stoll, MedR 1990, 60, die einen Eingriff in die Berufsfreiheit nur „unter Umständen" bejahen.

42) Vgl. BVerfGE 7, 377 (397); 14, 19 (22); 68, 272 (281); 81, 70 (85 f.).

43) Instruktiv Kleinsorge, Arzneimittelstudien beim niedergelassenen Arzt, 1988.

44) Vgl. §§ 54 ff. KG BW.

45) Vertiefend Fogmann, EuGRZ 1985, 49 ff.

46) Generell für Idealkonkurrenz zwischen Art. 5 Abs. 3 und Art. 12 Abs. 1 GG allerdings Scholz (Fn. 34), Art. 12 Rdnrn. 171, 173; zur Gegenposition vgl. besonders Bachof, in: Bettermann/Nipperdey/Scheuner, Die Grundrechte, Handbuch der Theorie und Praxis der Grundrechte, III/1, 1958, 170: grundsätzliche Spezialität der Wissenschaftsfreiheit.

47) Dies gilt jedoch nur für den Wissenschaftler selbst. Verwertungs- und Verkaufshandlungen Dritter stehen dagegen allein unter dem Schutz der ökonomischen Grundfreiheiten aus Art. 12 Abs. 1 GG (Berufs- und Gewerbefreiheit) und Art. 14 Abs. 1 GG (Recht am einge-

richteten und ausgeübten Gewerbebetrieb); vgl. dazu für den Bereich der Kunst Scholz (Fn. 34), Art. 5 Abs. 3, Rdnr. 35.

48) Zur Unterscheidung zwischen Humanexperiment und Heilversuch auf dem Felde der Neulandmedizin vgl. BGHZ 20, 61 ff (Thorotrast-Entscheidung) sowie Laufs (Fn 2), Rdnrn. 489 ff. mit zahlreichen Nachweisen.

49) Vgl. allgemein BVerfGE 13, 290 (296 f.); 65, 104 (112 f.).

50) Differenzen praktischer Art sind damit gegenüber einer parallelen Anwendung der Grundrechte aus Art. 5 Abs. 3 und Art. 12 Abs. 1 GG (Fall der Idealkonkurrenz) nicht erkennbar.

51) A.a.O. (Fn. 23), 48 f.

52) St. Rspr. des Bundesverfassungsgerichts, vgl. etwa BVerfGE 42, 64 (72).

53) Vgl. BVerfGE 16,6 (24); 76, 1 (73); Jarass/Pieroth (Fn. 20), Art. 3, Rdnr. 3.

54) Vgl. Kleine-Cosack (Fn.10), 239.

55) Ob als Begründungsmuster für dieses Kriterium auch der auf den Gleichheitsbereich erweiterte Begriff der Grundrechtsrelevanz (dazu oben Fn. 29) in Anspruch genommen werden kann, ist umstritten. Bejahend BVerfGE 49, 89 (126 f); dagegen insbesondere Papier, in: Götz/Klein/Starck (Hg.), Die öffentliche Verwaltung zwischen Gesetzgebung und richterlicher Kontrolle, Göttinger Symposion, 1985, 43 f. Vgl. ferner Erichsen, VerwArchiv 70 (1970), 253.

56) Neben der das Recht des Patienten oder Probanden realisierenden Einholung der Einwilligung nach Aufklärung; vgl. Deutsch, VersR 1989, 429, 431.

57) Zu den Auswirkungen der neugefaßten MBO (§ 1 Abs. 4) vgl. insbesondere den Bericht von Pflanz in DtÄBl 1989, A-1991.

58) Zum weiten Berufsbegriff des Art. 12 Abs.1 GG, der auch die Tätigkeit von Großunternehmen und Konzernen einschließt, vgl. oben Fn. 42 und BVerfGE 50, 290 (364). Zu Art. 5 Abs. 3 GG vgl. BVerfGE 15, 256 (262) u. (einschränkend) BVerwG, DÖV 1979, 750: Träger des Grundrechts der Forschungsfreiheit sind nicht nur Einzelpersonen, sondern auch die die Wissenschaft organisierenden öffentlichen oder privaten (Art. 19 Abs. 3 GG) Einrichtungen. Dazu rechnen insbesondere die Hochschulen und die ihnen verbundenen Forschungsinstitute. Für die Tätigkeit der freien Ethik-Kommissionen und der Pharmaunternehmen dürfte wegen ihrer ökonomischen Ausrichtung indes allein die Berufsfreiheit thematisch einschlägig sein.

59) Zum mittelbaren Grundrechtseingriff vgl. insb. BVerfGE 66, 39 (60); BVerwG NJW 1985, 2774, 2776; NVwZ 1987, 315; ablehnend demgegenüber VGH Baden-Württemberg, DÖV 1979, 338. Speziell zu der Entwicklung der Rechtsprechung zu Art. 12 Abs. 1 GG vgl. BVerfGE 13, 181 (185 f.); 22, 380 (384); 37, 1 (17); 37, 121 (131); 46, 120 (137). Aus der Literatur vgl. Gallwas, Faktische Beeinträchtigungen im Bereich der Grundrechte, 1970 (Schriften zum Öffentlichen Recht 126), sowie zuletzt Bleckmann/Eckhoff, DVBl. 1988, 373 ff., 1057 ff., und die Erwiderung von Schwabe, DVBl. 1988, 1054 ff., jeweils mit weiteren Nachweisen. Eine endgültige Klärung des Themas steht noch aus.

60) Die Analyse der Entscheidungen bei Jarass, NJW 1982, 1834 (mit weiteren Nachweisen auch zum Folgenden): „Der Grund ... dürfte darin zu sehen sein, daß man dem Erstbelasteten überlassen will, darüber zu entscheiden, ob gegen die staatliche Maßnahme vorgegangen werden soll oder nicht. Wehrt er sich gegen die Maßnahme, kommt dies auch dem mit-

telbaren Belasteten zugute. Verzichtet er darauf, muß der mittelbar Belastete das gegen sich gelten lassen."

61) BVerfGE 13, 230 (232 f.).

62) Brohm, in: v. Mutius (Hg.), Selbstverwaltung im Staat der Industriegesellschaft, Festgabe zum 70. Geburtstag von Georg Christoph von Unruh, 1983, 807.

63) §§ 2, 12 BO der Landesärztekammer Baden-Württemberg (Fn. 1).

64) Vgl. §§ 17 (Behandlung von Patienten anderer Ärzte), 25 (Grundsätzliches Verbot der Zusammenarbeit mit nichtärtzlichen Personen) BO der Landesärztekammer Baden-Württemberg (Fn. 1).

65) Vgl. §§ 22, 26 BO der Landesärztekammer Baden-Württemberg (Fn. 1).

66) Um ein Beispiel zu geben: Das ärztliche Werbeverbot berührt notwendigerweise das Recht der Medien auf Veröffentlichung von Werbeaussagen und Anzeigen. Weil diese (zwangsläufige) Wirkung der Standesregel vom Berufsordnungsgeber jedoch nicht beabsichtigt ist, liegt insoweit nur ein ungezielter Rechtsreflex vor.

67) Ebenso Dölker (Fn. 10), 206; ähnlich Brandstetter (Fn. 10), 151 f.

68) Siehe dazu die in den Fußnoten 63 bis 65 angeführten Belege.

69) Zum Ganzen vgl. Jarass, NJW 1982, 1834 f., der sich im Grundsatz gleichfalls für eine rein objektiv-rechtliche Berücksichtigung von Drittklagen ausspricht. Zustimmend Leisner, Berufsordnungsrecht und Werbeverbote, 1984 (Studien zum öffentlichen Recht und zur Verwaltungslehre 34), 16, 99 f.

70) Um ein positives Votum einer öffentlich-rechtlich legitimierten Ethik-Kommission zu erlangen, dürfte ein solches Vorgehen vielfach empfehlenswert sein; umfassend zu diesem Aspekt Kleinsorge, MedR 1987, 141 f.

71) Eine Zusammenstellung der von den freien Ethik-Kommissionen wahrgenommenen Aufgaben findet sich bei Illhardt, Art. Ethik-Kommission, in: Eser/v. Lutterotti/Sporken (Hg.), Lexikon Medizin, Ethik, Recht, 1989, Sp. 319.

72) Die in den Landesverfassungen enthaltenen Grundrechtskataloge brauchen infolge ihrer inhaltlichen Übereinstimmung mit dem Grundgesetz nicht gesondert geprüft werden; vgl. für Baden-Württemberg Art. 2 Abs. 1 LVerf (ausdrückliche Rezeption der Bundesgrundrechte). – Das als weiterer Prüfungsmaßstab in Betracht kommende europäische Gemeinschaftsrecht kann im vorliegenden Zusammenhang gleichfalls vernachlässigt werden. Die gegenteilige, inhaltlich nicht näher begründete Ansicht Pfeiffers in Münch. med. Wschr. 1990, 32, wonach die Freiheit des Dienstleistungsverkehrs gemäß den Artikeln 59 und 60 des EWG-Vertrages es verbiete, die „beratende Aufgabe" (der freien Ethik-Kommissionen) in der Arzneimittelforschung durch nationale Bestimmungen zu behindern, überzeugt nicht (zurückhaltend auch Tiedemann, ZRP 1991, 55). Abgesehen davon, daß der neuen MBO eine diskriminierende Behandlung ausländischer freier Ethik-Kommissionen in keiner Weise zu entnehmen ist, übergeht Pfeiffer des weiteren die Vorbehalte, unter denen die Dienstleistungsfreiheit nach der Rechtsprechung des Europäischen Gerichtshofs steht. Beschränkende Regelungen sind danach zulässig, wenn sie durch das Allgemeininteresse gerechtfertigt sind, das Prinzip der geringstmöglichen Belastung wahren und für alle im Hoheitsgebiet des Bestimmungsstaats tätigen Personen oder Unternehmen gelten. Ferner darf dem Allgemeininteresse nicht bereits durch die Rechtsvorschriften Rechnung getragen sein, denen der Leistungserbringer in dem Staat unterliegt, in dem er ansässig ist (vgl. EuGH, JZ 1987, 347; NJW 1988, 887). Diese höchstrichterliche Formel erfordert im Ergebnis eine Abwägung

zwischen dem Zweck des EWG-Vertrags, die Leistungen über die Grenzen hinweg zu liberalisieren, und dem legitimen Bestreben der Mitgliedstaaten, ihre im Interesse des Gemeinwohls erlassenen Regelungen auf alle Leistungserbringer anzuwenden (vgl. Everling, EuR 1989, 353 f.). Dabei ergibt sich angesichts der Gefahrengeneigtheit der medizinischen Forschung am Menschen und der fehlenden Harmonisierung des Berufsrechts ein deutliches Übergewicht zugunsten des Standesrechts der deutschen Ärzte.

73) Einzelnachweise unter II.

74) Die mögliche Erheblichkeit des Rechtsberatungsgesetzes (RBerG) vom 13. Dezember 1935 (RGBl. I 1478) betont in diesem Zusammenhang zu Recht Schlund, Münch. med. Wschr. 1990, 39. Während allerdings § 3 Nr. 1 RBerG die Rechtsberatung durch Körperschaften des öffentlichen Rechts im Rahmen ihrer Zuständigkeit und damit öffentlich-rechtlich verfaßte Ethik-Kommissionen von der Erlaubnispflicht nach § 1 RBerG ausnimmt, hängt die Zulässigkeit der Beratungstätigkeit der freien Kommissionen davon ab, ob sie sich als „geschäftsmäßige Besorgung fremder Rechtsgeschäfte" darstellt (verneinend Schlund a.a.O.; einen weiten Rechtsberatungsbegriff vertreten demgegenüber Altenhoff/Busch/Kampmann/Chemnitz, RBerG, Kommentar, 8. Auflage 1987, Art. 1 § 1, Rdnrn. 15 ff.). Ausführlich zum Problem Bork, Das Verfahren vor den Ethik-Kommissionen der medizinischen Fachbereiche, 1984 (Münsterische Beiträge zur Rechtswissenschaft 5), 72 ff. (74), der zu dem zutreffenden Ergebnis kommt, daß die Ethik-Kommissionen „in einem Gutteil der Fälle auch Rechtsberatung betreiben"; ebenso Tiedemann, ZRP 1991, 57 Fn. 19.

75) Gesetz zur Neuordnung des Arzneimittelrechts (AMG) vom 24. August 1976 (BGBl. I 2445), zuletzt geändert durch das Vierte Gesetz zur Änderung des AMG vom 11. April 1990 (BGBl. I 717). Den Schutz des Menschen bei der klinischen Prüfung von Arzneimitteln regeln die §§ 40 bis 42 AMG; eine Kontrolle durch die Aufsichtsbehörden der Länder sieht § 64 AMG, eine Anzeigepflicht § 67 AMG vor.

76) Die Verordnung über den Schutz vor Schäden durch ionisierende Strahlung (StrlSchVO) vom 30. Juni 1989 (BGBl I 1321 – Bekanntmachung der Neufassung) zieht dem Einsatz radioaktiver Stoffe in der medizinischen Forschung die gebotenen Grenzen (§ 41 StrlSchVO).

77) Vom 14. Januar 1985 (BGBl. I 93). Zur Bedeutung der neuen MedGVO vgl. Hartl, VersR 1986, 1050 ff.; Weber, MedR 1986, 66 ff.

78) Art. 31 GG ist eine Kollisions-, keine Kompetenznorm; dazu Vogel, in: Benda/Maihofer/Vogel (Hg.), Handbuch des Verfassungsrechts der Bundesrepublik Deutschland, Studienausgabe, Teil 2, 1984, 823 f. Die Gesetzgebungszuständigkeit des Bundes für das Arzneimittelwesen stützt sich auf Art. 74 Nr. 19 GG; für die Landesgesetzgebung vgl. oben Fn. 8.

79) So die Auffassung des Bundesvorstandes der Pharmazeutischen Industrie e.V., wiedergegeben in Pharm. Ind. 49 (1987), 125; ähnlich Pfeiffer, VersR 1990, 687.

80) Z. B. § 31 KG BW.

81) Vom 2. Oktober 1961 (BGBl. I 1857) i.d.F. der Bekanntmachung vom 16. April 1987 (BGBl. I 1218), geändert durch Gesetz vom 20. Dezember 1988 (BGBl. I 2477).

82) Text bei Narr (Fn. 11), Bd.1, Rdnr. 8.

83) Vgl. Uhlenbruck, ArztR 1989, 238.

84) Vgl. Deutsch, Arztrecht und Arzneimittelrecht, 1983, Rdnr. 7. Insbesondere für Ärzte an größeren Krankenhäusern, vor allem an Universitätskliniken, ist die Durchführung von Forschungsmaßnahmen Teil ihrer beruflichen Aufgaben.

85) So schon oben zu Art. 12 Abs. 1 GG (Fn. 43). Einzelheiten und Rechtsprechungsnachweise bei Narr (Fn. 11), Bd. 1, Rdnr. 16 ff., dort (Rdnr. 20) auch die umfassende Charakterisierung des ärztlichen Berufsbildes als „die auf ärztlich wissenschaftliche Erkenntnis gerichtete und auf der Approbation als Arzt beruhende praktische, wissenschaftliche oder verwaltende Tätigkeit, die sich unmittelbar oder mittelbar auf die Verhütung, Früherkennung, Feststellung, Heilung oder Linderung menschlicher Krankheiten, Körperschäden oder Leiden bezieht, auch wenn sie im Dienste anderer ausgeübt wird." Instruktiv zum Ganzen ferner Schröder, VersR 1990, 250 f.

86) Vgl. oben Fn. 48 sowie insbesondere Deneke, in: Gross/Hilger/Kaufmann/Scheurlen (Hg.), Ärztliche Ethik, 1978, 69 ff.

87) Reden und Aufsätze 1930-1984, 1985, 295.

88) Eine umrißhafte Darstellung der Leistungen der heutigen Medizin bei Anschütz, Ärztliches Handeln: Grundlagen, Möglichkeiten, Grenzen, Widersprüche, 1987, 3-8. Außerhalb der Neulandmedizin mit ihren Versuchen am Menschen sind sprunghafte Fortschritte insbesondere in der Transplantationschirurgie, der Anästhesiologie und der Intensivmedizin, in der Gynäkologie und der Gentechnologie zu verzeichnen. Vgl. auch Vilmar, MedR 1986, 283 ff.

89) So die gleichnamige Darstellung von F.G. Jünger, 5. Aufl. 1968. Vgl. ferner van der Pot, Die Bewertung des technischen Fortschritts. Eine systematische Übersicht der Theorien, 2 Bände, 1985.

90) Vgl. Koelbing, Die ärztliche Therapie, Gründzüge ihrer Geschichte, 1985; Seidler, Art. Arzt, in: Staatslexikon, Bd. 1, 7. Aufl. 1985, Sp. 366; Schlaudrauff (Hg.), Ethik in der Medizin, 1987. – Allgemein zur aktuellen medizinethischen Diskussion vgl. Illhardt, Ethik Med 1989, 24 ff. (mit einer Darstellung der Problemfelder) und Heister/Seidler, Ethik Med 1989, 13 ff. (zur Ethik in der ärztlichen Ausbildung an bundesdeutschen Hochschulen).

91) Dazu Schaefer, Medizinische Ethik, 1983, 69 ff.; Deutsch, VersR 1987, 949 f.

92) Vgl. Kant, Metaphysik der Sitten, 1797 (Insel-Ausgabe von Weischedel), 332 f, 337, 345. Allgemein zum Thema Hartmann, Phil. Jb. 93 (1986), 6 f.; Sporken, Art. Medizinische Ethik, in: Lexikon Medizin, Ethik, Recht (Fn. 71), Sp. 719 f.

93) Laufs, NJW 1986, 1515 mit weiteren Nachweisen. Vgl. auch Piechowiak (Hg.), Ethische Probleme der modernen Medizin, 1985; ferner Eser, Focus MHL 1986, 48 ff.

94) In dem Beschluß zur Beweislastverteilung im Arztfehlerprozeß: BVerfGE 53, 131 (169 f.) = NJW 1979, 1925 (1930). Ähnlich bereits BVerwGE 27, 303 (305) und BHGZ 29, 46 (53).

95) Eser, in: Marquard/Seidler/Staudinger (Hg.), Ethische Probleme des ärztlichen Alltags, 1988, 78 ff,; vgl. ferner Weigelt (Hg.), Freiheit-Recht-Moral, 1988. Zu parallelen Überlegungen in den sonstigen Naturwissenschaften instruktiv Mohr, Natur und Moral. Ethik in der Biologie, 1987.

96) Als Beispiel sei auf die von der Bundesärztekammer 1979 verabschiedeten „Richtlinien für die Sterbehilfe" (DtÄBl 1979, A-957 ff.) hingewiesen. Zum Ganzen vgl. Laufs (Fn. 2), Rdnr. 22 (mit Fn. 29), sowie Rieger, Lexikon des Arztrechts, 1984, Rdnr. 138, auch zur Kodifizierung arztethischer Standards auf internationaler Ebene. Zu den Grenzen der Standes-

organisationen vgl. Giesen, in: Gentechnologie, Chancen und Risiken, Bd. 14 (1987), 109 ff.

97) Zur ärztlichen Entscheidung als ein Akt unteilbarer subjektiver Verantwortlichkeit vgl. Ewerbeck, in: Müller/Olbing (Hg.), Ethische Probleme in der Pädiatrie und ihren Grenzgebieten, 1982, 166 f.

98) Vgl. auch Schreiber, in: Doerr/Jacob/Laufs (Hg.), Recht und Ethik in der Medizin, 1982, 15 ff.

99) Vgl. Hasskarl/Kleinsorge, Arzneimittelprüfung, Arzneimittelrecht, 2. Aufl. 1979, 30, die selbst allerdings der Bildung von Ethik-Kommissionen ablehnend gegenüberstanden, da diese „den Prüfungsgang (von Arzneimittelstudien) unnötig komplizieren (würden), ohne damit den Patienten mehr Schutz zukommen zu lassen." Aus damaliger juristischer Sicht siehe Weissauer, Münch. med. Wschr. 1979, 551 ff., und kritisch Samson, DMW 1981, 667 ff.

100) Einzelheiten bei Philipp, Die Behandlung ärztlich-ethischer Probleme mit Hilfe von Kommissionen, besonders in der medizinisch-wissenschaftlichen Forschung, Diss. med., Erlangen-Nürnberg 1983, 7 ff.

101) Vgl. den Überblick bei Bork (Fn. 74), 32. Eine umfassende Darstellung der Versuche mit Menschen in der Geschichte der Medizin findet sich bei Winau, in: Helmchen/Winau (Hg.), Versuche mit Menschen in Medizin, Humanwissenschaft und Politik, 1986, 83 ff.

102) Dazu die Äußerung des Direktors des Städtischen allgemeinen Krankenhauses der zweiten Medizinischen Klinik der Universität München v. Müller anläßlich der Sonderberatung des Reichsgesundheitsrates aus dem Jahre 1930 zu dem Thema „Inwieweit ist die Vornahme experimenteller Untersuchungen am Menschen zulässig?" (zit. nach Philipp [Fn. 100], 57 f.): „...Ich möchte davor warnen, denn eine solche Beaufsichtigung der leitenden Krankenhausärzte durch Beauftragte der Standesorganisationen, des Staates oder der Kommunen würde zu den schwersten Konflikten Veranlassung geben, schon deshalb, weil der Begriff des Versuchs und damit überhaupt eines Eingriffs überaus dehnbar ist. Eine solche Maßnahme würde die Schaffensfreude der Krankenhausärzte lähmen und die wissenschaftliche Arbeit in den deutschen Krankenhäusern gegenüber denjenigen anderer Länder in den Hintergrund drängen. Eine derartige Beaufsichtigung wäre auch praktisch undurchführbar. Man sollte keine Gesetze aufstellen, welche nicht befolgt werden können."

103) „Richtlinien für neuartige Heilbehandlungen und für die Vornahme wissenschaftlicher Versuche am Menschen" aus dem Jahre 1931 (Dt. Med. Wschr. 1931, 509).

104) Die Literatur zur Ausbreitung der Ethik-Kommissionen in den USA ist inzwischen nahezu unüberschaubar. Aus den englischsprachigen Darstellungen seien hervorgehoben die Arbeiten von Robertson, 26 UCLA (1979), 484 ff., und Giesen, International Medical Malpractice Law, 1988, besonders § 47. In deutscher Sprache zeichnen die US-amerikanische Entwicklung neben anderen nach Deutsch, Das Recht der klinischen Forschung am Menschen, 1979 (Recht & Medizin 1), 99 ff.; ders., NJW 1981, 614; Bork, NJW 1983, 2056 ff.; Czwalinna (Fn. 31), 34 ff.; Sass, in: ders. (Hg.), Bioethik in den USA: Methoden, Themen, Positionen, 1988, 72 ff.; Baumann-Hölzle/Bondolfi/Ruh (Hg.), Genetische Testmöglichkeiten, Ethische und rechtliche Fragen, 1990 (Gentechnologie, Chancen und Risiken 20), 87 ff. (Dokumentation).

105) Vgl. Sass (Fn. 104), 72.

106) Die erstmalige Zusammenstellung solcher Richtlinien für das Clinical Center at the NIH mit dem Titel „Group Consideration for Clinical Research Procedures Deviating from Ac-

cepted Medical Practice or Involving Unusual Hazard" datiert vom 17. November 1953; vgl. Levine, Ethics and regulation of clinical research, 1981, 209; Philipp (Fn. 100), 62 ff.

107) „Peer review" bezeichnet die ursprüngliche Form der ethischen Überwachung biomedizinischer Versuche durch die Forschungseinrichtung selbst („Vorstands- oder Kollegenkontrolle"). Die Beteiligung Außenstehender im Sinne einer übergreifenden Kontrolle („community review") hat sich erst Mitte der siebziger Jahre allgemein durchgesetzt. Vgl. Eberbach, Die zivilrechtliche Beurteilung der Humanforschung, 1982 (Recht & Medizin 8), 18; Deutsch (Fn. 84), Rdnr. 334.

108) Dies der Rückschluß aus den von Levine (Fn. 106), 208 mitgeteilten Umfrageergebnissen der Jahre 1961 und 1962.

109) Am Jewish Chronic Disease Hospital in Brooklyn, New York, wurden 22 chronisch kranken Patienten virulente Krebszellen injiziert, um Abwehrreaktionen zu testen. Eine Aufklärung erfolgte lediglich dahingehend, der Versuch diene der Prüfung von Immunreaktion und Widerstandskraft. Vgl. die Nachweise bei Bork (Fn. 74), 25 f. sowie den Bericht der Enquete-Kommission des Deutschen Bundestages: Chancen und Risiken der Gentechnologie (Fn. 36), 297 f.

110) „Ethics and clinical research", 1354 ff.; auch abgedruckt in: Humber/Almeder (Hg.), Biomedical Ethics and the Law, 2. Aufl. 1979, 215 ff.

111) Seltener die Bezeichnung Human Subjects Protection Committee; vgl. Deutsch, NJW 1981, 614.

112) Am 8. Februar 1966 hatte zunächst der Surgeon General der PHS von allen humanmedizinischen Forschungsinstitutionen, die mit öffentlichen Mitteln des PHS arbeiteten, die Einrichtung eines Institutional Review Board verlangt. Diese Anordnung übernahm der PHS am 1. Juli 1966; das DHEW schloß sich ihr nach mehrmaligen Novellierungen am 2. Dezember 1972 an. Vgl. Robertson (Fn. 104), 484, 488.

113) Hierzu Bork (Fn. 74), 26 f.

114) Title II § 212 (a) des vom Kongreß erlassenen National Research Act vom 12. Juli 1974 bestimmt (zitiert nach Bork, NJW 1983, 2057): „The Secretary (of Health, Education and Welfare) shall by regulation require that each entity which applies for a grant or contract under this chapter for any project or program which involves the conduct of biomedical or behavioral research involving human subjects submit in or with its application for such grant or contract assurances satisfactory to the Secretary that it has established (in accordance with regulations which the Secretary shall prescribe) a board (to be known as an 'Institutional Review Board') to review biomedical and behavioral research involving human subjects conducted at or sponsored by such entity in order to protect the right of the human subjects of such research."

115) Verordnet vom DHEW, seit 1979 umbenannt in Department of Health and Human Services: 45 CFR §§ 46. 101-301 mit detaillierten Angaben über die Institutional Review Boards. Die neueste Fassung auszugsweise abgedruckt bei Baumann-Hölzle/Bondolfi/Ruh (Fn. 104), 137 ff.; van den Daele/Müller-Salomon (Fn. 7), 140 ff.

116) 21 CFR §§ 56. 101–124 und 812 (Revised as of April 1, 1988) Zu Tendenzen, alle Bundesbehörden auf die Richtlinien des DHEW zu verpflichten, vgl. Czwalinna (Fn. 31), 43.

117) Argument aus 45 CFR 46. 123 (b): „whether or not Department (d.i. DHEW) funds were involved".

118) Zu solchen einzelstaatlichen Regelungen vgl. Robertson (Fn. 104), 485, 508; Deutsch, VersR 1989, 429.

119) Vgl. Fischer, Medizinische Versuche am Menschen, 1979 (Göttinger Rechtswissenschaftliche Studien 105), 72.

120) Vgl. Scholz/Stoll, MedR 1990, 58; Rössler, Neue Instanz 1990, 47.

121) Die Zahlen für 1983 bei Czwalinna (Fn. 31), 43 f., für 1978 bei Bork, NJW 1983, 2058.

122) Vgl. oben Fn. 107 sowie Bork (Fn. 74), 44 f., auch zum Folgenden.

123) Einzelheiten bei Sass (Fn. 104), 75. – Ethik-Kommissionen als Instrumente der Selbstkontrolle haben eine andere Funktion als solche Institutionen, die der Kontrolle der Wissenschaft durch die Gesellschaft dienen sollen. Bei letzteren spiegelte die Ethik-Kommission durch das starke Gewicht der Laien die gesellschaftlichen Verhältnisse wider und ihre Entscheidungen könnten als ein vorweggenommenes Plazet der Öffentlichkeit gelten: vgl. Rössler, Neue Instanz 1990, 50.

124) Vgl. Bork, NJW 1983, 2058. Der Koordination sowie der Politikberatung dienten mit jeweils befristeter Amtszeit die „National Commission for the Protection of the Human Subjects of Biomedical and Behavioral Research“ (1974–1978), „The President's Commission for the Study of Ethical Problems in Medicine and Biomedical and Behavioral Research“ (1978–1982) und das Ethic Advisory Board (1977–1980).

125) Zum Prüfungsmaßstab der Review Boards vgl. Deutsch, VersR 1989, 429.

126) Daß eine solche Überwachungsfunktion bei medizinisch-wissenschaftlichen Untersuchungen sinnvoll ist, geht aus dem Bericht von Shapiro/Charrow, in: New England Journal of Medicine 289 (1985), 731 ff., hervor.

127) „Hospital ethics committees“ finden in der amerikanischen Literatur eine inzwischen kaum mehr zu überblickende Aufnahme, vgl. dazu den Beitrag von Macklin in der Zeitschrift „The Hastings Center Report“, Bd. 18 (1988), 15 ff. Der entscheidende Anstoß zur Gründung solcher Komitees ging von dem Urteil im Fall Quinlan aus; vgl. Sass (Fn. 104), 72 f.

128) Weitere Auftraggeber sind freiberufliche Ärzte sowie Forschungsinstitute ohne eigene Institutional Review Boards. Vgl. Herman, IRB 6 (1984), 1 ff.

129) Zu diesen Ländern vgl. insbesondere Giesen (Fn. 104), 582 ff.; Bork (Fn. 74), 30 ff.; Philipp (Fn. 100), 69 ff.; Fischer (Fn. 119), 72. Über die Arbeit von Ethik-Kommissionen in weiteren, auch außereuropäischen Staaten vgl. die Übersicht bei Czwalinna (Fn. 31), 3; speziell zur Situation in Österreich Winkler, in: Toellner, (Fn. 7), 141 ff; zu den Erfahrungen in Australien Drahos, Med Law 1989, 1 ff.

130) Vgl. Herrmann/Schärer, in: Baltzer (Hg.), Arzneimittel in der modernen Gesellschaft, Hilfe oder Risiko für den Patienten?, 1985 (Schriftenreihe Sozialpolitik und Recht 9), 140. Die neueste Fassung der „Richtlinien der Schweizerischen Akademie der medizinischen Wissenschaften für die Organisation und Tätigkeit medizinisch-ethischer Kommissionen zur Beurteilung von Forschungsuntersuchungen am Menschen“ vom 11. Mai 1989 auszugsweise bei van den Daele/Müller-Salomon (Fn. 7), 147 ff.

131) Vgl. Illhardt (Fn. 71), Sp. 316. Zur Gesetzeslage in Frankreich vgl. Tiedemann, ZRP 1991, 58 Fn. 27.

132) Instruktiv Schipperges, in: Hexagon Roche (1981), 1 ff.

133) Zu den internationalen Deklarationen als Bestandteil der Standesethik vgl. insbesondere Deutsch, VersR 1987, 949 ff.; 1989, 430. Zu ihrer praktischen Bedeutung siehe etwa Zif-

fer 3.3 des DFG-Leitfadens für Anträge auf Sachbeihilfen vom Mai 1985; vgl. Fischer, in: Toellner (Fn. 7), 150 f.

134) Zu den Untaten der nationalsozialistischen Rechtsperversion, die das Nürnberger Tribunal im Medizinerprozeß ahndete, vgl. Bader, DRiZ 1947, 401 ff. Der Nürnberger Kodex ist abgedruckt bei Wille, NJW 1949, 377; eine Gegenüberstellung mit der Revidierten Deklaration von Helsinki findet sich bei Deutsch, NJW 1978, 574 f.

135) Vgl. Deutsch (Fn. 104), 25; Schreiber, in: Helmchen/Winau (Fn. 101), 18 ff. An maßgeblichen Erklärungen sind ferner zu nennen die Deklaration von Hawaii der World Psychiatric Association (1977) und die Guidelines for Clinical Trials of Psychotropic Drugs, die gleichfalls 1977 von einem internationalen Komitee herausgegeben wurden; vgl. Herrmann/Schärer (Fn. 130), 134.

136) Veröffentlicht im Bundesanzeiger, Jg. 28, Nr. 152 vom 14. August 1976, 3 f. Der Text ferner abgedruckt bei Deutsch (Fn. 84), 333 ff. und in DtÄBl. 1975, A-3162 ff., der Kommentar dazu bei Deutsch, NJW 1975, 2242 f.

137) Der englische Originaltext (I 2) lautet: „The design and performance of each experimental procedure involving human subjects should be clearly formulated in an experimental protocol which should be transmitted to a specially appointed independent committee for consideration, comment and guidance." Damit ist ein Kompromißvorschlag der Bundesrepublik Deutschland akzeptiert worden, nachdem der Entwurf des Regelwerks zunächst vorgesehen hatte, Ethik-Kommissionen nach dem Beispiel amerikanischer Review Boards als Genehmigungsgremien anzusehen. Vgl. die Nachweise bei Deutsch, NJW 1981, 614.

138) So Deutsch, VersR 1989, 431.

139) Der neue englische Originaltext (I 2) lautet: „The design and performance of each experimental procedure involving human subjects should be clearly formulated in an experimental protocol which should be transmitted fot consideration, comment and guidance to a specially appointed committee independent of the investigator and the sponsor provided that this independent committee is in conformity with the laws and regulations of the country in which the research experiment is performed". Die Neufassung der Deklaration von Helsinki harrt noch der Publikation durch den Bundesgesundheitsminister; vgl. auch DtÄBl. 1989, A-2141 f.

140) Weitere Anstöße zur Errichtung von Ethik-Kommissionen gingen von den im Jahre 1976 erlassenen Rechtsvorschriften des Arzneimittelgesetzes und der Strahlenschutzverordnung aus. Der Einfluß des amerikanischen Institutional Review Board-Systems wird dagegen allgemein als sekundär angesehen; siehe etwa den Bericht der Enquete-Kommission des Deutschen Bundestages: Chancen und Risiken der Gentechnologie (Fn. 36), 298.

141) Vgl. Deutsch, Der Chirurg 1983, 626. Pflanz, DtÄBl 1986, A-237, spricht im Hinblick auf die freien Ethik-Kommissionen gar von einem „Wildwuchs".

142) Hiervon bestanden 1984 noch sechs, während sich die übrigen Sonderforschungsbereiche nunmehr an die örtlichen Ethik-Kommissionen der medizinischen Fakultäten wandten. Vgl. die Angaben bei Czwalinna (Fn. 31), 4, 120; Übersichten ferner bei Fischer, Arzt und Krankenhaus 1981, 157 ff.; Bork (Fn. 74). 35. – Die Deutsche Forschungsgemeinschaft verlangte zunächst für sämtliche von ihr geförderten Projekte der medizinischen Forschung am Menschen das Einverständnis der jeweils am Sonderforschungsbereich bestehenden Ethik-Kommission, stellte den Forschern aber frei, sich der Vorbegutachtung durch die örtliche Ethik-Kommission des medizinischen Fachbereichs zu unterwerfen; vgl. Wagner, DtÄBl. 1981, A-168. Nach dem neuesten Leitfaden für die Antragstellung wird von der Deutschen Forschungsgemeinschaft bei Untersuchungen am Menschen die Stel-

lungnahme einer örtlichen Ethik-Kommission ausnahmslos für erforderlich gehalten; vgl. Fischer, in: Toellner (Fn. 7), 149 ff.

143) Vgl. die Einzelnachweise bei Piechowiak, Fortschritte der Medizin 1982, 1023 ff. Lehrreich zur Arbeitsweise der Tübinger Ethik-Kommission Malchow/Bierich/Roemer/Rössler, Der Internist 1982, 227 ff.

144) Die Zahlen nach Czwalinna, MedR 1986, 306 (für 1982); zum Medizinischen Fakultätentag 1981 vgl. den Bericht in DtÄBl. 1981, A-1427 f. Für medizinische Fakultäten ohne eigene Ethik-Kommissionen besteht heute eine Zuständigkeit der bei den Landesärztekammern angesiedelten Gremien.

145) Aus organisationsrechtlicher Sicht stellt sich die Beziehung zwischen den als Unterorganen der Fakultätsräte gebildeten Ethik-Kommmsionen und den in der medizinischen Forschung tätigen Fachbereichsmitgliedern als Außenrechtsverhältnis dar (vgl. Bork [Fn. 74], 62; ders., Wissenschaftsrecht, Wissenschaftsverwaltung, Wissenschaftsförderung 1985, 216 ff.) Hieraus folgert Rupp (Fn. 23), 35, daß die Einrichtung und konkrete Ausgestaltung von Ethik-Kommissionen „reguläre und von den zuständigen Ministerien genehmigte Fakultätssatzungen – nach Art etwa der Promotions- oder Habilitationsordnungen – " voraussetze. Demgegenüber ist festzuhalten, daß zumindest nach baden-württembergischem Hochschulrecht für Organisationsakte im Forschungsbereich die einfache Beschlußfassung durch den Fakultätsrat als ausreichend anzusehen ist, sofern hierdurch die Freiheit der Forschung, namentlich die Fragestellung, die Grundsätze der Methodik sowie die Bewertung des Forschungsergebnisses und seine Verbreitung nicht beeinträchtigt werden (so ausdrücklich § 4 Abs. 2 S. 2 i.V.m. S. 1 des baden-württembergischen Universitätsgesetzes i.d.F. 30. Oktober 1987, GBl. 545). Ob und in welchem Umfang danach durch Fakultätsbeschluß die unverbindliche Beratung durch eine Ethik-Kommission eingeführt werden kann, ist letztlich der Rechtsfigur des Parlamentsvorbehalts zu entnehmen. Da diese Frage sich für die Reichweite der autonomen Satzungsgewalt der Landesärztekammern in gleicher Weise stellt, kann auf die Ausführungen unten III. verwiesen werden. – Bedenken begegnet auch die Antwort des Niedersächsischen Sozialministers vom 15. Oktober 1981 auf eine Kleine Anfrage vom 15. Juni 1981, LT-Drs.9/2918 S. 2, wonach dem in den Hochschulgesetzen der Länder enthaltenen Auftrag an die Fakultäten, die Lehr- und Forschungsvorhaben ihrer Mitglieder zu fördern und zu koordinieren (vgl. für Baden-Württemberg die §§ 56ff. des Universitätsgesetzes), die Rechtsgrundlage für die Arbeit der Ethik-Kommissionen an den Hochschulen zu entnehmen sei; zustimmend Rieger (Fn. 96), Rdnr. 600. Angesprochen ist vielmehr allein die in der Hochschulautonomie wurzelnde Kompentenz der Fakultäten, derartige Gremien durch eine organisationsrechtliche Maßnahme zu bilden; ebenso Schröder, VersR 1990, 251 Fn.81. Allgemein zu dem durch Art. 5 Abs. 3 GG geschützten Recht der wissenschaftlichen Hochschulen auf Selbstverwaltung im akademischen Bereich BVerfGE 15, 256 (264); 35, 79 (116).

146) Der neun Punkte umfassende Beschluß ist abgedruckt bei Kühn, in: Medizinische Ethik-Kommissionen – Aspekte und Aufgaben, 1981 (Schriften der Vereinigung der Freunde der Medizinischen Fakultät der Westfälischen Wilhelms-Universität zu Münster 4), 74 f.

147) Ethik-Kommissionen bestehen heute an den folgenden Ärztekammern: Baden-Württemberg, Bayern, Berlin, Hamburg, Hessen, Niedersachsen, Nordrhein, Rheinland-Pfalz, Saarland, Schleswig-Holstein, Westfalen-Lippe. In Bremen arbeitet lediglich eine durch Erlaß des Gesundheitssenators vom 21. Dezember 1984 errichtete Kommission für die kommunalen Kliniken, deren Aufgabe es ist, über die Zulässigkeit der Durchführung einer klinischen Prüfung zu *entscheiden*; vgl. Czwalinna, MedR 1986, 306; Schröder, VersR 1990, 244 Fn. 2. Aus verfassungsrechtlicher Sicht begegnet die (wohl) im Sinne eines Ge-

nehmigungsvorbehaltes aufzufassende Bremer Regelung erheblichen Bedenken; vgl. Bork, DRiZ 1986, 172 f. Zu aktuellen Initiativen der Ärztekammer Bremen vgl. den Bericht über die 7. Jahresversammlung des Arbeitskreises „Medizinische Ethik-Kommissionen in der Bundesrepublik Deutschland einschl. Berlin/West" am 22.11.1989 in Köln, 3, 13. – Zum Kammerrecht in den neuen Bundesländern vgl. umfassend Schirmer, DtÄBl. 1990, A-2966 ff.; MedR 1991, 55 ff.

148) Vgl. Bork (Fn. 74), 36.

149) Eine berufsethische Pflicht zur Inanspruchnahme der Ethik-Kommissionen ergab sich seit 1975 allerdings aus der Revidierten Deklaration von Helsinki; vgl. oben Fn. 137.

150) Zu der Praxis amerikanischer Pharmaunternehmen, ihre Medikamente nur noch an Forschungsinstitutionen testen zulassen, die der Überwachung durch Ethik-Kommissionen unterliegen, vgl. Bork (Fn. 74), 34. Zu der Rolle der internationalen Fachzeitschriften siehe oben Fn. 120. Als direkte Folge der genannten Umstände sind ferner die freien Ethik-Kommissionen sowie die von der deutschen pharmazeutischen Industrie bestellten Komitees anzusehen, vgl. Czwalinna, MedR 1986, 306.

151) Umfassend zu den schadensersatzrechtlichen Verantwortlichkeiten in Zusammenhang mit der Einrichtung und Anrufung von Ethik-Kommissionen Kollhosser, in: Toellner (Fn. 7), 79 ff.; Bork (Fn. 74), 36–42, sowie v. Bar/Fischer, NJW 1980, 2734 ff.; vgl. ferner Eser/Koch, DMW 1982, 446.

152) § 1 Abs. 4 der BO für die deutschen Ärzte (a.F.), DtÄBl 1985, A-3371. Die Inanspruchnahme der Ethik-Kommissionen hing damit nicht mehr von dem freien Entschluß des forschenden Arztes ab. Vielmehr bedeutete das „Soll" für Normalfälle ein „Muß", lediglich in atypischen Fällen waren Ausnahmen möglich (so BVerwGE 40, 323 [330] für die verwaltungsrechtliche Ermessensausübung).

153) Die MBO für die deutschen Ärzte wird von der Hauptversammlung der (als nichtrechtsfähiger Verein organisierten) Bundesärztekammer – einem Delegiertenkongreß der einzelnen Kammern mit dem Namen „Deutscher Ärztetag" – als einheitliche Richtschnur ohne Rechtssatzcharakter beschlossen. Wenn trotz ihrer Maßgaben die Berufsordnungen der Ärztekammern hier und dort Unterschiede aufweisen, so erklärt sich diese Uneinheitlichkeit weitgehend aus der Praxis der Aufsichtsbehörden, die ihre Genehmigung in den einzelnen Bundesländern von mannigfachen Modifikationen abhängigmachen; vgl. Laufs (Fn. 2), Rdnr. 35.

154) Siehe § 1 Abs. 4 S. 1 der BO der Ärztekammer Nordrhein i.d.F. vom 18.November 1986 (zitiert nach Rupp [Fn. 23], 29); § 1 Abs. 4 S. 2 der BO für die Ärzte des Saarlandes, Saarl. ÄBl. 1987, 759 (Bekanntgabe der Änderung) und Saarl. ÄBl. 1988, 191 (Bekanntmachung der Neufassung der gesamten BO); § 1 Abs. 4 S. 1 der BO für die Ärzte Bayerns, Sonderbeil. Bay. ÄBl. 12/1988.

155) § 1 Abs. 4 der BO für die deutschen Ärzte, DtÄBl. 1988, A-3601 (Änderungsbeschluß des 91. Deutschen Ärztetages).

156) Siehe § 1 Abs. 4a S. 1 der BO der Ärztekammer Niedersachsen, Sonderbeil. Nds. ÄBl. 15/1989; § 1 Abs. 5 der BO der Ärzte in Hessen, Hess. ÄBl. 1989, 422; zu den Kammerstatuten, die bereits vor den Beschlüssen des 91. Deutschen Ärztetages eine Muß-Vorschrift enthielten, siehe oben Fn. 154. Noch unverändert ist die BO für die Ärzte in Rheinland-Pfalz (ÄBl. Rheinl.-Pf. 1989, 234); zur Rechtslage in Baden-Württemberg siehe oben Fn. 5. Hinsichtlich der übrigen Kammern bedürfte es noch einer gesonderten Erhebung, die aus zeitlichen Gründen nicht vorgenommen werden konnte.

157) Bundesanzeiger Nr. 243 vom 30. Dezember 1987, 16617. – Zum Rechtsquellencharakter der Good Clinical Practices, die das Ziel verfolgen, „den an der Durchführung von klinischen Prüfungen Beteiligten wie auch den Überwachungsbehörden die (bekanntgemachten) Grundsätze als eine Richtschnur nach Art eines vorgefertigten Gutachtens für ihre Tätigkeit an die Hand zu geben", vgl. Rupp (Fn. 23), 43 f., wonach „jene normative Quasi-Geltungskraft in Anspruch genommen werden" soll, welche die – zwischenzeitlich überholte – Rechtsprechung des Bundesverwaltungsgerichts für die TA Luft unter dem Gesichtspunkt des „antizipierten Sachverständigengutachtens" entwickelt hat. Bei der ministeriellen Bekanntmachung handelt es sich zudem nicht um eine Arzneimittelprüfrichtlinie im Sinne von § 26 AMG, wenngleich sie eine detaillierte Anleitung für die Planung und den Vollzug von klinischen Prüfungen sowie für die Auswertung und Dokumentation ihrer Ergebnisse bietet; vgl. Scholz/Stoll, MedR 1990, 58 Fn. 4. – Auf europarechtlicher Ebene enthält der vom Spezialitätenausschuss der Europäischen Gemeinschaft (CPMP) vorgelegte Entwurf von „Good Clinical Practices for Trials on Medicinal Products in the E.C.-GCP" vom 28. Februar 1989 die Empfehlung, Ethik-Kommissionen im Rahmen von klinischen Arzneimittelprüfungen anzurufen. Die Bestimmungen sollten als „Note for Guidance", d.h. als Leitlinien, die den Stand der wissenschaftlichen Erkenntnisse dokumentieren, voraussichtlich im Jahre 1990 beschlossen werden; vgl. dazu das Positionspapier des Bundesverbandes der Pharmazeutischen Industrie e.V. zu einheitlichen Rahmenbedingungen für Ethik-Kommissionen vom 9. April 1990 sowie nunmehr die Verwaltungsvorschrift III/3976/88-EN der EG-Kommission vom 4. Mai 1990 (dazu Tiedemann, ZRP 1991, 55). Außerdem liegt seit September 1988 die Anregung des Europaparlaments in Straßburg vor, eine übergeordnete Europäische Ethik-Kommission zu bilden. Der europaweiten Bestandsaufnahme der Arbeits -und Entscheidungsstrukturen ethischer Komitees dient die European Association of Centers of Medical Ethics; vgl. Illhardt, Ethik Med 1989, 27.

158) Vgl. die amtliche Anmerkung zu Nummer 1.3 der Good Clinical Practices: „Die Verpflichtung (zur Anrufung einer Ethik-Kommission) richtet sich nach den Berufsordnungen für Ärzte".

159) Vgl. Doppelfeld, Ethik Med 1989, 47 f.; ders., in: Toellner (Fn. 7), 49 ff.

160) Vgl. § 1 des vom Arbeitskreis medizinischer Ethik-Kommissionen am 19. November 1986 beschlossenen Statuts: „Der Arbeitskreis ist ein freiwilliger Zusammenschluß von Ethik-Kommissionen der Ärztekammern, Medizinischen Fakultäten, Hochschulen und sonstiger öffentlich-rechtlicher Einrichtungen, die ihre Tätigkeit im Sinne der Deklaration von Helsinki/Tokio in der Bundesrepublik Deutschland, einschließlich Berlin (West), ausüben".

161) Die ursprüngliche Fassung bei Czwalinna (Fn. 31), 159 ff.

162) Siehe oben Fn. 150.

163) Vgl. Deutsch, VersR 1989, 430 f. Nach den Angaben von Czwalinna, MedR 1986, 306, bestanden im Jahre 1986 an folgenden Pharmaunternehmen Ethik-Kommissionen: Boehringer Mannheim GmbH; Beiersdorf AG, Hamburg; Schering AG, Berlin.

164) Zu nennen sind (nach Czwalinna, MedR 1986, 306): Institut für klinische Pharmakologie, Bobenheim; Arzneimittelforschung GmbH, Berlin; Biodesign GmbH, Freiburg; IPHAR-Institut, München; Humanpharmakologisches Institut der Ciba-Geigy GmbH in Tübingen. Hingewiesen sei ferner auf die amerikanischem Vorbild folgenden Kommissionen an allgemeinen Krankenhäusern (z.B. Städtische Kliniken München, V. Medizinische Klinik Nürnberg) und die Kommission der Gesellschaft für Anthropologie und Humangenetik (dazu Baitsch, Sonderbeil. ÄBl. Bad.-Württ. 10/1985).

165) Zu den vier Phasen, in welche die Prüfung eines Arzneimittels am Menschen üblicherweise eingeteilt wird, vgl. Deutsch (Fn. 84), Rdnr. 376; ferner Kleinsorge (Fn. 43), 44 ff. (Phase I: Verträglichkeits- und Wirksamkeitsprüfung bei gesunden Probanden, Phase II: Verträglichkeits- und Wirksamkeitsprüfung bei einer kleineren Anzahl von Patienten in der Klinik, Phase III: Verträglichkeits- und Wirksamkeitsprüfung bei einer größeren Anzahl von Patienten in der Klinik und beim niedergelassenen Arzt, Phase IV: Prüfung und Überwachung eines zugelassenen Arzneimittels im Rahmen der erteilten Zulassung).

166) Zur Kritik an den privaten Ethik-Kommissionen im eigentlichen Sinne vgl. insbesondere Deutsch, VersR 1989, 431 („...ungebundene Ethik-Kommissionen ..., welche selbsternannt und allzuständig Anträge beschieden haben. ... Dafür werden oft Gebühren in verschiedener Höhe verlangt, die von wenigen tausend Mark bis zu einigen zigtausend Mark reichen ..."); Pflanz, DtÄBl. 1989, A-1991 („... als dritte und problematische Gruppe die 'kommerziellen' Ethik-Kommissionen ... , bei denen völlig unklar ist, wer ihnen angehört, wer sie konstituiert, welche ihre Richtlinien sind, wieviel Geld sie für ihre Gutachten nehmen ..."). Zur Gegenposition vgl. Pfeiffer, VersR 1990, 686 f. („ ... freie Ethik-Kommissionen ... , die seit Jahren unbeanstandet tätig sind, deren Tätigkeit unbestreitbar einem berechtigten Bedürfnis entspricht und die zum Teil 'ausgesprochen hochkarätig' sind ..."); dagegen aber jetzt auch Tiedemann, ZRP 1991, 56 („Als bedenklich erscheint es daher, wenn sich Mitglieder privater Ethik-Kommissionen als Gutachtenunternehmer verstehen und aufgrund einer Doppelstellung als Unternehmer und Kommissionsmitglied die Beratung auch als geschäftliche Beziehung zu pharmazeutischen Unternehmen ansehen.").

167) Vgl. dazu den Erfahrungsbericht der Kommissionsmitglieder Kersting/Seyberth, Medizinische Klinik 1986, 405 ff.

168) Art. 2 der Satzung vom 27. Oktober 1986. Das Statut der Freiburger Ethik Kommission ist nebst den selbstgesetzten Verfahrens -und Prüfungsrichtlinien abgedruckt in Pharm. Ind. 1987, 126 ff.; eine ältere Satzung findet sich in Pharm. Ind. 1984, 598 ff.

169) Vgl. dazu umfassend Schreiber, in: Eigler/Peiper/Schildberg/Witte/Zumtobel (Hg.), Stand und Gegenstand chirurgischer Forschung, 1986, 24 ff.; Rössler, in: Dölle/Müller-Oerlinghausen/Schwabe (Hg.), Grundlagen der Arzneimitteltherapie, 1986, 58 ff.

170) Vgl. Olbing, in: Müller/Olbing (Fn. 97), 134.

171) Dazu Laufs, Berufsfreiheit und Persönlichkeitsschutz im Arztrecht, 1982 (Sitzungsberichte der Heidelberger Akademie der Wissenschaften, Philosophisch-historische Klasse, Jahrgang 1982, Bericht 5), 23 ff.

172) Vgl. Deutsch, VersR 1989, 431; ders., Arzneimittel-Forschung/Drug Research 1989, 1049 ff. Zum Schutz des Arztes und der Forschungseinrichtung vor möglichen Haftungsfolgen vgl. bereits oben bei Fn. 151 sowie kritisch Czwalinna (Fn. 31), 133 ff. Verfehlt wäre es allerdings, die Aufgabe der Ethik-Kommissionen unter anderem darin zu erblicken, dem forschend tätigen Arzt eine praktisch perfekte rechtliche Absicherung zu garantieren; vgl. Staak/Uhlenbruck, MedR 1984, 183. Vgl. dazu neuerdings auch van den Daele/Müller-Salomon (Fn. 7), besonders 19 ff.

173) Das Wort bezeichnet den historischen Positivismus im Staatsrecht Johann Jakob Mosers (1701–1785); vgl. dazu die gleichnamige Monographie von Schömbs, 1968 (Schriften zur Verfassungsgeschichte 8).

174) Nach der gefährlichen These von der Ableitbarkeit moralischer Werte aus wissenschaftlichen Erkenntnissen; vgl. Bayertz, GenEthik. Probleme der Technisierung menschlicher Fortpflanzung, 1987, 296.

175) Zum Wandel des Medizinwesens im Zeichen des ausgreifenden Sozialstaats vgl. Baier, Medizin, Mensch, Gesellschaft, 1981, 141; ders., Medizin im Sozialstaat, 1978.

176) Dazu Schölmerich, Arzneimitteltherapie 1984, 67.

177) Vgl. oben Fn. 97, sowie Herrmann/Schärer (Fn. 130), 141; zu der jedem Überprüfungsverfahren immanenten Gefahr, daß keiner der Beteiligten sich voll verantwortlich fühlt, vgl. Fischer (Fn. 119), 73.

178) Für den durch private Ethik-Kommissionen vertragsmäßig erteilten Rat versteht sich die fehlende rechtliche Bindungswirkung von selbst.

179) Allgemeine Auffassung; vgl. Bork, (Fn. 74), 70; Weissauer, Münch. med. Wschr. 1979, 552. Dem über eine widerratende Empfehlung einer Ethik-Kommission hinwegsehenden Arzt ist freilich anzuraten, seine abweichende Entscheidung „vorsorglich nur mit einer besonders vorsichtigen Würdigung aller Abwägungsgesichtspunkte" zu treffen; so zu Recht Kloesel/Cyran/Feiden/Pabel, Arzneimittelrecht, Kommentar, 3. Aufl., Stand: Juni 1986, § 40 AMG, Anm. 4d.

180) Ebenso § 1 Abs. 2 der vom Arbeitskreis medizinischer Ethik-Kommissionen in der Bundesrepublik Deutschland einschließlich Berlin (West) beschlossenen Verfahrensgrundsätze (vgl. oben Fn. 161): „Die Kommission gewährt dem Arzt Hilfe durch Beratung und Beurteilung ethischer und ggf. rechtlicher Aspekte medizinischer Forschung am Menschen, unbeschadet der Verantwortung des Arztes für das Forschungsvorhaben und seine Durchführung". Zu den schadensersatzrechtlichen Verantwortlichkeiten der am Kontrollverfahren Beteiligten vgl. die Nachweise oben Fn. 151.

181) Für die öffentlich-rechtlich legitimierten Ethik-Kommissionen vgl. § 1 Abs. 4 und 5 MBO, DtÄBl. 1988, A-3601; für die privaten Ethik-Kommissionen vgl. etwa Art. 2 des Statuts der Freiburger Ethik Kommission und die Verfahrens- und Prüfungsrichtlinien dieser Institution (abgedruckt in Pharm. Ind. 1987, 126 ff.). – Grundsätzlich nicht zu den Aufgaben der Ethik-Kommissionen zählt dagegen die fortlaufende Überwachung begutachteter Projekte. Zu den wenigen Ausnahmen hiervon vgl. Czwalinna, MedR 1986, 309, sowie die Nrn. 15 und 16 der Verfahrens- und Prüfungsrichtlinien der Freiburger Ethik Kommission.

182) Dies das Ergebnis der von Czwalinna durchgeführten Erhebungen: (Fn. 31), 127 f.

183) Nach den Erfahrungen von Siep, in: Toellner (Fn. 7), 96 f., trägt die praktische Tätigkeit der öffentlich-rechtlichen Ethik-Kommissionen diesen Überlegungen Rechnung. Auffallend ist ferner, daß in den Kommissionen „der Konsens über die Kriterien der richtigen Entscheidungen viel größer ist, als oft dargestellt" (96).

184) Nicht in den Zuständigkeitsbereich der Ethik-Kommissionen fallen Laboratoriums- und Tierversuche. Für letztere sehen die §§ 15, 15 a des Tierschutzgesetzes i.d.F. der Bekanntmachung vom 18. August 1986 (BGBl. I 1319) die beratende Stellungnahme der von den nach Landesrecht zuständigen Behörden berufenen „Kommissionen zur Unterstützung der zuständigen Behörden bei der Entscheidung über die Genehmigung von Tierversuchen" (§ 15 Abs. 1 S. 2) vor.

185) Insbesondere seit Anfang 1988 haben die Anträge bei allen öffentlich-rechtlich organisierten Ethik-Kommissionen zum Teil erheblich zugenommen, und ihre Zahl wird noch weiter steigen; vgl. Kanzow, in: Toellner (Fn. 7), 41 ff.

186) Eine Ausnahme bildet lediglich die Geschäftsordnung der Ethik-Kommission bei der Ärztekammer Nordrhein vom 22. November 1988, deren § 3 folgende klare Auskünfte zur Kommissionszuständigkeit enthält: „2. Die Ethik-Kommission ist bei allen klinischen Prü-

fungen von Arzneimitteln der Phasen I–IV und bei sonstigen biomedizinischen Forschungsvorhaben am Menschen zu beteiligen. Biomedizinische Forschung am Menschen ist die Anwendung einer Behandlungs- oder Untersuchungsmethode zu dem Zweck, medizinische Erkenntnisse über den therapeutischen oder den diagnostischen Wert der Methode, insbesondere über ihren Nutzen und ihre Risiken zu gewinnen. 3. Ferner muß die Kommission angerufen werden, wenn die klinische Prüfung durch Auflage nach § 28 Abs. 3 AMG angeordnet ist oder während des Ruhens der Zulassung nach § 30 Abs. 2 Satz 2 AMG durchgeführt werden soll. 4. Ausgenommen sind reine Feldstudien (sog. Drug-monitoring), die nur dazu bestimmt sind, weitere Erkenntnisse bei der Anwendung bereits zugelassener Arzneimittel zu sammeln, ohne daß zusätzliche klinische oder biochemische Kontrollen beziehungsweise Eingriffe beim Patienten durchgeführt werden, die über die übliche ärztliche Versorgung hinausgehen." – Nachzutragen ist die von der 7. Jahresversammlung des Arbeitskreises medizinischer Ethik-Kommissionen am 22. November 1989 in Köln beschlossene und der „Checkliste zur Überprüfung der Vollständigkeit von Anträgen an die Ethik-Kommission vor der Durchführung klinischer Versuche oder epidemiologischer Forschung am Menschen" als erläuternde Fußnote beigefügte Definition von Forschung am Menschen als „jede die somatische oder psychische Integrität des Menschen berührende Maßnahme mit dem Ziel, über den Einzelfall hinaus präventive, diagnostische, therapeutische oder pathophysiologische Erkenntnisse zu gewinnen".

187) Vgl. die Hinweise bei Giesen, Die zivilrechtliche Haftung des Arztes bei neuen Behandlungsmethoden und Experimenten, 1976, 18; Fischer (Fn. 119), 4 f.; kritisch Cloidt-Stotz, Der Schadensausgleich für Probanden der humanmedizinischen Forschung, 1990 (Annales Universitatis Saraviensis, Rechts- und Wirtschaftswissenschaftliche Abteilung 124), 7 ff.

188) Deutsch, Medizin und Forschung vor Gericht, 1978 (Schriftenreihe der Juristischen Studiengesellschaft Karlsruhe 135), 42.

189) Zur Unterscheidung dieser beiden Grundtypen der humanmedizinischen Forschung vgl. bereits oben bei Fn. 86.

190) Von einem kontrollierten Versuch ist die Rede, wenn der forschende Arzt eine Diagnose oder Therapie gegen die Standardmaßnahme oder ein unwirksames Scheinmedikament (Placebo) prüft; dabei bildet er regelmäßig eine Test- und eine Kontrollgruppe nach zufälligen Momenten (Randomisierung). Das kontrollierte Experiment ist ein Blindversuch, wenn der Proband nicht weiß, ob er sich in der Test- oder in der Kontrollgruppe befindet. Ein Doppelblindversuch liegt vor, wenn der behandelnde Arzt oder Versuchsleiter die Gruppenzugehörigkeit nicht kennt. Beim cross-over werden Test- und Kontrollgruppe vertauscht. Ausführlicher und mit zahlreichen Hinweisen Helmchen/Eberbach, Art. Arzneimittelprüfung, in: Lexikon Medizin, Ethik, Recht (Fn. 71), Sp. 96 ff.

191) Vgl. Sander/Köbner, Arzneimittelrecht, Kommentar für die juristische und pharmazeutische Praxis zum neuen Gesetz über den Verkehr mit Arzneimitteln (Arzneimittelgesetz) sowie mit Betäubungsmitteln (BtMG), Stand: Mai 1990, Bd. 2, Erl. § 40 AMG, C.1 (unter Hinweis auf § 22 Abs. 2 Nr. 3 AMG).

192) Vgl. die Hinweise in vorstehender Fn. 165.

193) Gegen eine generelle Einschaltung von Ethik-Kommissionen in der Phase IV sprechen sich sowohl der Bundesverband der Pharmazeutischen Industrie (Fn. 157) als auch der Arbeitskreis medizinischer Ethik-Kommissionen in seinem Bericht über die 7. Jahresversammlung am 22. November 1988 in Köln aus. Entscheidend dürfte jedoch sein, daß auch Phase-IV-Prüfungen den Patientenschutzvorschriften der §§ 40 und 41 AMG unterliegen – vgl. Sander/Köbner (Fn. 191), Erl. § 40 AMG, C.2 – und folglich die Notwendigkeit einer

Präventivkontrolle besteht; ebenso § 3 Abs. 2 S. 1 der Geschäftsordnung der Ethik-Kommission bei der Ärztekammer Nordrhein (Fn. 186). Zu speziellen Abgrenzungsschwierigkeiten in diesem Zusammenhang vgl. Kanzow, in: Toellner (Fn. 7), 41, wonach „die Untersuchungen nach Phase IV sich gelegentlich nur schwer von Vorhaben unterscheiden, die eher therapie-begleitenden Studien (Drug Monitoring, Feldstudien) zugerechnet werden müßten, wobei Marketing-Impulse erfahrungsgemäß übergewichtig werden können".

194) Zu den hier im einzelnen nicht anzusprechenden Streitfragen vgl. umfassend Kleinsorge, MedR 1987, 140 ff.

195) Vgl. die Nachweise oben Fn. 75 bis 77.

196) Hinzu kommen die bundesministeriellen „Grundsätze für die ordnungsgemäße Durchführung der klinischen Prüfung von Arzneimitteln"; vgl. oben Fn. 157.

197) § 40 Abs. 1 Nr. 7a AMG.

198) § 40 Abs. 1 Nr. 1, 2, 8, Abs. 3 AMG.

199) § 41 Nr. 3 AMG.

200) Zu Recht differenzierend Scholz/Stoll, MedR 1990, 58 ff.

201) Bedeutsam vor allem § 41 Abs. 1 StrlSchVO. Nach § 41 Abs. 10 StrlSchVO gelten für die klinische Prüfung von Arzneimitteln mit Hilfe radioaktiv markierter Substanzen zunächst die Regeln der §§ 40 und 41 AMG und lediglich ergänzend die radioökologisch-spezifischen Voraussetzungen des § 41 StrlSchVO.

202) Diese ist mit keiner der hier behandelten Ethik-Kommissionen identisch; so zu Recht Rupp (Fn. 23), 20; mißverständlich dagegen Eser/Koch, DMW 1982, 443.

203) Seit der Zweiten Verordnung zur Änderung der Strahlenschutzverordnung vom 18. Mai 1989 (BGBl. I 943). Zuvor beschränkte sich die Kompetenz der Gutachtergruppe auf die Kontrolle der Notwendigkeit der Heranziehung von radioaktiven Stoffen zur Erreichung des Forschungszwecks, während die im damaligen § 41 Abs. 1 Nr. 2 StrlSchVO geregelte Frage der ärztlichen Vertretbarkeit nach allgemeinen arzneimittelrechtlichen Grundsätzen durch die nach Berufsordnungsrecht zuständige Ethik-Kommission zu überprüfen war; vgl. Rupp (Fn. 23), 33 f. Eingehend zur alten Rechtslage ferner Roedern, Die „neue" Strahlenschutzverordnung – die Abgrenzung der Anwendung „radioaktiver Stoffe in der medizinischen Forschung" (§ 41 StrlSchVO) von der Anwendung „radioaktiver Stoffe oder ionisierender Strahlen in der Heilkunde oder der Zahnheilkunde" (§ 42 StrlSchVO), Diss. iur., Kiel/München 1983; Zerlett/Kramer, Strahlenschutzverordnung, Kommentar zur Verordnung über den Schutz vor Schäden durch ionisierende Strahlen mit amtlicher Begründung, 1977, § 41 Anm. 3.

204) Vgl. Hart/Hilken/Merkel/Woggan, Das Recht des Arzneimittelmarktes, 1988 (Schriftenreihe des Zentrums für Europäische Rechtspolitik an der Universität Bremen 5), 48.

205) Art. 31 und Art. 70 ff. GG. Nach Art. 74 Nr. 11a GG darf der das Kernenergierecht regelnde Bundesgesetzgeber unter dem Gesichtspunkt des Sachzusammenhangs auch in Bereiche übergreifen, welche wie das ärztliche Berufsrecht jedenfalls zu einem erheblichen Teil der Landeskompetenz unterliegen; vgl. BVerfGE 26, 246 (256 f.) für das Wirtschaftsrecht. Weitere Einzelheiten zum Verhältnis von Berufsordnungsrecht und Bundesrecht unten IV. (zur Gegenposition der Rechtsprechung vgl. insbesondere Fn. 400).

206) Umfassend zur Kompetenz der Ethik-Kommissionen im Bereich der Standesethik Losse, in: Toellner (Fn. 7), 19 ff.

207) Siehe oben Fn. 135 f. und insbesondere § 1 Abs. 6 MBO, DtÄBl. 1988, A – 3601: Bei den von den Ethik-Kommissionen durchzuführenden Beratungen ist die genannte Deklaration zwingend zugrunde zu legen.

208) Weitere Beispiele bei Scholz/Stoll, MedR 1990, 59.

209) Vgl. § 1 Abs. 4 MBO i.d.F. der Änderungsbeschlüsse des 88. Deutschen Ärztetages vom 15. Mai 1985, DtÄBl. 1985, A – 3371. Die Umwandlung in eine Muß-Bestimmung erfolgte 1988; vgl. oben Fn. 155.

210) Grundsätze und Empfehlungen, DtÄBl. 1989, A – 2843 ff.

211) Vgl. die Empfehlungen des Wissenschaftlichen Beirats der Bundesärztekammer in DtÄBl. 1990, A – 1033 ff. mit weiteren Nachweisen.

212) Unter den Begriff der Humangenetik fallen zunächst die Verfahren der Reproduktionsbiologie: die extrakorporale Befruchtung oder In-vitro-Fertilisation mit homologem oder heterologem Embryotransfer in verschiedenen Spielarten, weiter die Forschung an Embryonen, die Kryokonservierung (Tiefgefrierung), das Klonen (die künstliche Produktion genetisch identischer Zwillinge oder Mehrlinge) sowie die Erzeugung von Chimären und Hybridwesen. Zur Humangenetik gehört ferner die Methode der Genomanalyse: der Nachweis einzelner Erbmerkmale des Menschen, erblicher Leiden und Dispositionen. Schließlich zählen dazu die Verfahren der Gentherapie, nämlich die Behandlung einzelner monogener Erbleiden durch Gentransfer in somatische Zellen nach Art der Organtransplantation und – ungleich problematischer – in Keimbahnzellen. Ausführlicher und mit zahlreichen Nachweisen zu der kaum noch überschaubaren Literatur Laufs, Rechtliche Grenzen der Fortpflanzungsmedizin, 1987.

213) Eingehend zur – nach allgemeiner Ansicht fehlenden – Satzungskompetenz der Ärztekammern für den Bereich der Humangenetik Schröder, VersR 1990, 248 ff. sowie unten III. Inzwischen befinden sich Fortpflanzungsmedizin, Humangenetik und Gentechnik auf dem Weg zur (bundes-)gesetzlichen Gestaltung; vgl. dazu den Überblick von Hirsch/Schmidt-Didczuhn, MedR 1990, 167 ff.; Borchmann, MedR 1991, 23 ff.

214) DtÄBl. 1985, A – 3372; die aktuelle, inhaltlich nur unwesentlich veränderte Fassung von § 6a der BO für die deutschen Ärzte in DtÄBl. 1988, A – 3602.

215) Indes stellt eine sich anschließende Freistellungsklausel (§ 6a Abs. 3) ein Novum dar, umfaßt doch der Heilauftrag normalerweise bindend einen Dienst, der als ärztlich indiziert gilt. Zur Gespaltenheit der Ansichten auch unter den Ärzten, die ihren Niederschlag in der gespaltenen Berufsregel fand vgl. Laufs, NJW 1989, 1524.

216) DtÄBl. 1988, A – 3605 ff. = Der Frauenarzt 1988, 869 ff.; zur früheren Fassung der Richtlinien vgl. Hess, MedR 1986, 240 ff.

217) § 6a Abs. 2 MBO i.V.m. Nr. 3.1 der sogenannten IVF-Richtlinien, DtÄBl. 1988, A – 3602, 3605.

218) Mit geringen Abweichungen im Detail; vgl. die Nachweise bei Schröder, VersR 1990, 244 Fn. 11. Für Baden-Württemberg siehe § 7 Abs. 1 bis 3 der BO der Landesärztekammer Baden-Württemberg in der Fassung der aufsichtsrechtlich genehmigten, bislang jedoch noch nicht bekanntgemachten Beschlußvorlage der Vertreterversammlung der Landesärztekammer Baden-Württemberg vom 26. November 1988; die (derzeit noch geltende) Fassung vom 10. Dezember 1986 in Sonderbeil. ÄBl. Bad.-Württ 2/1987, die als Anlage hierzu beschlossenen IVF-Richtlinien in ÄBl. Bad.-Württ. 1986, 426 ff. Die seit dem Beschluß der 5. Vertreterversammlung der Landesärztekammer Baden-Württemberg vom 3. Juni 1989 vorliegenden neuen Richtlinien zur Durchführung der Substitutionstherapien

bedürfen noch der Genehmigung durch die zuständige Aufsichtsbehörde. – Nach Auffassung des Verwaltungsgerichts Stuttgart, MedR 1990, 359 ff. (mit kritischer Problemstellung von Narr), fehlt den genannten berufsordnungsrechtlichen Bestimmungen allerdings die gesetzliche Grundlage. Zusätzliche fachliche und persönliche Qualifikationen könnten nach § 39 des baden-württembergischen Kammergesetzes i.d.F. vom 31. Mai 1976 allein im Rahmen der Weiterbildungsordnung verlangt werden. Eine solche Regelung sei aber mit § 7 Abs. 1 der BO der Landesärztekammer Baden-Württemberg i.d.F. vom 10. Dezember 1986 und den IVF-Richtlinien gerade nicht getroffen worden.

219) Anhang 3.2.3 Abs. 2 und 3 i.V.m. Anhang I 2 der IVF-Richtlinien, DtÄBl. 1988, A – 3605, 3607.

220) Anhang I 4, 5; II der IVF-Richtlinien, DtÄBl. 1988, A – 3607 f. Zu den Konsequenzen der Überprüfung durch die Kommission sagen die Richtlinien nichts. Allerdings liegt es nach dem Anhang (I 2) in der Kompetenz der Kommission, Ausnahmen im Sinne einer heterologen Insemination anzuerkennen, was auf eine Bindungswirkung ihrer Stellungnahmen hinweist; wie hier Schröder, VersR 1990, 245 Fn. 12.

221) Lediglich das Berliner Kammerrecht kennt keine gesonderte „Ständige Kommission", weil deren Aufgaben der Ethik-Kommission der Ärztekammer Berlin übertragen wurden; vgl. § 2 Nr. 4 der Satzung der Ethik-Kommission der Ärztekammer Berlin vom 25. Juli 1988 i.d.F. des Ersten Nachtrages vom 30. Januar 1989.

222) § 2 Abs. 2 der Verfahrensregelung zur Beurteilung der Durchführung von In-vitro-Fertilisation (IVF) und Embryotransfer (ET), ÄBl. Bad.-Württ. 1987, 109 f.; vgl. dazu eingehend Eggstein, in: Kamps/Laufs (Hg.), Arzt- und Kassenarztrecht im Wandel, Festschrift für Helmut Narr zum 60. Geburtstag, 1988 (Schriftenreihe Medizinrecht), 16 ff.

223) Grundlegend zum Beginn des Lebensschutzes vom Augenblick der Befruchtung an Graf Vitzthum, JZ 1985, 201 ff.; MedR 1985, 249 ff.; zu den beabsichtigten strafrechtlichen Verboten der Embryonenforschung vgl. Günther, MedR 1990, 161 ff. Aus österreichischer Sicht kritisch Lewisch, Ethik Med 1990, 129 ff. – Inzwischen erging am 13. 12. 1990 das Embryonenschutzgesetz, BGBl. I 2746; kritisch dazu Reiter, Herder Korrespondenz 1990, 571 ff. Das Gesetz verbietet jegliche Verwendung menschlicher Embryonen zu fremdnützigen Zwecken.

224) § 1 Abs. 5 der BO für die deutschen Ärzte, DtÄBl. 1988, A – 3601. Die Soll-Vorschrift von 1985 (§ 1 Abs. 4 MBO) postulierte hingegen noch keine ausdrücklichen Forschungsbegrenzungen; vgl. DtÄBl. 1985, A – 3371.

225) § 1 Abs. 5 der BO für die Ärzte Bayerns vom 1. Januar 1978, zuletzt geändert am 8. Oktober 1989 (Sonderbeil. Bay. ÄBl. 12/1988), spricht insoweit klarstellend von Embryonen.

226) § 1 Abs. 5 MBO wurde mehrheitlich in Kammerrecht überführt; vgl. die Nachweise bei Schröder, VersR 1990, 245 Fn. 17. In § 1 Abs. 4 der (derzeit noch maßgeblichen) BO für die Landesärztekammer Baden-Württemberg i.d.F. vom 10. Dezember 1986 (Sonderbeil. ÄBl. Bad.-Württ. 2/1987) ist die klinische Forschung am Menschen lediglich einer fakultativen, die Forschung mit vitalen menschlichen Gameten und lebenden embryonalen Gewebe dagegen bereits einer unbedingten Beratungspflicht unterworfen. Mit Beschluß der Vertreterversammlung der Landesärztekammer Baden-Württemberg vom 26. November 1988 wurde § 1 Abs. 5 MBO in das Kammerrecht übernommen, das darin formulierte grundsätzliche Verbot der Embryonenforschung jedoch mit Beschluß vom 8. Juni 1989 wieder gestrichen. Beide Beschlüsse bedürfen noch der aufsichtsrechtlichen Genehmigung (vgl. oben Fn. 5 und 218).

227) DtÄBl. 1985, A – 3575. Die Richtlinien wollen der Festlegung dessen dienen, was im allgemeinen Konsens für ethisch nicht vertretbar gehalten wird (siehe Nr. 2.3 und 3 der Richtlinien). Zu ihrer Einhaltung soll die in der Reproduktionsmedizin tätigen Wissenschaftler und Ärzte eine freiwillige, sanktionsfähige Selbstbindung verpflichten. Außerdem ist nach Nr. 4.2 ein – was die Ethik-Kommissionen anbelangt, bereits aus den Kammersatzungen folgendes – besonderes Kontrollverfahren vorgesehen: „Jeder Wissenschaftler, der ein solches Vorhaben durchführen will, hat den Antrag mit einem ausführlichen Versuchsprotokoll seiner örtlichen oder regionalen Ethikkommission (Fakultätskommission oder Kommission der Landesärztekammer) vorzulegen. Gleichzeitig hat er diese Unterlagen der zentralen Kommission nach 4.3 vorzulegen. Zu gegebener Zeit hat der Antragsteller das Votum der örtlichen oder regionalen Ethikkommission und einen Abschlußbericht über seine Forschung der zentralen Kommission vorzulegen.“ – Weitergehend hat sich die Landesärztekammer Baden-Württemberg dazu entschlossen, diese Richtlinien (ÄBl. Bad.-Württ. 1986, 775 ff.) mit berufsrechtlicher Verbindlichkeit auszustatten; vgl. § 7 Abs. 4 der BO der Landesärztekammer Baden-Württemberg i.d.F. vom 10. Dezember 1986, Sonderbeil. ÄBl. Bad.-Württ. 2/1987. Bestimmungen zur Überprüfung der Forschung an frühen Embryonen durch Ethik-Kommissionen finden sich ferner in Nr. 4.3 der Anlage zu § 7 Abs. 1 der BO der Landesärztekammer Baden-Württemberg (oben Fn. 218) und in § 2 Abs. 2 S. 2 der hierzu ergangenen Verfahrensregelung (oben Fn. 222).

228) Bei der Ärztekammer Nordrhein existiert aus diesem Grund seit dem 7. Mai 1986 eine besondere Ethik-Kommission für Embryonenforschung.

229) Die „Zentrale Kommission“ soll insbesondere über die Einhaltung der Richtlinien zur Forschung an frühen menschlichen Embryonen wachen und auf eine Vereinheitlichung der Begutachtungspraxis der Ethik-Kommissionen hinwirken (siehe Nr. 4.4 der Richtlinien, DtÄBl. 1985, A – 3759). Vgl. dazu aus der Sicht des Kommissionsvorsitzenden Wolff, in: Toellner (Fn. 7), 57 ff.

230) § 1 Abs. 4 MBO. Vgl. dazu Bork, DRiZ 1986, 166 f.; Bericht der Enquete-Kommission des Deutschen Bundestages: Chancen und Risiken der Gentechnologie (Fn. 36), 301 f.

231) Fünfte überarbeitete Fassung vom 28. Mai 1986, BAnz. Nr. 109, 3606 vom 20. Juni 1986. Dazu Nicklisch, NJW 1986, 2289 f.

232) Präambel der Richtlinien (Bekanntmachung) (Fn. 231). – Da durch die Richtlinien in die Berufsfreiheit eingegriffen wird, ist gemäß Art. 12 Abs. 1 S. 2 GG eine gesetzliche Regelung erforderlich; vgl. Deutsch, ZRP 1987, 306 mit weiteren Nachweisen. Zu dem von der Bundesregierung im Juli 1989 beschlossenen „Entwurf eines Gesetzes zur Regelung von Fragen der Gentechnik“ (BR-Drs. 387/89) vgl. Hirsch/Schmidt-Didczuhn, ZRP 1989, 458 ff. und MedR 1990, 170 ff. – Inzwischen, am 20. Juni 1990, erging das Gesetz zur Regelung der Gentechnik (BGBl. I 1080). Damit sind die vorbesprochenen Richtlinien hinfällig geworden.

233) Richtlinien (Fn. 231), unter G., 18, (2). Als Prüfungsmaßstab dienen den Ethik-Kommissionen die Richtlinien der Bundesärztekammer zur Gentherapie beim Menschen, DtÄBl. 1989, A – 2957 f. Therapieformen, die zur Einbringung von Genen in Keimbahnzellen führen, sind unzulässig.

234) Vgl. Czwalinna, MedR 1986, 309.

235) § 2 des Statuts einer Ethikkommission bei der Landesärztekammer Baden-Württemberg vom 23. Januar 1985, Sonderbeil. ÄBl. Bad.-Württ. 3/1985. – Die Ethik-Kommission bei der Berliner Ärztekammer ist nach § 2 Nr. 1 ihrer Satzung für die Beratung des Kammervorstands „in allen ethischen Fragen der Medizin“ zuständig.

236) Vgl. Bork, DRiZ 1986, 171; Deutsch, VersR 1989, 432.

237) Vgl. die Einzelnachweise bei Czwalinna, MedR 1986, 306 f. Die bestehenden Kommissionen entsprechen in ihrer Zusammensetzung inzwischen weitgehend den vom Arbeitskreis medizinischer Ethik-Kommissionen vorgelegten einheitlichen Verfahrensgrundsätzen (Fn. 161). Danach (§ 2 Abs. 1) besteht das Gremium „aus mindestens fünf Mitgliedern, davon mindestens vier Ärzten und einem Juristen. Zwei Ärzte sollen erfahrene Kliniker, ein Arzt sollte auf dem Gebiet der theoretischen Medizin besonders erfahren sein, möglichst soll auch ein Rechtsmediziner mitwirken. Die Kommission kann, soweit erforderlich, Sachverständige beratend hinzuziehen.“ Zur Laienbeteiligung siehe bereits oben Fn. 123.

238) So § 3 Abs. 3 der Verfahrensgrundsätze des Arbeitskreises medizinischer Ethik-Kommissionen (Fn. 161), nachdem bislang die fehlende gegenseitige Anerkennung der Kommissionsvoten ein schwerwiegendes Hindernis bei der Durchführung multizentrischer Studien darstellte.

239) Als Stichworte sind zu nennen: Antragsverfahren, rechtliches Gehör, Entscheidung in angemessener Frist, Verpflichtung zur Vertraulichkeit und Verschwiegenheit, Ausschluß wegen Befangenheit, Quorum, Konsens- oder Mehrheitsprinzip. Vgl. Deutsch, VersR 1989, 431 f.; Czwalinna, MedR 1986, 307 ff.

240) Vgl. § 5 Abs. 2 der Verfahrensgrundsätze des Arbeitskreises medizinischer Ethik-Kommissionen (Fn. 161).

241) Vgl. den Bericht über die 7. Jahresversammlung des Arbeitskreises medizinischer Ethik-Kommissionen am 22. November 1989 in Köln sowie § 9 der Satzung der Ethik-Kommission der Ärztekammer Berlin vom 25. Juni 1988 i.d.F. des Ersten Nachtrages vom 30. Januar 1989. – Nach § 7 Abs. 2 des Statuts einer Ethikkommission bei der Landesärztekammer Baden-Württemberg (Fn. 235) sind die am Verfahren beteiligten Kammermitglieder von einer Gebührenentrichtung befreit. Dagegen wird für die Beteiligung von Pharmaunternehmen und anderer nichtkammerangehöriger Institutionen zur Voraussetzung gemacht, daß sie sich durch Erteilung eines abstrakten Schuldanerkenntnisses (§ 781 BGB) zur Kostenübernahme verpflichten. Den Mitgliedern der Kommission steht für ihre ehrenamtliche Tätigkeit neben einer Reisekostenvergütung (§ 7 Abs. 4 des Statuts) auch eine Aufwandsentschädigung zu.

242) Vgl. die Nachweise oben Fn. 167 f.

243) Zum Wirkungskreis der Kammern vgl. etwa § 4 Abs. 1 des baden-württembergischen KG i.d.F. vom 31. Mai 1976 (GBl. 473), zuletzt geändert durch Art. 4 der AnpassungsVO vom 13. Februar 1989 (GBl. 101).

244) Vgl. Wolff/Bachof/Stober, Verwaltungsrecht II: Besonderes Organisations- und Dienstrecht, 5. Aufl. 1987, 23 (Rdnr. 38).

245) Die Antwort kann im Hinblick auf die einzelnen Selbstverwaltungsträger nur differenzierend ausfallen. Für die körperschaftliche Selbstorganisation der Ärzteschaft erweist sich die eigenverantwortliche Rechtsetzungsgewalt jedenfalls als mit der Selbstverwaltungsidee historisch eng verbunden und praktisch unentbehrlich. Vgl. BVerfGE 12, 319 (325): „... ein wesentliches Element der Selbstverwaltung...“.

246) Für Baden-Württemberg vgl. § 9 Abs.1 KG.

247) § 9 Abs.3 KG BW. Die staatliche Rechtsaufsicht folgt aus § 7 KG BW.

248) Zum Ganzen vgl. Wolff/Bachof/Stober (Fn. 244), 24 (Rdnr. 39) mit weiteren Nachweisen.

249) Die ärztliche Berufsgerichtsbarkeit ahndet hoheitlich Verstöße gegen die Berufspflichten; vgl. §§ 54 ff. KG BW.

250) Vgl. etwa § 29 des baden-württembergischen KG.

251) Zum persönlichen Umfang der Regelungsgewalt der Kammern vgl. Brandstetter (Fn. 10), 148 ff.

252) Vgl. den Überblick bei Stern, Das Staatsrecht der Bundesrepublik Deutschland, Bd. I, 2. Aufl. 1984, 811 ff. mit Nachweisen zu den geteilt gebliebenen Rechtsansichten.

253) Eine zusammenfassende Darstellung der jeweiligen Argumentationsansätze findet sich bei Löffler (Fn. 25), 46; eingehend zum Ganzen auch Staupe, Parlamentsvorbehalt und Delegationsbefugnis. Zur „Wesentlichkeitstheorie" und zur Reichweite legislativer Regelungskompetenz, insbesondere im Schulrecht, 1986 (Schriften zum öffentlichen Recht 506), insbesondere 162 ff. Im vorliegenden Zusammenhang sollen die dem Parlamentsvorbehalt zugrundeliegenden Zielsetzungen allerdings nicht generell, sondern allein unter dem Blickwinkel der berufsständischen Satzungsautonomie erörtert werden.

254) Ein wichtiges Element der Wesentlichkeitslehre bildet ferner das Demokratieprinzip. Auch politische, organisatorische, institutionelle und sozialstaatliche Gründe können im Einzelfall Beachtung erfordern. Vgl. Papier (Fn. 55), 37 ff.

255) BVerfGE 49, 89 (126); vgl. ferner BVerfGE 68,1 (86 f.), sowie oben Fn. 29.

256) Staupe (Fn. 253), 114. Speziell zu den grundrechtlichen Sondervorbehalten vgl. ferner Ossenbühl, in: Isensee/Kirchhof (Hg.), Handbuch des Staatsrechts, Bd. III: Das Handeln des Staates, 1988, § 62, Rdnrn. 26 f., sowie Rottmann, EuGRZ 1985, 277 ff.

257) Zentraler Verfassungsmaßstab ist Art. 5 Abs. 3 GG; vgl. oben bei Fn. 72.

258) Abgesehen von der Treueklausel des Art. 5 Abs. 3 S. 2 GG im Hinblick auf die Lehre.

259) Statt vieler Wahl, Freiburger Universitätsblätter 1987, 19 ff.; aus der Rechtsprechung vgl. BVerfGE 30, 173 (191 f.) -„Mephisto"- mit Nachweisen zum damaligen Streitstand.

260) Vgl. Hesse, Grundzüge des Verfassungsrechts der Bundesrepublik Deutschland, 17. Aufl. 1990, Rdnr. 71.

261) Vgl. BVerfGE 28, 243 (261); 67, 213 (228).

262) Vgl. dazu die Rechtsprechungsnachweise bei Papier (Fn. 55), 53 f. Grundrechte ohne Gesetzesvorbehalt unterscheiden sich damit von den Grundrechten unter schlichtem Rechtssatzvorbehalt lediglich materiell-rechtlich.

263) So die herrschende Meinung; vgl. etwa OVG Münster, DÖV 1979, 418. Zu der Frage, ob der Normgeber bei der Schrankeninterpretation konstitutiv tätig wird oder lediglich deklaratorisch bereits gezogene (immanente) Grenzen feststellt vgl. Jarass, AöR 1985, 363 ff., 382 ff.

264) Vgl. Stober, Handbuch des Wirtschaftsverwaltungs- und Umweltrechts, 1989, 829. Aus grundrechtlicher Sicht vgl. ferner Art. 58 der Verfassung des Landes Baden-Württemberg, wonach niemand zu einer Handlung, Unterlassung oder Duldung gezwungen werden kann, wenn nicht ein Gesetz oder eine auf Gesetz beruhende Bestimmung es verlangt oder zuläßt.

265) Vgl. etwa § 31 Abs. 2 des baden-württembergischen KG, der die Landesärztekammer ermächtigt, im Rahmen der gesetzlichen Verpflichtung zu gewissenhafter Berufsausübung in

die Berufsordnung neben den bereits gesetzlich festgelegten weitere Vorschriften über die Berufspflichten aufzunehmen.

266) Vgl. Kloepfer, JZ 1984, 691, sowie jetzt auch BVerfGE 77, 170 (231). Hervorhebung verdient, daß zur Begründung des Erfordernisses einer formell-gesetzlichen Grundlage (und damit zur Entscheidung über das „Ob" des gesetzgeberischen Handelns) anstelle eines globalen Verweises auf die Wesentlichkeitslehre meist ein Hinweis auf den Grundsatz des allgemeinen Vorbehalts des Gesetzes genügt, wie er beispielsweise in Art. 58 der baden-württembergischen Landesverfassung enthalten ist (vgl. oben Fn. 264).

267) Vgl. Kleine-Cosack (Fn. 10), 228 f.; Hill, DVBl. 1985, 90 f.; aus der Rechtsprechung vgl. BVerfGE 48, 210 (222); 49, 89 (129, 138); 58, 257 (278) und nunmehr insbesondere BVerfGE 76, 1 (74 f.), die darauf hingewiesen hat, daß sich aus dem verfassungsrechtlichen Grundsatz des Vorbehalts des allgemeinen Gesetzes (konkret) keine Anforderungen ergäben, welche über diejenigen des rechtsstaatlichen Gebots der Gesetzesbestimmtheit hinausgingen. Kritisch zur Heranziehung des Bestimmtheitsgrundsatzes im Rahmen des Parlamentsvorbehalts insbesondere Wilke, JZ 1982, 758 f.; Kisker, DVBl. 1982, 886 f.; Kloepfer, JZ 1984, 691.

268) BVerfGE 49, 168 (181); 58, 257 (277 f.); BayVerfGH, BayVBl. 1984, 529.

269) Siehe oben bei Fn. 85 f.

270) BVerfGE 33, 125 ff. Das Erkenntnis fand bis auf wenige Ausnahmen die Zustimmung des verfassungsrechtlichen Schrifttums; vgl. Ossenbühl (Fn. 256), § 66, Rdnr. 27 ff.

271) Siebzehntes Gesetz zur Änderung des Grundgesetzes, BGBl. I 709.

272) Der Vorbehalt des Art. 12 Abs. 1 S. 2 GG bezieht sich entgegen seinem Wortlaut nicht allein auf die Berufsausübung, sondern erstreckt sich auf die gesamte Berufsfreiheit, also auch auf die Wahl des Berufs; vgl. BVerfGE 7, 377 (402 ff.).

273) Ob es sich bei Art. 12 Abs. 1 S. 2 GG um einen Begrenzungs- oder einen Einschränkungsvorbehalt handelt, läßt sich der Rechtsprechung des Bundesverfassungsgerichts nicht eindeutig entnehmen; vgl. hierzu Rupp, AöR 92 (1967), 224 ff. Das Zitiergebot des Art. 19 Abs. 1 GG findet auf gesetzgeberische Maßnahmen im Bereich der Berufsfreiheit jedenfalls keine Anwendung; vgl. BVerfGE 13, 97 (122); 64, 72 (79 ff.).

274) Zum früheren, nunmehr obsolet gewordenen Streit über den Gesetzesbegriff des Art. 12 Abs. 1 S. 2 GG a.F. vgl. Starck, Grundgesetz und ärztliche Berufsordnungen, 1969, 19 ff.; Brandstetter (Fn. 10), 60 ff.

275) Die Grundrechtsvorbehalte als solche geben für die Vorzugswürdigkeit der parlamentarischen im Vergleich zur exekutivischen oder autonomen Rechtsetzung nichts her. Wenn das Bundesverfassungsgericht daher bei der Umschreibung des Parlamentsvorbehalts den grundrechtlichen Aspekt betont, geschieht dies meist im Rückgriff auf die freiheitssichernde, rechtsstaatliche Funktion der Grundrechte; vgl. v. Arnim, DVBl. 1987, 1242 f.; Eberle, DÖV 1984, 486; sowie vorstehende Fn. 255 f.

276) Zum damaligen Diskussionsstand in der Literatur vgl. Starck, AöR 92 (1967), 449 ff.; Lerche, DVBl. 1957, 524 ff.

277) BVerfGE 33, 125 (156 f.); ebenso BVerfGE 1, 91 (94); 10, 89 (102 ff.); 15, 235 (240); a.A. allerdings Hamann, Autonome Satzungen und Verfassungsrecht, 1958, besonders 68 f. Für Baden-Württemberg vgl. die umfassende Selbstverwaltungsgarantie zugunsten öffentlich-rechtlicher Körperschaften und Anstalten in Art. 71 Abs. 1 S. 3 der Landesverfassung.

278) Dagegen scheidet eine – direkte oder analoge – Anwendung des Art. 80 Abs. 1 S. 2 GG auf Ermächtigungen zu autonomer Rechtsetzung aus; vgl. BVerfGE 33, 125 (159); Starck (Fn. 274), 16 ff.; Brandstetter (Fn. 10), 71 ff.

279) BVerfGE 33, 125 (159).

280) BVerfGE 33, 125 (160).

281) BVerfGE 7, 377 ff.

282) Vgl. dazu die Nachweise bei Scholz (Fn. 34), Art. 12, Rdnr. 15 ff.

283) Beim Eingriff in die Freiheit der Berufswahl ist zwischen der Aufstellung subjektiver und objektiver Zulassungsvoraussetzungen zu unterscheiden (zweite und dritte Regelungsstufe im Sinne der Stufenlehre).

284) Betroffen ist die erste Stufe im Sinne der Stufenlehre.

285) Siehe dazu Kleine-Cosack (Fn. 10), 276 ff. Selbst vorkonstitutionelles Gewohnheitsrecht bildet nach Auffassung des Bundesverfassungsgerichts eine ausreichende Grundlage für Berufsausübungsregelungen; vgl. BVerfGE 34, 293 (303 f.); 60, 215 (229 f.).

286) BVerfGE 33, 125 (160).

287) BVerfGE 33, 125 (163).

288) Damals der als Landesrecht fortgeltende § 12 der Reichsärzteordnung vom 13. Dezember 1935 (RGBl. I 1433). Im Gegensatz zu dieser Bestimmung stellen die heutigen Generalpflichtenklauseln klar, daß ausschließlich privates, nicht berufsbezogenes, zu mißbilligendes Verhalten beruflich nicht pflichtwidrig ist und damit auch nicht der Berufsgerichtsbarkeit unterliegt; vgl. § 29 des baden-württembergischen Kammergesetzes.

289) BVerfGE 33, 125 (163 f.). Die Generalklauseln bieten auch gegenüber dem Bestimmtheitsgrundsatz in Art. 103 Abs. 2 GG eine hinreichende Grundlage für eine berufsgerichtliche Sanktion; ebenso BVerfGE 26, 186 (204).

290) BVerfGE 33, 125 (164 f.). Im Ergebnis läßt das Gericht dies freilich offen, da es die fraglichen Berufsausübungsregelungen auch materiell für nicht mit Art. 12 Abs. 1 S. 2 GG vereinbar hält. – Zum Facharztbeschluß des Bundesverfassungsgerichts vgl. ferner die Besprechungen von Starck, NJW 1972, 1489 ff. und von Häberle, DVBl. 1972, 909 ff.

291) Auf Evidenz zielend dagegen Rupp (Fn. 23), 48, sowie Pfeiffer, VersR 1990, 686.

292) Vgl. dazu insbesondere BVerfG, NJW 1986, 1534 (ärztliches Werbeverbot als Berufsausübungsregelung).

293) Siehe oben bei Fn. 172.

294) Vgl. dazu van den Daele/Müller-Salomon (Fn. 7), 34 f., sowie oben bei Fn. 176.

295) Siehe dazu insbesondere BVerfGE 33, 125 (162): entscheidend für das Vorhandensein eines „eigenen fachlichen und sozialen Status" ist das Bild des Arztes in der Öffentlichkeit; vgl. auch BVerfGE 57, 121 (129); BVerwGE 67, 261 (266).

296) So Rupp (Fn. 23), 51 f., der diesen Aspekt allerdings nur unter materiell-rechtlichen Gesichtspunkten erörtert; grundlegend insoweit BVerfGE 21, 261 (267) sowie BVerwGE 62, 224 (230): die Monopolisierung muß erforderlich sein, um nachweisbare oder höchst wahrscheinliche schwere Gefahren für ein überragend wichtiges Gemeinschaftsgut abzuwehren.

297) Vgl. Papier, in: Benda/Maihofer/Vogel (Fn. 78), Teil 1, 624.

298) Vgl. dazu ausführlich oben bei Fn. 60 bis 71. Mittelbare Auswirkungen hoheitlichen Handelns können nur dann einen Eingriff in das Grundrecht der Berufsfreiheit darstellen, wenn die Veränderung der Erwerbsbedingungen Dritter zielgerichtet und grundrechtsspezifisch, das heißt mit objektiv berufsregelnder Tendenz erfolgt; vgl. BVerfGE 47, 1 (21 f.); BVerwG, NJW 1985, 2776. Auch soweit diese Voraussetzungen erfüllt waren, hat die Rechtsprechung in allen bisher entschiedenen Fällen nur Beeinträchtigungen der Berufsausübung angenommen; vgl. BVerfGE 16, 147 (163 f.); 36, 47 (58 f.); 38, 61 (85). Zum faktischen Monopol vgl. insbesondere Scholz (Fn. 34), Art. 12, Rdnr. 408 f.

299) Vgl. BVerfGE 76, 171 (185) in Bekräftigung von BVerfGE 33, 125 (160 ff.): „Am ehesten darf ein Berufsverband zur Normierung solcher Berufspflichten ermächtigt werden, die keinen statusbildenden Charakter haben und die lediglich in die Freiheit der Berufsausübung von Verbandsmitgliedern eingreifen".

300) Vgl. Ossenbühl (Fn.256), § 66, Rdnr. 30.

301) Vgl. BVerfGE 33, 125 (159 f.); 76, 171 (185).

302) Insbesondere für die Rechtsprechung des Bundesverwaltungsgerichts läßt sich eine Umorientierung zugunsten eines bloßen Rechtssatzvorbehalts feststellen. Vgl. BVerwGE 56, 155 (160); sowie ferner BVerfGE 47, 46 (79); 49, 89 (125 ff.); 68, 1 (86 ff.). Zum Ganzen siehe auch v. Danwitz, Die Gestaltungsfreiheit des Verordnungsgebers. Zur Kontrolldichte verordnungsgeberischer Entscheidungen, 1989 (Schriften zum öffentlichen Recht 554), 81 ff.; Umbach, in: Zeidler/Maunz/Roellecke (Hg.), Festschrift für Hans Joachim Faller, 1984, 121 f. Vgl. ferner die Stellungnahme des Präsidenten des Bundesverfassungsgerichts, Herzog, in Zs. f. Gesetzgebung 2 (1987), 298: „...(bekunde ich) keine besondere Begeisterung für die Beibehaltung und überdies den Ausbau dieses Rechtsinstituts durch die hohen Gerichte".

303) Dazu eingehend Ring, Wettbewerbsrecht der freien Berufe, 1989 (Wirtschaftsrecht und Wirtschaftspolitik 103), besonders 49 ff., 408 ff.; Leisner (Fn. 69), 5 f. – Aus der älteren, den Parlamentsvorbehalt noch stärker betonenden Rechtsprechung vgl. BVerfGE 38, 373 (381) – Einschränkungen durch Regeln zum Betrieb von Rezeptsammelstellen als die allgemeine Stellung des Apothekers im Wirtschaftsleben berührende und daher statusbildende Normen –; BVerwGE 41, 261 (263) – Pflichtteilnahme von Fachärzten am ärztlichen Notfalldienst als statusbestimmender Faktor – .

304) Vgl. Ring (Fn. 303), 51 mit weiteren Nachweisen.

305) BVerfG, NJW 1980, 633; vgl. ferner BVerfGE 45, 346 (353); BVerwGE 67, 261 (266 f.); 72, 73 (75 f.).

306) BVerfGE 60, 215 (230).

307) BVerfG, NJW 1986, 1534.

308) Zu den einzelnen Kriterien vgl. insbesondere BVerfGE 33, 125 ff.; ferner Kleine-Cosack (Fn. 10), 230 ff.; Ossenbühl (Fn.256), § 62, Rdnr. 33 ff.; Staupe (Fn. 253), 236 ff.; Eberle, DÖV 1984, 485 ff.

309) Dies wurde von Schröder, VersR 1990, 243 ff. übersehen, der lediglich auf die Folgen der neuen Berufsregel für den forschenden Arzt abstellt; insoweit zu Recht kritisch Pfeiffer, VersR 1990, 685.

310) Siehe oben bei Fn. 56 ff.

311) Zur Folgenorientiertheit des Wesentlichkeitsmerkmals in der Rechtsprechung des Bundesverfassungsgerichts vgl. Staupe (Fn. 253), 124 f.

312) Hierzu und zum Folgenden vgl. die Nachweise oben Fn. 177 bis 180.

313) Zu ihnen ausführlich oben bei Fn. 195 ff.

314) Von einer faktischen Bindungswirkung der Kommissionsvoten ist derzeit nichts bekannt, zumal näheren Aufschluß versprechende empirische Studien über einen auf dem Forscher lastenden sozialen „Zwang zur Anpassung" noch fehlen. Vgl. insoweit allgemein Czwalinna (Fn. 31), 96 ff., 105 f.; zu weit gehend Tiedemann, ZRP 1991, 58. Zum Ganzen vgl. jetzt auch van den Daele/Müller-Salomon (Fn. 7), 65 ff.

315) So zutreffend Bork (Fn. 74), 109 ff., unter Hinweis auf die eine individuelle Rechtsbetroffenheit (§ 42 Abs. 2 VwGO) verneinende ständige Rechtsprechung des Bundesverwaltungsgerichts zur gerichtlichen Überprüfung von Gutachten; für unbeschränkte Nachprüfbarkeit dagegen Scholz/Stoll, MedR 1990, 60.

316) Schröder, VersR 1990, 251.

317) Vgl. oben bei Fn. 40.

318) Vgl. oben bei Fn. 136 ff.

319) Vgl. dazu die vom Arbeitskreis medizinischer Ethik-Kommissionen auf seiner 5. Jahresversammlung am 18. November 1987 verabschiedete und auf seiner 7. Jahresversammlung am 22. November 1989 überarbeitete umfangreiche „Checkliste zur Überprüfung der Vollständigkeit von Anträgen an die Ethik-Kommission vor der Durchführung klinischer Versuche oder epidemiologischer Forschung am Menschen". Zum Prüfplan vgl. § 40 Abs. 1 Nr. 7a AMG.

320) Vgl. Kanzow, in: Toellner (Fn. 7), 41 f.

321) Zum Schutz des Forschers durch die Ethik-Kommissionen vgl. die Nachweise oben bei Fn. 151 und 172 ff.

322) BVerfGE 47, 327 ff. = NJW 1978, 1621 ff. Vgl. dazu auch Oppermann, in: Isensee/Kirchhof (Hg.), Handbuch des Staatsrechts, Bd. VI: Freiheitsrechte, § 145, Rdnr. 29; Bork, DRiZ 1986, 172; Schröder, VersR 1990, 252, sowie oben Fn. 39.

323) „Alle an Forschung und Lehre beteiligten Mitglieder und Angehörigen der Universitäten haben die gesellschaftlichen Folgen wissenschaftlicher Erkenntnis mitzubedenken. Werden ihnen Ergebnisse der Forschung, vor allem in ihrem Fachgebiet, bekannt, die bei verantwortungsloser Verwendung erhebliche Gefahr für die Gesundheit, das Leben oder das friedliche Zusammenleben der Menschen herbeiführen können, so sollen sie den zuständigen Fachbereichsrat oder ein zentrales Organ der Universität davon unterrichten."

324) BVerfGE 47, 327 (381) = NJW 1978, 1623.

325) BVerfGE 47, 327 (382) = NJW 1978, 1624.

326) Zum engen Zusammenhang zwischen materiell-rechtlichen Kriterien und Wesentlichkeitslehre vgl. oben bei Fn. 30.

327) Dies gilt besonders dann, wenn durch die Berufspflicht nur ein spezieller Teilbereich der ärztlichen Berufsausübung – wie vorliegend die humanmedizinische Forschung – betroffen wird; vgl. etwa BVerfGE 57, 121 (132): „... stellt ... keine Entscheidung von grundsätzlicher Tragweite dar, welche die berufliche Existenz ... in vergleichbarer Weise wie bei einer Facharztzulassung berühren würde"; BVerwGE 67, 261 (266): „... berührt nicht den

Wesenskern des ... Berufs, ... (dieser) wird lediglich in einem Teilaspekt beschnitten". Aus der Literatur vgl. Ossenbühl (Fn. 256), § 66, Rdnrn. 29 ff.; Kleine-Cosack (Fn. 23), 277 ff., 284 f.

328) Vgl. dazu auch den Bericht der Enquete-Kommission des Deutschen Bundestages: Chancen und Risiken der Gentechnologie (Fn. 36), 288. – Den Kammern ist es daher aus kompetenzrechtlichen Gründen nicht gestattet, im Hinblick auf den (von Verfassungs wegen gebotenen) Schutz menschlicher Embryonen Forschungsbeschränkungen zu Lasten des Arztes zu formulieren; die in § 1 Abs. 5 S. 1 und 2 der Muster-Berufsordnung (vgl. oben Fn. 224) ausgesprochenen Verbote sind demzufolge einschließlich ihrer verfahrensmäßigen Ausgestaltung durch § 1 Abs. 5 S. 3 der Muster-Berufsordnung – ausnahmsweise Zulässigkeit der Forschung an frühen menschlichen Embryonen nach vorheriger obligatorischer Beratung durch eine Ethik-Kommission – verfassungswidrig und können allenfalls als vorläufige Normierungen bis zu einer endgültigen Regelung durch den Bundesgesetzgeber aufrechterhalten werden. Aus dem gleichen Grund kommt es den Berufsvertretungen nicht zu, Vorhaben der Reproduktionsmedizin zu beschränken (vgl. § 6a MBO und oben bei Fn. 214 ff.). Vgl. zum Ganzen die Nachweise bei Laufs, NJW 1986, 1516.; 1987, 1450 f.; 1988, 1502; sowie bei Schröder, VersR 1990, 248 ff; Damm/Hart, KritV 1987, 201 f. Zu den Grenzen der Satzungsautonomie unter dem Gesichtspunkt der Drittwirkung dieser Regelungen vgl. unten bei Fn. 373.

329) Vgl. speziell für das Berufsordnungsrecht BVerfG, NJW 1980, 633; BVerfGE 60, 215 (230); BVerwG, NJW 1986, 1559; sowie allgemein Eberle, DÖV 1984, 491 f.; v. Danwitz (Fn. 302), 82 f.

330) § 1 Abs. 1 der BÄO vom 2. Oktober 1961 (BGBl. I 1857) i.d.F. der Bekanntmachung vom 16. April 1987 (BGBl. I 1218), geändert durch Art. 45 des Gesundheitsreform-Gesetzes vom 20. Dezember 1988 (BGBl. I 2477).

331) Vgl. den Nachweis oben Fn. 250.

332) Dazu eingehend oben bei Fn. 87 ff.

333) Vgl. Rössler, Neue Instanz 1990, 50.

334) Vgl. oben bei Fn. 182 f.

335) BVerfG, NJW 1980, 633 (zur Verfassungsmäßigkeit standesrechtlicher Werbebeschränkungen für Apotheker); vgl. dazu bereits oben bei Fn. 305.

336) Zu diesem „autonomiefreundlichen" Kriterium vgl. BVerfGE 45, 346 (353).

337) Vgl. oben bei Fn. 137 ff.

338) Vgl. Bork (Fn. 74), 39 ff.; sowie bei Fn. 151. Weitergehend Kollhosser, in: Toellner (Fn. 7), 83: Der vom Prüfarzt mit dem Probanden über die Versuchsteilnahme geschlossene Vertrag verpflichtet den Arzt, vor Versuchsbeginn alle ihm erreichbaren tauglichen Erkenntnisquellen auszuschöpfen, um die Risiken des Versuches für den Probanden so gering wie möglich zu halten; dazu gehört auch die vorherige Einschaltung einer Ethik-Kommission.

339) Vgl. oben bei Fn. 68 ff.

340) Zu den Belastungen für die Pharmaunternehmen und ihrer Mitarbeiter vgl. oben bei Fn. 57. Pfeiffer, VersR 1990, 686 will im Hinblick auf § 40 Abs. 1 Nr. 8, Abs. 3 AMG selbst ein Betroffensein von Versicherungsunternehmen ausgemacht haben.

341) Vgl. Ossenbühl (Fn. 256), § 66, Rdnr. 33.

342) Vgl. dazu Brandstetter (Fn. 10), 152 mit Nachweisen aus dem älteren Schrifttum.

343) Vgl. BVerfGE 33, 171 (183).

344) BVerfGE 33, 125 (156).

345) Vgl. Roellecke, NJW 1978, 1777.

346) Vgl. Brandstetter (Fn. 10), 152; Kleine-Cosack (Fn. 10), 269 f.

347) Vgl. BVerfGE 33, 125 (164 f.).

348) Vgl. BVerfGE 38, 373 (381 f.).

349) Zum Begriff vgl. VGH Bad.-Württ., NJW 1982, 2011 f. Die Entscheidung erging zum anwaltlichen Standesrecht.

350) Vgl. dazu die Beispiele oben bei Fn. 63 bis 65.

351) Zur Differenzierung zwischen unmittelbarer und mittelbarer Geltungserstreckung vgl. Ossenbühl (Fn. 256), § 66, Rdnr. 33. Erstere liegt vor, wenn der Kreis der Normadressaten ausdrücklich erweitert wird, letztere hingegen dann, wenn Satzungsrecht nur faktisch auf die Rechtspositionen Außenstehender einwirkt.

352) Vgl. dazu den Hinweis bei Brohm (Fn. 62), 807.

353) Vgl. den Nachweis oben Fn. 330.

354) Siehe dazu Dünisch, BayVBl. 1982, 104; Leisner (Fn. 303), 46 f., auch zum Folgenden.

355) Ähnlich Kleine-Cosack (Fn. 10), 271 f.; Brandstetter (Fn. 10), 152 f.; Bieräugel (Fn. 10), 183 ff.

356) BVerfGE 33, 303 (342 f.); vgl. ferner oben Fn. 307.

357) Vgl. Bork (Fn. 74), 168, sowie oben bei Fn. 172.

358) Vgl. oben bei Fn. 345.

359) Siehe BVerfGE 33, 125 (159 f.).

360) Vgl. Schröder, VersR 1990, 249, 251, unter Berufung auf Taupitz (Fn. 10). Dagegen trägt die Feststellung von Rupp (Fn. 23), 48, für autonome Kammerregelungen sei kein Platz, weil „Menschenwürde, Leben und Gesundheit der Probanden und Patienten" evident betroffen seien, der elementaren Differenzierung zwischen (zulässigem) Drittschutz und (nur begrenzt zulässiger) Drittbelastung keine Rechnung.

361) Vgl. dazu die Beispiele in vorstehender Fn. 63.

362) Vgl. van den Daele/Müller-Salomon (Fn. 7), 20.

363) Vgl. Brohm (Fn. 62), 805 ff.

364) Vgl. dazu bereits oben bei Fn. 308; sowie BVerfGE 57, 295 (320 f.); Scholz, JZ 1981, 565. – Rupp (Fn. 23), 47 stellt diesen Aspekt sogar in den Mittelpunkt seiner Argumentation: „Forschungsvorhaben am Menschen liegen mitten im diffizilen Bereich eminent wichtiger grundrechtlicher Berührungs- und Verwerfungszonen. Sie verlangen nach der ordnenden Hand des Gesetzgebers, nach Sicherungen, Abgrenzungen, Verfahren und Organisationen der Konfliktlösung. Die wissenschaftliche Forschung auf der einen Seite und die Würde, Integrität und Gesundheit der Probanden und Patienten auf der anderen Seite sind geradezu das Musterbeispiel einer solchen Grundrechtskonfligation. Die Verfassung gibt nicht von selbst die komplizierte und schwierige Tastatur zur Bewältigung der 'praktischen Kon-

kordanz' preis. Es ist vielmehr Aufgabe des parlamentarischen Gesetzgebers, den erratischen Blöcken des Verfassungsrechts Kontur, Gestalt, Maß und Verträglichkeit abzugewinnen und die Freiheitsrechte aller zu einer Verfassung der Freiheit werden zu lassen. Das ist bisher in dem hier interessierenden Bereich nicht einmal in Ansätzen geschehen."

365) Vgl. BVerfGE 68, 1 (86); sowie insbesondere auch Staupe (Fn. 253), 241 f.; Eberle, DÖV 1984, 491 f.; v.Arnim, DVBl. 1987, 1244 f.; Graf Vitzthum/März, VBlBW 1987, 409.

366) Vgl. dazu BVerfGE 77, 381 (403); Eberle, DÖV 1984, 490, sowie oben Fn. 329.

367) Vgl. dazu oben bei Fn. 75 bis 77, 195, 201 ff.

368) Vgl. §§ 40 ff. AMG (oben Fn. 196 ff.); ferner die Good Clinical Practices (siehe Fn. 157). Zur Überwachung der Einhaltung dieser Vorschriften vgl. die Allgemeine Verwaltungsvorschrift zur Durchführung des Arzneimittelgesetzes vom 25. August 1983, Bundesanzeiger Nr. 163, S. 9649 vom 1. September 1983, sowie den Beschluß zur Überwachung der klinischen Prüfung von Arzneimitteln des Ausschusses Arzneimittel-, Apotheken- und Giftwesen der Arbeitsgemeinschaft der Leitenden Medizinalbeamten der Länder vom 19./20. Mai 1987, geändert am 3. November 1987, abgedruckt bei Toellner (Fn. 7), 193 ff.

369) Vgl. Weissauer, Münch. med. Wschr.1979, 554; Laufs (Fn. 2), Rdnr. 494.

370) Dies übersieht Rupp (Fn. 364).

371) Vgl. dazu oben bei Fn. 173 f. Aus empirischer Sicht vgl. van den Daele/Müller-Salomon (Fn. 7), 86 f.: „Die ... Ethik-Kommissionen ... sind Instanzen der Kontrolle professionellen Verhaltens an etablierten normativen Strukturen. Sie sind nicht Quelle ethischer Orientierung in Handlungsfeldern, in denen solche Standards fehlen oder fraglich geworden sind."

372) Vgl. dazu oben bei Fn. 261.

373) Eigenmächtige, die Belange Außenstehender beeinträchtigende Güterabwägungen im grundrechtsgeschützten Raum übersteigen die rechtliche Kompetenz von Berufsverbänden und Kammern. Gefordert bleibt insoweit der Gesetzgeber selbst. Den Ärztekammern kommt es daher nicht zu, auf den Gebiet der Embryonenforschung in berufsordnenden Satzungen und Empfehlungen die Schnittpunkte festzulegen, innerhalb derer der unabdingbare Schutz der Menschenwürde und des Lebensrechts des embryonalen Menschen stattfinden muß. Die Ärzteschaft kann den Schutz des menschlichen Lebens nicht durch eigene Definitionen verändern, wo der Gesetzgeber selbst noch nichts geregelt hat. Aus dem gleichen Grund fehlt den Standesvertretungen die Befugnis, für Vorhaben der Reproduktionsmedizin einen Ausgleich zwischen den in Frage stehenden Rechtsgütern – Menschenwürde, Leben, körperliche Unversehrtheit, Ehe und Familie – zu schaffen. Die §§ 1 Abs. 5, 6a MBO sind somit nicht mit dem Verfassungsrecht vereinbar. Vgl. dazu bereits die Nachweise oben Fn. 328, sowie Laufs, NJW 1990, 1512. Einen Überblick über den Stand der Gesetzgebungsarbeit in den Bereichen Fortpflanzungsmedizin, Humangenetik und Gentechnik geben Hirsch/Schmidt-Didczuhn, MedR 1990, 167 ff. Vgl. auch Fn. 223.

374) Vgl. oben bei Fn. 54 f., 308.

375) Kleine-Cosack (Fn. 10), 239; vgl. ferner Häberle, DVBl. 1972, 912.

376) Dagegen kommt der von Rupp (Fn. 23), 48 f. konstatierten „Schwäche des ärztlichen Standesrechts", daß es „schon formal keine Geltung für Forschungsvorhaben am Menschen, etwa der Pharmaindustrie (habe), bei welchen z.B. ein ausländischer, vom ärztlichen Standesrecht nicht erfaßter Arzt verantwortlicher Leiter des Forschungsvorhabens" sei, angesichts des die gesamte Ärzteschaft umfassenden Mitgliederkreises der Kammern keine praktische Relevanz zu. Nach den meisten Kammergesetzen sind ausländische Ärzte ohne

deutsche Approbation Mitglied der Ärztekammer, wenn sie eine Berufserlaubnis (§ 10 BÄO) besitzen. Vgl. insoweit etwa § 2 Abs. 1 Nr. 1 des baden-württembergischen Kammergesetzes, wonach der Landesärztekammer alle Ärzte angehören, „die bestallt oder approbiert sind oder eine Erlaubnis zur Ausübung des ärztlichen Berufs besitzen, und die im Land ihren Beruf ausüben, oder falls sie ihren Beruf nicht ausüben, im Land ihren Wohnsitz haben"; dazu Narr (Fn. 11), Bd. 2, Rdnrn. 671 ff.

377) Siehe Kleinsorge, MedR 1987, 140.

378) Es gelten insoweit die „allgemeinen" Gesetze zum Schutz der körperlichen Integrität und der Selbstbestimmung von Patienten und Probanden; vgl. insbesondere die §§ 223 ff., 230 StGB, § 823 BGB.

379) Vgl. dazu BVerfG, NJW 1986, 1535.

380) Siehe oben bei Fn 155.

381) Vgl. dazu Pfeiffer, VersR 1990, 686 f.; sowie oben bei Fn. 56 f.

382) Die Statuten der einzelnen Konsiliargremien bekräftigen übereinstimmend die Pflicht der Kommissionsmitglieder zur Vertraulichkeit und Verschwiegenheit; die Begutachtungsverfahren werden meist in angemessen kurzer Zeit durchgeführt. Zudem besteht für die Forschung betreibenden Einrichtungen eine haftpflichtrechtlich erhebliche Sorgfaltspflicht, Ethik-Kommissionen anzurufen. Vgl. dazu bereits oben bei Fn. 151, 239, 317 ff.

383) Siehe oben bei Fn. 172.

384) Das bejaht auch das Bundesverfassungsgericht, das die Zulässigkeit solcher unvermeidbaren Drittwirkungen ferner auf die staatliche Aufsicht stützt, welcher die Ärztekammern nach den Kammer- und Heilberufsgesetzen der Länder unterstehen; vgl. dazu die Nachweise in den vorstehenden Fn. 307, 356.

385) Zu ihnen siehe oben bei Fn. 162 ff.

386) Siehe Buchholz, Zwang zur Freiheit, Verbände, Staat, Individuum, 1977, 39.

387) Dazu ausführlich oben bei Fn. 329 ff., 351 ff.

388) Vgl. Kleine-Cosack (Fn. 10), 271; Brandstetter (Fn. 10), 152 f.

389) Siehe dazu oben bei Fn. 70 f.

390) Vgl. Kleine-Cosack, NJW 1988, 168.

391) Dazu allgemein Jarass/Pieroth (Fn. 20), Art. 31, Rdnr. 2.

392) Art. 30, 70 ff. GG.

393) Zum Ganzen vgl. BVerfGE 33, 125 (154 f.); sowie Fn. 8.

394) Siehe dazu oben bei Fn. 80 ff.

395) Vgl. BVerfGE 71, 162 (171 f.) = NJW 1986, 1533, unter Berufung auf Dünisch, BayVBl. 1982, 105f.

396) Vgl. BVerwGE 67, 261 (263); BVerwG, NJW 1986, 1559; VGH Bad.-Württ., VBlBW 1989, 141 f. Die Entscheidungen ergingen jeweils zu wettbewerbsbeschränkenden Vorschriften der Berufsordnungen der Ärzte- und Apothekerkammern.

397) VGH Bad.-Württ., VBlBW 1989, 142 (zum Verhältnis von Kartell- und Berufsrecht). Vgl. auch BayObLG, DÖV 1961, 832: bei unterschiedlicher Zielsetzung zweier Normen fehle

es an der von Art. 31 GG vorausgesetzten Kollision zwischen Bundes- und Landesrecht; sowie BVerfGE 36, 342 (363).

398) Vom 23. August 1976 (BGBl. I 2445), zuletzt geändert am 11. April 1990 (BGBl. I 717); siehe auch oben bei Fn. 75, 195 ff.

399) Vgl. insbesondere §§ 64, 67 AMG.

400) Nach dieser Judikatur hätte die Beratungstätigkeit der Ethik-Kommissionen auch neben den Überwachungsaufgaben der nach § 41 Abs. 1 Nr. 1 der Strahlenschutzverordnung eingesetzten Gutachtergruppe Bestand. Zutreffender Ansicht nach kann der das Recht der Kernenergie (Art. 74 Nr. 11a GG) normierende Bundesgesetzgeber aus Gründen des Sachzusammenhangs aber auch in Bereiche übergreifen, die wie das Recht der Berufsausübung der Landeskompetenz unterliegen; vgl. dazu bereits oben bei Fn. 204 f.

401) So mit beachtlichen Gründen ein Teil der Literatur zum Wettbewerbsrecht der freien Berufe; vgl. Ring (Fn. 303), 189 ff., 204 ff.; Leisner (Fn. 303), 39 ff.; Taupitz, ZHR 1989, 681 ff.; jeweils mit weiteren Nachweisen.

402) So Pfeiffer, VersR 1990, 687, indes ohne Begründung; kritisch dazu Tiedemann, ZRP 1991, 57 Fn. 26. Für eine differenzierende Beantwortung der Vorrangfrage nach Regelungsbereich und Sachnähe Ring und Leisner (Fn. 401).

403) Pfeiffer, VersR 1990, 687. Ähnlich Sander/Köbner (Fn. 191), Bd. 2, Erl. § 40 AMG, C. 6: „Auch bei ihrer Anwendung (d. i. § 1 Abs. 4 MBO a. F.) ist jedoch zu berücksichtigen, daß diese Bestimmung in erster Linie für spezialgesetzlich nicht geregelte Versuche am Menschen gedacht ist und für klinische Prüfungen von Arzneimitteln nur eingeschränkt Geltung beanspruchen kann, da diese durch das Arzneimittelgesetz an strenge Voraussetzungen gebunden sind. Sinn und Zweck der Vorschrift ist jedenfalls auch erfüllt, wenn ein Prüfarzt bei Zweifeln an der ärztlichen Vertretbarkeit eine andere Ethik-Kommission als die der Landesärztekammer einschaltet."

404) Den Beratungen lag nicht die in Tokio revidierte Fassung zugrunde, die erstmals unabhängige Kontrollorgane empfahl, sondern die ursprüngliche Fassung aus dem Jahre 1964. Vgl. Bork (Fn. 74), 34; sowie oben bei Fn. 137 ff.

405) So die Amtliche Begründung zum Gesetz zur Neuordnung des Arzneimittelrechts, abgedruckt bei Sander/Köbner (Fn. 191), Bd. 2, Erl. § 40 AMG, C.3.

406) Zweites Gesetz zur Änderung des Arzneimittelgesetzes vom 16. August 1986 (BGBl. I 1296). Dagegen ließen die Erste, Dritte und Vierte AMG-Novelle den Abschnitt über den Schutz des Menschen bei der klinischen Prüfung unberührt. Zum Ganzen vgl. Hart/Hilken/Merkel/Woggan (Fn. 204), 52 ff.

407) § 67 Abs. 1 AMG. Zur Überwachung der pharmazeutischen Einrichtungen siehe § 64 AMG, sowie oben Fn. 368.

408) Im Jahr 1982 hat die Bundesregierung keine Notwendigkeit gesehen, eine Genehmigungspflicht einzuführen. 1985 wurde in einem Gesetzesentwurf der SPD-regierten Bundesländer eine Genehmigungspflicht vorgeschlagen (BT-Drs. 313/85, S. 3); ebenso 1985 von der SPD-Bundestagsfraktion (BT-Drs. 10/4144, S. 12). Auch im Rahmen der Novellierung des AMG im Jahre 1986 wurde eine Genehmigungspflicht diskutiert, jedoch mehrheitlich abgelehnt (siehe Ausschußbericht, BT-Drs. 10/5732, S. 30; hieraus das Zitat).

409) Es mehren sich allerdings die Stimmen, die ihm anraten, § 40 Abs. 1 Nr. 7a AMG so auszugestalten, daß der nach der Zweiten AMG-Novelle geforderte Prüfplan einer nach Lan-

desrecht anerkannten Ethik-Kommission vorzulegen ist. Vgl. Hart/Hilken/Merkel/Woggan (Fn. 204), 61.

410) Bericht über Erfahrungen mit dem Arzneimittelgesetz - Unterrichtung des Deutschen Bundestages durch die Bundesregierung (BT-Drs. 9/1355); abgedruckt bei Sander/Köbner (Fn. 191), Bd. 1, Einführung A III, 37 ff. (73).

411) Aus den gleichen Gründen anerkennen auch die bundesministeriellen „Grundsätze für die ordnungsgemäße Durchführung der klinischen Prüfung von Arzneimitteln" vom 9. Dezember 1987 einen allgemeinen Vorbehalt zugunsten des Berufsordnungsrechts; siehe dazu oben bei Fn. 157.

412) Vgl. dazu die Amtliche Begründung (Fn. 405); sowie Kloesel/Cyran/Feiden/Pabel (Fn. 179), § 40 AMG, Anm. 4.

413) Siehe dazu oben bei Fn. 332 f.

414) Siehe oben bei Fn. 72.

415) Siehe oben bei Fn. 258 ff.

416) BVerfG, NJW 1978, 1622.

417) Vgl. Benda, NJW 1985, 1734.

418) Siehe dazu Laufs, Berufsfreiheit und Persönlichkeitsschutz im Arztrecht, 1982 (Sitzungsberichte der Heidelberger Akademie der Wissenschaften, Philosophisch-historische Klasse, Jahrgang 1982, Bericht 5), 25, mit weiteren Nachweisen.

419) Zu § 1 Abs. 4 MBO als typischer Regelung der Berufsausübung siehe oben bei Fn. 292.

420) Zur Stufentheorie des Bundesverfassungsgerichts vgl. insbesondere BVerfGE 7, 377 (405 ff.); 36, 47 (58 f.); 39, 210 (225).

421) Vgl. BVerfGE 28, 21 (32).

422) Vgl. die zusammenfassende Darstellung des Grundsatzes der Verhältnismäßigkeit bei Jarass/Pieroth (Fn. 20), Art. 20, Rdnrn. 56 ff.

423) Siehe BVerfGE 30, 173 (193); v. Münch, in: ders. (Hg.), Grundgesetz, Kommentar, Bd. 1, 3. Aufl. 1985, Art. 5, Rdnrn. 64, 76 (für den Bereich der Kunst).

424) BVerfGE 47, 327 ff. = NJW 1978, 1621 ff. Vgl. dazu bereits oben bei Fn. 322 ff.

425) BVerfG, NJW 1978, 1624.

426) Allgemeine Ansicht; vgl. Bericht der Enquete-Kommission des Deutschen Bundestages: Chancen und Risiken der Gentechnologie (Fn. 36), 284 f.; dort auch die Feststellung: „Verfassungsrechtlich unbedenklich wäre ... die gesetzliche Auflage, Experimente am Menschen vorher durch eine Ethik-Kommission begutachten zu lassen". Zur Grundrechtssicherung und -verwirklichung durch Organisation und Verfahren vgl. auch oben Fn. 37.

427) Vgl. Bork, DRiZ 1986, 172.

428) Bericht der Enquete-Kommission des Deutschen Bundestages (Fn. 426), 285.

429) Anderer Ansicht allein Pfeiffer, Münch. med. Wschr. 1990, 32; VersR 1990, 687. Dagegen etwa auch Rupp (Fn. 23), 45 f.

430) Vgl. BVerfGE 48, 376 ff. (zum Tierschutz). Siehe dazu v. Kirchbach, Wissenschaftsfreiheit und Arzneimittelkontrolle, Ein Beitrag zum Verständnis von Art. 5 Abs. 3 GG, 1985

(Europäische Hochschulschriften, Reihe II Rechtswissenschaft, Bd. 484), 138 ff.; sowie kritisch Kloepfer, JZ 1986, 207; Pieroth, AöR 1989, 447.

431) Dazu eingehend oben bei Fn. 326 f.

432) Siehe oben bei Fn. 68.

433) Zu einem anderen Bewertungsmaßstab gelangt Rupp (Fn. 23), 51, der in § 1 Abs. 4 MBO eine objektive Berufswahlregelung erblicken möchte, die nur „mit nachweisbar zwingenden und überrangigen Gründen des Gemeinwohls" zu rechtfertigen wäre; zustimmend Tiedemann, ZRP 1991, 59. Diese Einschätzung ist indes nicht haltbar, vgl. dazu bereits oben bei Fn. 296 ff. (insbesondere Fn. 299).

434) Zum Selbstverwaltungsrecht der wissenschaftlichen Hochschulen und ihrer Fachbereiche vgl. Wolff/Bachof/Stober (Fn. 248), 199 ff.

435) Zur Beleihung, die stets einer besonderen gesetzlichen Grundlage bedarf, vgl. Wolff/Bachof/Stober (Fn. 248), 415 ff. Vertragsrechtliche Konstruktionen genügen diesen Anforderungen nicht, auch ließe sich die Tätigkeit der freien Gremien schwerlich praktikabel überwachen. Der Hinweis auf ein (vermeintlich) verfassungsgebotenes behördliches Zulassungsverfahren verfängt daher nicht (so aber Tiedemann, ZRP 1991, 60 f.: „Zur Sicherstellung einer ordnungsgemäßen Aufgabenerfüllung sollte die Tätigkeit privater Ethik-Kommissionen jedoch von der Zulassung oder Anerkennung durch eine Aufsichtsbehörde abhängig gemacht werden. Ein Anspruch auf Zulassung oder Anerkennung sollte nur dann bestehen, wenn das Beratungsgremium durch Qualifikation, Organisation und Arbeitsweise sowie einen Gebührenrahmen Gewähr für eine unabhängige und sachgerechte Beratungstätigkeit bietet. Die Voraussetzungen für die Zulassung oder Anerkennung ebenso wie für die Untersagung oder Rücknahme müßte der parlamentarische Gesetzgeber regeln"; ähnlich Rupp [Fn. 23], 52). Charakteristikum der berufsständischen Selbstkontrolle ist es gerade, daß sie ohne die Zuhilfenahme externer Instanzen ausgeübt wird. Verhielte es sich anders, stünde die gesetzlich vielfach anerkannte Einheit des ärztlichen Standesrechts auf dem Spiel, die derartigen „Nostrifikationen" keinen Raum läßt; siehe dazu oben bei Fn. 386 ff. sowie Bork, DRiZ 1986, 171 („[Ethik-Kommissionen] können zwar auch privatrechtlich organisiert werden, aber es besteht ... kein Anlaß, öffentliche Aufgaben in privater Form wahrzunehmen. Außerdem sollte die Unabhängigkeit des Gremiums von jeder Einflußnahme gewährleistet werden.").

436) Rössler, Neue Instanz 1990, 50.

437) BVerfGE 76, 256 (359), sowie BVerfGE 67, 1 (14 ff.). Zum Ganzen auch Pieroth, Rückwirkung und Übergangsrecht, Verfassungsrechtliche Maßstäbe für intertemporale Gesetzgebung, 1981 (Schriften zum Öffentlichen Recht 394); Jarass/Pieroth (Fn. 20), Art. 20, Rdnr. 54.

438) Vgl. BVerfGE 68, 272 (284).

439) Siehe oben Fn. 74.

440) Zu § 1 Abs. 4 MBO a.F. siehe oben Fn. 152.

Anhang: Richtlinien und Rechtsquellen für die Tätigkeit von Ethik-Kommissionen in der Bundesrepublik Deutschland

Der Einfluß des Rechts auf die Arbeit der Ethik-Kommissionen hat sich im letzten Jahrzehnt erheblich gesteigert, und er nimmt noch weiter zu. Richtlinien für ihr Handeln gewinnen die Kommissionen aus gesetzlichen und statutarischen Berufsregeln, ferner aus Verwaltungsvorschriften und aus den Sätzen der ärztlichen Ethik. Angesichts dieser Vielfalt liegt die Notwendigkeit einer Sammlung der einschlägigen rechtlichen und berufsethischen Regelungen deutlich zutage.
Ähnliche Zusammenstellungen finden sich bei Czwalinna, Ethik-Kommissionen: Forschungslegitimation durch Verfahren, 1987 (Recht & Medizin 14), S. 149–161; Toellner (Hg.), Die Ethik-Kommission in der Medizin: Problemgeschichte, Aufgabenstellung, Arbeitsweise, Rechtsstellung und Organisationsformen Medizinischer Ethik-Kommissionen, 1990 (Medizin-Ethik 1), S. 157–202 und van den Daele/Müller-Salomon, Die Kontrolle der Forschung am Menschen durch Ethikkommissionen, 1990 (Medizin in Recht und Ethik 22), S. 101–150.

1. Die Revidierte Deklaration von Helsinki

(Bekanntmachung von Beschlüssen des Weltärztebundes in der auf der 35. Generalversammlung zu Venedig im Oktober 1983 beschlossenen revidierten Fassung vom 26. Mai 1987; Bundesanzeiger Nr. 108, S. 7109 vom 13. Juni 1987)

Empfehlung für Ärzte, die in der biomedizinischen Forschung am Menschen tätig sind

Vorwort

Aufgabe des Arztes ist die Erhaltung der Gesundheit des Menschen. Der Erfüllung dieser Aufgabe dient er mit seinem Wissen und Gewissen.

Die Genfer Deklaration des Weltärztebundes verpflichtet den Arzt mit den Worten: „Die Gesundheit meines Patienten soll mein vornehmstes Anliegen sein“ und der internationale Codex für ärztliche Ethik legt fest: „Jegliche Handlung oder Beratung, die geeignet erscheinen, die physische und psychische Widerstandskraft eines Menschen zu schwächen, dürfen nur in seinem Interesse zur Anwendung gelangen.“
Ziel der biomedizinischen Forschung am Menschen muß es sein, diagnostische, therapeutische und prophylaktische Verfahren sowie das Verständnis für die Ätiologie und Pathogenese der Krankheit zu verbessern.
In der medizinischen Praxis sind diagnostische, therapeutische oder prophylaktische Verfahren mit Risiken verbunden; dies gilt um so mehr für die biomedizinische For-

schung am Menschen. Medizinischer Fortschritt beruht auf Forschung, die sich letztlich auch auf Versuche am Menschen stützen muß.
Bei der biomedizinischen Forschung am Menschen muß grundsätzlich unterschieden werden zwischen Versuchen, die im wesentlichen im Interesse des Patienten liegen, und solchen, die mit rein wissenschaftlichem Ziel ohne unmittelbaren diagnostischen oder therapeutischen Wert für die Versuchsperson sind.
Besondere Vorsicht muß bei der Durchführung von Versuchen walten, die die Umwelt in Mitleidenschaft ziehen könnten. Auf das Wohl der Versuchstiere muß Rücksicht genommen werden.
Da es notwendig ist, die Ergebnisse von Laborversuchen auch auf den Menschen anzuwenden, um die wissenschaftliche Kenntnis zu fördern und der leidenden Menschheit zu helfen, hat der Weltärztebund die folgende Empfehlung als eine Leitlinie für jeden Arzt erarbeitet, der in der biomedizinischen Forschung am Menschen tätig ist. Sie sollte in der Zukunft überprüft werden.
Es muß betont werden, daß diese Empfehlung nur als Leitlinie für die Ärzte auf der ganzen Welt gedacht ist; kein Arzt ist von der straf-, zivil- und berufsrechtlichen Verantwortlichkeit nach den Gesetzen seines Landes befreit.

I. Allgemeine Grundsätze

1. Biomedizinische Forschung am Menschen muß den allgemein anerkannten wissenschaftlichen Grundsätzen entsprechen; sie sollte auf ausreichenden Laboratoriums- und Tierversuchen sowie einer umfassenden Kenntnis der wissenschaftlichen Literatur aufbauen.
2. Die Planung und Durchführung eines jeden Versuches am Menschen sollte eindeutig in einem Versuchsprotokoll niedergelegt werden; dieses sollte einem besonders berufenen unabhängigen Ausschuß zur Beratung, Stellungnahme und Orientierung zugeleitet werden.
   (Die vom Weltärztebund auf der 41. Generalversammlung in Hongkong im September 1989 beschlossene, im Bundesanzeiger noch nicht publizierte Neufassung des Abschnitts I 2 lautet: *„Die Planung und Durchführung eines jeden Versuches am Menschen sollte in einem Versuchsprotokoll niedergelegt werden, welches einem besonders berufenen, vom Forschungsteam und Sponsor unabhängigen Ausschuß zur Beratung, Stellungnahme und Orientierung vorgelegt werden sollte. Dabei wird davon ausgegangen, daß dieser Ausschuß gemäß den Gesetzen oder Bestimmungen des Landes, in welchem der Versuch durchgeführt werden soll, anerkannt ist“.*)
3. Biomedizinische Forschung am Menschen sollte nur von wissenschaftlich qualifizierten Personen und unter Aufsicht eines klinisch erfahrenen Arztes durchgeführt werden. Die Verantwortung für die Versuchsperson trägt stets ein Arzt und nie die Versuchsperson selbst, auch dann nicht, wenn sie ihr Einverständnis gegeben hat.
4. Biomedizinische Forschung am Menschen ist nur zulässig, wenn die Bedeutung des Versuchsziels in einem angemessenen Verhältnis zum Risiko für die Versuchsperson steht.

5. Jedem biomedizinischen Forschungsvorhaben am Menschen sollte eine sorgfältige Abschätzung der voraussehbaren Risiken im Vergleich zu dem voraussichtlichen Nutzen für die Versuchsperson oder andere vorausgehen. Die Sorge um die Belange der Versuchsperson muß stets ausschlaggebend sein im Vergleich zu den Interessen der Wissenschaft und der Gesellschaft.
6. Das Recht der Versuchsperson auf Wahrung ihrer Unversehrtheit muß stets geachtet werden. Es sollte alles getan werden, um die Privatsphäre der Versuchsperson zu wahren; die Wirkung auf die körperliche und geistige Unversehrtheit sowie die Persönlichkeit der Versuchsperson sollte so gering wie möglich gehalten werden.
7. Der Arzt sollte es unterlassen, bei Versuchen am Menschen tätig zu werden, wenn er nicht überzeugt ist, daß das mit dem Versuch verbundene Wagnis für vorhersagbar gehalten wird. Der Arzt sollte jeden Versuch abbrechen, sobald sich herausstellt, daß das Wagnis den möglichen Nutzen übersteigt.
8. Der Arzt ist bei der Veröffentlichung der Versuchsergebnisse verpflichtet, die Befunde genau wiederzugeben. Berichte über Versuche, die nicht in Übereinstimmung mit den in dieser Deklaration niedergelegten Grundsätzen durchgeführt werden, sollten nicht zur Veröffentlichung angenommen werden.
9. Bei jedem Versuch am Menschen muß jede Versuchsperson ausreichend über Absicht, Durchführung, erwarteten Nutzen und Risiken des Versuchs sowie über möglicherweise damit verbundene Störungen des Wohlbefindens unterrichtet werden. Die Versuchsperson sollte darauf hingewiesen werden, daß es ihr freisteht, die Teilnahme am Versuch zu verweigern und daß sie jederzeit eine einmal gegebene Zustimmung widerrufen kann. Nach dieser Aufklärung sollte der Arzt die freiwillige Zustimmung der Versuchsperson einholen; die Erklärung sollte vorzugsweise schriftlich abgegeben werden.
10. Ist die Versuchsperson vom Arzt abhängig oder erfolgte die Zustimmung zu einem Versuch möglicherweise unter Druck, so soll der Arzt beim Einholen der Einwilligung nach Aufklärung besondere Vorsicht walten lassen. In einem solchen Fall sollte die Einwilligung durch einen Arzt eingeholt werden, der mit dem Versuch nicht befaßt ist und der außerhalb eines etwaigen Abhängigkeitsverhältnisses steht.
11. Ist die Versuchsperson nicht voll geschäftsfähig, sollte die Einwilligung nach Aufklärung vom gesetzlichen Vertreter entsprechend nationalem Recht eingeholt werden. Die Einwilligung des mit der Verantwortung betrauten Verwandten (Anm: *Darunter ist nach deutschem Recht der „Personensorgeberechtigte" zu verstehen*) ersetzt die der Versuchsperson, wenn diese infolge körperlicher oder geistiger Behinderung nicht wirksam zustimmen kann oder minderjährig ist. Wenn das minderjährige Kind fähig ist, seine Zustimmung zu erteilen, so muß neben der Zustimmung des Personensorgeberechtigten auch die Zustimmung des Minderjährigen eingeholt werden.
12. Das Versuchsprotokoll sollte stets die ethischen Überlegungen im Zusammenhang mit der Durchführung des Versuchs darlegen und aufzeigen, daß die Grundsätze dieser Deklaration eingehalten sind.

II. Medizinische Forschung in Verbindung mit ärztlicher Versorgung (Klinische Versuche)

1. Bei der Behandlung eines Kranken muß der Arzt die Freiheit haben, neue diagnostische und therapeutische Maßnahmen anzuwenden, wenn sie nach seinem Urteil die Hoffnung bieten, das Leben des Patienten zu retten, seine Gesundheit wiederherzustellen oder seine Leiden zu lindern.
2. Die mit der Anwendung eines neuen Verfahrens verbundenen möglichen Vorteile, Risiken und Störungen des Befindens sollten gegen die Vorzüge der bisher bestehenden diagnostischen und therapeutischen Methoden abgewogen werden.
3. Bei jedem medizinischen Versuch sollten alle Patienten – einschließlich derer einer eventuell vorhandenen Kontrollgruppe – die beste erprobte diagnostische und therapeutische Behandlung erhalten.
4. Die Weigerung eines Patienten, an einem Versuch teilzunehmen, darf niemals die Beziehung zwischen Arzt und Patient beeinträchtigen.
5. Wenn der Arzt es für unentbehrlich hält, auf die Einwilligung nach Aufklärung zu verzichten, sollten die besonderen Gründe für dieses Vorgehen in dem für den unabhängigen Ausschuß bestimmten Versuchsprotokoll niedergelegt werden.
6. Der Arzt kann medizinische Forschung mit dem Ziel der Gewinnung neuer wissenschaftlicher Erkenntnisse mit der ärztlichen Betreuung nur soweit verbinden, als diese medizinische Forschung durch ihren möglichen diagnostischen oder therapeutischen Wert für den Patienten gerechtfertigt ist.

III. Nicht-therapeutische biomedizinische Forschung am Menschen

1. In der rein wissenschaftlichen Anwendung der medizinischen Forschung am Menschen ist es die Pflicht des Arztes, das Leben und die Gesundheit der Person zu schützen, an welcher biomedizinische Forschung durchgeführt wird.
2. Die Versuchspersonen sollten Freiwillige sein, entweder gesunde Personen oder Patienten, für die die Versuchsabsicht nicht mit ihrer Krankheit in Zusammenhang steht.
3. Der ärztliche Forscher oder das Forschungsteam sollten den Versuch abbrechen, wenn dies nach seinem oder ihrem Urteil im Falle der Fortführung dem Menschen schaden könnte.
4. Bei Versuchen am Menschen sollte das Interesse der Wissenschaft und der Gesellschaft niemals Vorrang vor den Erwägungen haben, die das Wohlbefinden der Versuchsperson betreffen.

2. Muster-Berufsordnung für die deutschen Ärzte

(In der Fassung der Beschlüsse des 79. Deutschen Ärztetages 1976 und gemäß den Änderungen der Ärztetage 1977, 1979, 1983, 1985 und 1988; DtÄBl. 1988, A-3601)

§ 1 Berufsausübung

(4) Der Arzt muß sich vor der Durchführung klinischer Versuche am Menschen oder der epidemiologischen Forschung mit personenbezogenen Daten durch eine bei der Ärztekammer oder bei einer medizinischen Fakultät gebildete Ethik-Kommission über die mit seinem Vorhaben verbundenen berufsethischen und berufsrechtlichen Fragen beraten lassen.
(5) Die Erzeugung von menschlichen Embryonen zu Forschungszwecken sowie der Gentransfer an Embryonen sind verboten. Grundsätzlich verboten ist auch die Forschung an menschlichen Embryonen. Der Arzt muß sich vor der Durchführung der Forschung mit vitalen menschlichen Gameten und lebendem embryonalen Gewebe durch eine bei der Ärztekammer oder bei einer medizinischen Fakultät gebildete Ethik-Kommission über die mit seinem Vorhaben verbundenen berufsethischen und berufsrechtlichen Fragen beraten lassen.
(6) Bei durchzuführenden Beratungen nach den Absätzen (4) und (5) ist die Deklaration des Weltärztebundes von 1964 (Helsinki) in der revidierten Fassung von 1975 (Tokio) und von 1983 (Venedig) zugrunde zu legen.

3. Berufsordnung der Landesärztekammer Baden-Württemberg

(In der Fassung vom 10. Dezember 1986; Sonderbeilage ÄBl. Bad.-Württ. 2/1987)

§ 1 Berufsausübung

(4) Vor der Durchführung klinischer Versuche am Menschen oder der epidemiologischen Forschung mit personenbezogenen Daten soll, vor der Forschung mit vitalen menschlichen Gameten und lebendem embryonalen Gewebe muß der Arzt eine bei der Landesärztekammer oder einer medizinischen Fakultät gebildete Ethikkommission anrufen, um sich über die mit seinem Vorhaben verbundenen berufsethischen und berufsrechtlichen Fragen beraten zu lassen. Bei der durchzuführenden Beratung des Arztes ist die Deklaration des Weltärztebundes von 1964 (Helsinki) in der revidierten Fassung von 1975 (Tokio) zugrunde zu legen.

§ 7 In-vitro-Fertilisation, Embryotransfer, Forschungen an Embryonen

(1) Die künstliche Befruchtung einer Eizelle außerhalb des Mutterleibes und die anschließende Einführung des Embryos in die Gebärmutter ist als Maßnahme zur Behandlung der Sterilität eine ärztliche Tätigkeit und nur im Rahmen der von der Landesärztekammer als Bestandteil der Berufsordnung beschlossenen Richtlinien (Anm.: *siehe unten Nr. 11*) nach der Anlage zu dieser Satzung zulässig.
(2) Jeder Arzt, der diese Maßnahme durchführen will und für sie die Gesamtverantwortung trägt, hat sein Vorhaben der Bezirksärztekammer anzuzeigen. Diese muß prüfen, ob die berufsrechtlichen Anforderungen erfüllt sind.

(3) Kein Arzt kann gegen seinen Willen verpflichtet werden, an einer In-vitro-Fertilisation oder einem Embryotransfer mitzuwirken.
(4) Für Forschungen an frühen menschlichen Embryonen sind die von der Landesärztekammer erlassenen Richtlinien (Anm.: *siehe unten Nr. 10*) maßgebend.

(In der Fassung der mit Ausnahme von § 1 Abs. 4 bis 6 der Berufsordnung durch das Ministerium für Arbeit, Gesundheit, Familie und Sozialordnung des Landes Baden-Württemberg genehmigten, bislang jedoch noch nicht bekanntgemachten Beschlußvorlagen der Vertreterversammlung der Landesärztekammer Baden-Württemberg vom 26. November 1988 und vom 3. Juni 1989)

§ 1 Berufsausübung

(4) Der Arzt muß sich vor der Durchführung klinischer Versuche am Menschen oder der epidemiologischen Forschung mit personenbezogenen Daten durch eine bei der Ärztekammer oder bei einer medizinischen Fakultät gebildete Ethik-Kommission über die mit seinem Vorhaben verbundenen berufsethischen und berufsrechtlichen Fragen beraten lassen.
(5) Die Erzeugung von menschlichen Embryonen zu anderen Zwecken als zur Herbeiführung einer Schwangerschaft, insbesondere zu Forschungszwecken, sowie der Gentransfer an Embryonen sind verboten. Der Arzt muß sich vor der Durchführung der Forschung mit vitalen menschlichen Gameten und lebendem embryonalen Gewebe durch eine bei der Ärztekammer oder bei einer medizinischen Fakultät gebildete Ethik-Kommission über die mit seinem Vorhaben verbundenen berufsethischen und berufsrechtlichen Fragen beraten lassen.
(6) Bei durchzuführenden Beratungen nach den Absätzen 4 und 5 ist die Deklaration des Weltärztebundes von 1964 (Helsinki) in der revidierten Fassung von 1975 (Tokio) und von 1983 (Venedig) zugrunde zu legen.

§ 7 In-vitro-Fertilisation, Embryotransfer, Forschungen an Embryonen

(1) Die Gewinnung von Ei- und Samenzellen zum Zwecke der künstlichen Befruchtung ist als Maßnahme zur Behandlung der Sterilität eine ärztliche Tätigkeit und nur im Rahmen der von der Ärztekammer als Bestandteil der Berufsordnung beschlossenen Richtlinien (Anm.: *siehe unten Nr. 11*) zulässig.
(2) Jeder Arzt, der diese Maßnahme durchführen will und für sie die Gesamtverantwortung trägt, hat sein Vorhaben der Bezirksärztekammer anzuzeigen und nachzuweisen, daß die berufsrechtlichen Anforderungen erfüllt sind.
(3) Kein Arzt kann verpflichtet werden, an einer In-vitro-Fertilisation oder einem Embryotransfer mitzuwirken.
(4) Für Forschungen an frühen menschlichen Embryonen sind die von der Landesärztekammer erlassenen Richtlinien (Anm.: *siehe unten Nr. 10*) maßgebend.

4. Statut des Arbeitskreises medizinischer Ethik-Kommissionen

(In der von der 4. Jahresversammlung am 19. November 1986 beschlossenen Fassung)

§ 1
Der Arbeitskreis ist ein freiwilliger Zusammenschluß von Ethik-Kommissionen der Ärztekammern, Medizinischen Fakultäten, Hochschulen und sonstiger öffentlich-rechtlicher Einrichtungen, die ihre Tätigkeit im Sinne der Deklaration von Helsinki/ Tokio in der Bundesrepublik Deutschland, einschließlich Berlin (West), ausüben.
Er führt den Namen „Arbeitskreis medizinischer Ethik-Kommissionen."
Der Arbeitskreis übt seine Tätigkeit frei und unabhängig aus.

§ 2
Der Arbeitskreis dient dem ständigen Meinungs- und Erfahrungsaustausch unter den Mitgliedern.

§ 3
Der Arbeitskreis führt Sitzungen durch, auf denen alle die Tätigkeit der Ethik-Kommissionen betreffenden Fragen erörtert werden.

§ 4
Jede einzelne Kommission bestimmt aus ihrer Mitte ein Mitglied, das die einzelne Kommission in den Sitzungen mit Stimmrecht vertritt.

§ 5
Der Arbeitskreis bildet einen Vorstand von drei Mitgliedern.
Der Vorstand führt die laufenden Geschäfte, sorgt für die Information der Kommissionen und koordiniert die Kommunikation unter den Kommissionen.
Er bereitet die Sitzungen des Arbeitskreises vor, lädt dazu ein und leitet sie.
Die Amtszeit beträgt drei Jahre.

5. Verfahrensgrundsätze für die Arbeit der Ethik-Kommissionen

(Beschlossen vom Arbeitskreis medizinischer Ethik-Kommissionen in der Bundesrepublik Deutschland einschließlich Berlin (West) am 19. November 1986; geändert am 18. November 1987 und am 16. November 1988)

§ 1
Die Ethik-Kommission arbeitet auf der Grundlage der revidierten Deklaration von Helsinki des Weltärztebundes. Sie ist Bestandteil dieser Grundsätze.
Die Kommission gewährt dem Arzt Hilfe durch Beratung und Beurteilung ethischer und ggf. rechtlicher Aspekte medizinischer Forschung am Menschen, unbeschadet der Verantwortung des Arztes für das Forschungsvorhaben und seine Durchführung. Dabei werden auch die Bestimmungen der §§ 40 bis 42 Arzneimittelgesetz und 41 bis 43

Strahlenschutzverordnung sowie die „Grundsätze für die ordnungsgemäße Durchführung der klinischen Prüfung von Arzneimitteln" des Bundesministers für Jugend, Familie, Frauen und Gesundheit zugrunde gelegt.
Die Kommission und ihre Mitglieder sind bei der Wahrnehmung ihrer Aufgaben unabhängig und an Weisungen nicht gebunden.

§ 2
Die Ethik-Kommission besteht aus mindestens fünf Mitgliedern, davon mindestens vier Ärzten und einem Juristen. Zwei Ärzte sollen erfahrene Kliniker, ein Arzt sollte auf dem Gebiet der theoretischen Medizin besonders erfahren sein, möglichst soll auch ein Rechtsmediziner mitwirken. Die Kommission kann, soweit erforderlich, Sachverständige beratend hinzuziehen.
Die Berufung von Stellvertretern für die Dauer der Amtsperiode der Ethik-Kommission ist zulässig.
Die Mitglieder der Kommission bei der Ärztekammer werden vom Vorstand der Ärztekammer für die Dauer von mindestens 4 Jahren berufen. Die Berufung der Mitglieder der Kommission der medizinischen Fakultät richtet sich nach den örtlichen Gegebenheiten.
Falls der Vorsitzende nicht von der Körperschaft selbst bestimmt wird, so führt den Vorsitz in der Kommission ein Arzt, auf den sich die Kommission mit Stimmenmehrheit einigt.

§ 3
Die Kommission wird auf Antrag tätig. Der Antrag kann geändert oder zurückgenommen werden.
Antragsberechtigt ist der Arzt als Projektleiter des medizinischen Forschungsvorhabens am Menschen. Der Antrag soll, wenn das Projekt dem institutionären Bereich der Universität zugehört der Ethik-Kommission bei der jeweiligen medizinischen Fakultät, im übrigen der Ethik-Kommission der jeweiligen Ärztekammer, der der Projektleiter als Kammerangehöriger angehört, vorgelegt werden.
Dem Antrag ist eine Erklärung darüber beizufügen, ob und ggf. wo bereits vorher, oder bei multizentrischen Studien gleichzeitig, Anträge gleichen Inhalts gestellt worden sind. Bei multizentrischen Studien soll diejenige Ethik-Kommission in Anspruch genommen werden, welche für den für das Bundesgebiet verantwortlichen ärztlichen Projektleiter zuständig ist.

§ 4
Sitzungen der Ethik-Kommission sind nicht öffentlich. Die Mitglieder der Kommission sind zur Vertraulichkeit und Verschwiegenheit verpflichtet. Dasselbe gilt für beratend hinzugezogene Sachverständige.
Die Kommission beschließt im mündlichen oder schriftlichen Verfahren. In der Regel ist das Verfahren mündlich; das ist stets der Fall, wenn ein Mitglied der Kommission es verlangt.
Mitglieder der Kommission, die an dem Forschungsvorhaben mitwirken, sind von der Beschlußfassung ausgeschlossen.

Die Kommission kann vom Antragsteller ergänzende Unterlagen, Angaben oder Begründungen verlangen. Bedenken sind dem Antragsteller mitzuteilen. Er erhält Gelegenheit zur Stellungnahme.
Die Kommission kann im Benehmen mit dem Antragsteller Fachgutachten einholen. Gutachter, die beratend hinzugezogen werden, sind wie die Kommissionsmitglieder zur Vertraulichkeit und Verschwiegenheit verpflichtet.
Über jede Sitzung ist eine Niederschrift mit dem wesentlichen Ergebnis der Verhandlungen anzufertigen.
Änderungen des Forschungsvorhabens vor oder während der Durchführung sind der Kommission bekanntzugeben.

§ 5

Die Kommission soll über den zu treffenden Beschluß einen Konsens anstreben. Wird ein solcher nicht erreicht, beschließt die Kommission mit der Mehrheit der Mitglieder. Stimmenthaltung gilt als Ablehnung.
Der Beschluß ist dem Antragsteller schriftlich bekanntzugeben. Der Beschluß kann mit Auflagen versehen werden. Ablehnende Beschlüsse, Auflagen und Empfehlungen zur Modifikation sind schriftlich zu begründen.
Ein Mitglied der Kommission kann seine abweichende Meinung in einem Sondervotum niederlegen, das dem Beschluß anzufügen ist.

§ 6

Ergänzend gilt das Verwaltungsverfahrensgesetz. Die Kommission kann sich eine Geschäftsordnung zur Regelung weiterer Einzelheiten geben.

6. Statut einer Ethikkommission bei der Landesärztekammer Baden-Württemberg

(In der Fassung vom 23. Januar 1985; Sonderbeilage ÄBl. Bad.-Württ. 3/1985)

§ 1 Ethikkommission

(1) Bei der Landesärztekammer Baden-Württemberg wird eine Kommission zur Beurteilung ethischer Aspekte ärztlicher Tätigkeit errichtet, die die Bezeichnung
Ethikkommission der Landesärztekammer Baden Württemberg
führt.
Die Ethikkommission arbeitet auf der Grundlage der Deklarationen der Generalversammlungen des Weltärztebundes und des geltenden Rechts.
(2) Die Mitglieder der Ethikkommission sind bei der Wahrnehmung ihrer Aufgaben unabhängig und an Weisungen nicht gebunden. Sie sind allein ihrem Gewissen verantwortlich.

§ 2 Aufgaben

Die Ethikkommission hat die Aufgabe, den Arzt in der Beurteilung ethischer und rechtlicher Aspekte bei Ausübung ärztlicher Tätigkeit, auch bei der Forschung am Menschen, zu beraten. Die Tätigkeit der Ethikkommissionen an den Universitäten bleibt unberührt.

§ 3 Zusammensetzung

(1) Die Kommission besteht aus sieben Mitgliedern. Davon müssen fünf Mitglieder Ärzte sein, ein Mitglied muß die Befähigung zum Richteramt haben, ein Mitglied muß Theologe sein. Von den ärztlichen Mitgliedern soll ein Mitglied Pharmakologe mit der Teilgebietsbezeichnung klinische Pharmakologie sein, zwei Mitglieder sollen klinisch erfahrene Ärzte sein, ein Mitglied soll theoretisch tätiger Arzt und ein weiteres Mitglied soll niedergelassener Arzt sein.
(2) Sechs Mitglieder der Kommission werden von der Vertreterversammlung der Landesärztekammer für die Dauer der Wahlperiode bestellt, ein ärztliches Mitglied wird als dessen Vertreter vom Vorstand der Landesärztekammer entsandt.
(3) Die Kommission wählt ein ärztliches Mitglied zum Vorsitzenden.
(4) Die Kommission kann zu ihren Beratungen Sachkundige aus den betreffenden Fachgebieten hinzuziehen.

§ 4 Geschäftsführung

Die Geschäftsführung der Kommission wird von der Geschäftsführung der Landesärztekammer wahrgenommen.

§ 5 Arbeitsweise

(1) Die Kommission wird auf Antrag der Landesärztekammer Baden-Württemberg oder von Kammermitgliedern beratend und gutachterlich tätig. Der Antrag kann jederzeit geändert oder zurückgezogen werden.
(2) Die Kommission beschließt einstimmig. Sie ist mit mindestens fünf Mitgliedern beschlußfähig.
(3) Der Antragsteller soll vor der Stellungnahme der Kommission gehört werden. Von der Anhörung kann insbesondere abgesehen werden, wenn die Kommission einstimmig der Auffassung ist, daß eine Anhörung untunlich oder nicht notwendig ist.
(4) Das Ergebnis der Beratungen wird dem Antragsteller schriftlich mitgeteilt.
(5) Das Ergebnis der Beurteilung ist schriftlich festzuhalten. Können sich die Mitglieder auf ein einheitliches Ergebnis nicht einigen, werden die verschiedenen Auffassungen mitgeteilt.
(6) Die Beratungen der Kommission sind vertraulich und nicht öffentlich. Die Mitglieder der Ethikkommission sind zur Verschwiegenheit verpflichtet.

§ 6 Verantwortung des Arztes

Unabhängig von der Stellungnahme der Ethikkommission bleibt die Verantwortlichkeit des Arztes für sein Handeln bestehen.

§ 7 Kostenregelung

(1) Die Kosten der Ethikkomission trägt die Landesärztekammer Baden-Württemberg.
(2) Das Verfahren vor der Ethikkommission ist für die beteiligten Kammermitglieder gebührenfrei.
(3) Die Beteiligten tragen die Kosten einschließlich der Kosten ihrer Vertretung selbst.
(4) Die Mitglieder der Ethikkommission erhalten für ihre Tätigkeit eine Entschädigung nach dem Reisekostenstatut der Landesärztekammer in der jeweils geltenden Fassung.
(5) Die Entschädigung für Gutachter (§ 3 Abs. 4) richtet sich nach dem Gesetz über die Entschädigung von Zeugen und Sachverständigen der jeweils geltenden Fassung mit der Abweichung, daß für Dienstreisen das Reisekostenstatut der Landesärztekammer Anwendung findet.

§ 8 Inkrafttreten

...

7. Checkliste

(Zur Überprüfung der Vollständigkeit von Anträgen an die Ethik-Kommission vor der Durchführung klinischer Versuche oder epidemiologischer Forschung am Menschen; beschlossen vom Arbeitskreis medizinischer Ethik-Kommissionen in der Bundesrepublik Deutschland einschließlich Berlin (West) am 18. November 1987, überarbeitet am 22. November 1989)

A. Formales

1. Bezeichnung des Vorhabens
2. Verantwortlicher Leiter und betreuende Ärzte
3. Art und Zahl der Prüfstellen bzw. beteiligten Ärzte
4. Kostenträger
5. Wurde schon ein Antrag gleichen Inhalts bei einer anderen Ethik-Kommission gestellt?

B. Untersuchungsbeschreibung

1. Wissenschaftliche Beschreibung des Vorhabens
2. Vorlage des Prüfplans
3. Vorgesehene Gesamtdauer
4. Probandenauswahl (z. B. Ein- und Ausschlußkriterien)
5. Art der Prüfung (bei Arzneimitteln: Phase)
   a) diagnostische Prüfung?
   b) therapeutische Prüfung?
   c) Verträglichkeitsprüfung?
   d) epidemiologische Prüfung?
   e) sonstige Prüfung?
6. Finden folgende Bestimmungen Anwendung:
   a) Arzneimittelgesetz?
   b) Strahlenschutzverordnung?
   c) Röntgenverordnung?
   d) Medizin-Geräte-Verordnung?
   e) sonstige (z. B. Grundsätze für die ordnungsgemäße Durchführung der klinischen Prüfung von Arzneimitteln)?
7. Welche Vorprüfungen sind durchgeführt worden?
8. Pharmakologisch-toxikologische Prüfung
   a) durchgeführt?
   b) Ergebnisse hinterlegt bei zuständiger Bundesbehörde?
   c) Zusammenfassung der für die Durchführung der klinischen Prüfung wesentlichen Ergebnisse
9. Mögliche Komplikationen und/oder Risiken
10. Risiko-Nutzen-Abwägung
11. Kriterien für den Abbruch der Studie und evtl. Zwischenauswertung
12. Form und Inhalt der Probandeninformation
13. Versicherungsschutz?

(Keine Bedenken bestehen gegen folgenden Hinweis: Alle Unterlagen sind in deutscher Sprache vorzulegen)

Fußnote:
Forschung am Menschen ist jede die somatische oder psychische Integrität des Menschen berührende Maßnahme mit dem Ziel, über den Einzelfall hinaus präventive, diagnostische, therapeutische oder pathophysiologische Erkenntnisse zu gewinnen.

8. Antragsformular zur Durchführung klinischer Versuche am Menschen

(Zur Vorlage bei der Ethik-Kommission bei der Bayerischen Landesärztekammer)

1. Thema der Studie
2. Ziel der Studie

3. Leitung
4. Mitarbeit
5. Untersuchung an gesunden Probanden? ambulant/stationär
   Untersuchung an Patienten? ambulant/stationär
   voraussichtliche Dauer der Studie
   voraussichtliche Dauer für den Probanden/Patienten
6. Welche Mittel kommen zu Anwendung? einmalig/wiederholt
   neue Substanzen
   bekannte Substanzen
   diagnostische Eingriffe
   therapeutische Eingriffe
7. Arzneimittelprüfung
   Substanz neu entwickelt/nicht registriert
   bekannt/nicht registriert
   bekannt/registriert mit neuer Applikationsform
   bekannt/registriert
8. Dient die Studie
   8.1 unmittelbar dem Interesse des Patienten
   8.2 einem rein wissenschaftlichen Ziel ohne unmittelbaren diagnostischen oder therapeutischen Wert für den Patienten
   8.3 Untersuchung an gesunden Probanden
9. Ist die Studie 9.1 gefährlich
   9.2 wenig gefährlich
   9.3 ohne Risiko
   Kommentar des Leiters der Studie:
10. Liegen zur geplanten Studien bereits vor
    10.1 Literatur
    10.2 Labor-(in vitro-)Versuche
    10.3 Tierversuche
    10.4 Untersuchungen am Menschen
11. Welche Nebenwirkungen sind
    11.1 bisher bekannt geworden
    11.2 prinzipiell möglich
    11.3 im Rahmen der Studie zu erwarten
12. Art und Häufigkeit der vorgesehenen Überwachungsmaßnahmen vor/während/ nach der Untersuchungsperiode
13. Besteht Versicherungsschutz
    13.1 für den Probanden
    13.2 für den Patienten
    13.3 für die Untersucher
    Versicherungsträger:
14. Darstellung der geplanten Versuchsanordnung (Versuchsprotokoll)
15. Der in die Studie einbezogene gesunde Proband bzw. Patient wird voll über die Studie aufgeklärt ja/nein
    15.1 über Ziel der Studie
    15.2 über Durchführung der Studie

15.3 über den zu erwartenden Nutzen
15.4 über Risiken
15.5 über Nebenwirkungen auf das Wohlbefinden
15.6 mit Hinweis auf das Verweigerungsrecht
15.7 mit Hinweis, daß die Teilnahme an der Studie jederzeit widerrufen werden kann
15.8 von wem wird aufgeklärt
15.9 Wie klären Sie den Patienten über die Studien auf und wie dokumentieren Sie das Einverständnis des Probanden

16. Zur Zulässigkeit der Studie
16.1 Bedeutung des Untersuchungszieles
16.2 Risiko für die Versuchsperson
Zusammenfassende Wertung der Studie durch den Leiter der Studie
16.3 Liegt nach Ansicht des Leiters der Studie ein angemessenes Verhältnis zwischen Bedeutung und Risiko der Studie vor, welches die Zulässigkeit der Studie begründet?

Unterschrift des Antragstellers
bzw. Leiters der Studie

(Alle Unterlagen sind in deutscher Sprache vorzulegen)

9. Satzung und Verfahrens- und Prüfungsrichtlinien der Freiburger Ethik Kommission

(Vom 27. Oktober 1986; Pharm. Ind. 1987, 126)

Satzung

Präambel

Die biomedizinische Forschung, vornehmlich an Menschen, bedarf einer wohldefinierten Zielsetzung und detaillierten Planung sowie einer sorgfältigen Durchführung und muß einer humanen Nutzen-Risiko-Abwägung für den einzelnen Menschen wie auch für die Gesellschaft standhalten. Hier prüfend, beratend und begutachtend tätig zu werden, ist die vornehmste Aufgabe der Ethik-Kommission.
Ethik-Kommissionen sind in den USA gesetzlich vorgeschrieben, während sie in der Bundesrepublik Deutschland auf freiwilliger Basis und ohne gesetzliche Regelung tätig sind.
Die ... seit 1980 tätige Freiburger Ethik Kommission (FEK) hat sich ihre nachfolgende neue Satzung gegeben. Diese Satzung findet ihre für die praktische Kommissionsarbeit notwendige Ergänzung in gleichzeitig beschlossenen und auf den bisherigen Erfahrungen beruhenden Verfahrens- und Prüfungsrichtlinien.

Art. 1
Die FEK versteht sich als Zusammenschluß von im Sinne des Gesellschaftszweckes sachkundigen Persönlichkeiten in der Organisationsform einer bürgerlich rechtlichen Gesellschaft mit der Bezeichnung „Freiburger Ethik Kommission“ (kurz: FEK).

Art. 2
Aufgabe der FEK ist vornehmlich die Prüfung und Begutachtung von noch in der Planung befindlichen Studien an Menschen, die ihr durch Unternehmen der Pharma-Industrie, pharmakologische Institute und ähnliche Einrichtungen zur Prüfung und Beurteilung zugeleitet werden.
Die FEK hält sich strikt unabhängig von ihren jeweiligen Auftraggebern. Prüfung und Begutachtung erfolgen nach Maßgabe der Verfassung der Bundesrepublik Deutschland, den als allgemeinverbindlich anerkannten ethischen Selbstverpflichtungen der medizinischen Heilberufe, der Deklaration von Helsinki (1964) in der Fassung von Tokio (1975), den Richtlinien der Food and Drug Administration der USA (FDA) und des Arzneimittelgesetzes der Bundesrepublik Deutschland (AMG).
Ausschließliche Leitlinien der Tätigkeit der FEK sind der Schutz der menschlichen Würde, der Gesundheit und der Rechte von Probanden und Patienten.

Art. 3
Sitz der FEK ist Freiburg i. Br.

Art. 4
Der FEK gehören mindestens 2 Humanmediziner mit besonderen Kenntnissen auf dem Gebiet der medizinischen Forschung und ein Jurist mit Befähigung zum Richteramt an sowie ein Pharmakologe, ein Theologe mit besonderen Kenntnissen auf dem Gebiet der Ethik und ein medizinischer Laie mit besonderem Engagement für die Besorgnisse und Belange der Probanden und Patienten.

Art. 5
Die FEK hat einen Vorsitzenden und einen stellvertretenden Vorsitzenden; letzterer vertritt den Vorsitzenden, falls und soweit dieser verhindert ist.
Vorsitzender oder stellvertretender Vorsitzender der FEK sollen stets Humanmediziner sein.
Der Vorsitzende und sein Stellvertreter werden in offener Abstimmung gewählt, wobei Einstimmigkeit erforderlich ist und sich das zu wählende Mitglied der Stimme enthält.

Art. 6
Neue Mitglieder der FEK werden durch den Vorsitzenden auf dessen Vorschlag oder auf Vorschlag eines anderen Mitglieds berufen, sobald die einfache Mehrheit sämtlicher Mitglieder der Berufung zugestimmt hat.
Bei Widerspruch seitens der Vorsitzenden und/oder seines Stellvertreters hat die Berufung zu unterbleiben.

Art. 7
Mit Ausnahme des Vorsitzenden kann jedes Mitglied der Kommission seine Tätigkeit in der FEK jederzeit unter Einhaltung einer Frist von 4 Wochen einstellen. Dieser Entschluß ist dem Vorsitzenden schriftlich mitzuteilen. Das ausscheidende Mitglied ist unverzüglich durch ein neues Mitglied gleicher Fachrichtung und Qualifikation zu ersetzen.
Der Vorsitzende kann seine Tätigkeit in der FEK nur unter Einhaltung einer Frist von 3 Monaten beenden, es sei denn, daß ihn die übrigen Mitglieder der FEK von der Einhaltung der Frist entbinden.
Mit dem Ausscheiden des Vorsitzenden wird die FEK aufgelöst und ist zu liquidieren, jedoch verbleibt den übrigen Mitgliedern das Recht, die FEK innerhalb von 6 Monaten neu zu konstituieren und als „Freiburger Ethik Kommission" fortzusetzen.

Art. 8
Ein Mitglied der Kommission, mit Ausnahme des Vorsitzenden, kann aus der FEK ausgeschlossen werden, wenn dies vom Vorsitzenden oder einem anderen Mitglied beantragt wird und dieser Antrag die Zustimmung der einfachen Mehrheit sämtlicher Mitglieder findet.
Das ausscheidende Mitglied ist vor der Beschlußfassung unter Angabe der Gründe für das Ausschlußbegehren zu hören, oder es ist ihm, wahlweise, Gelegenheit zur schriftlichen Äußerung innerhalb angemessener Frist zu geben. Der Ausschluß ist auch gegen den Widerspruch des Vorsitzenden zulässig. Er kann auch nur mit sofortiger Wirkung erfolgen.

Art. 9
Die Tätigkeit der Mitglieder ist ehrenamtlich. Jedes Mitglied hat jedoch Anspruch auf eine dem Umfang seiner Mitwirkung angemessene Aufwandsentschädigung.

Art. 10
Der Vorsitzende und ggf. sein Stellvertreter vertreten die FEK nach außen, insbesondere gegenüber den Auftraggebern. Sie können die Mitglieder der FEK gegenüber Dritten nur im Rahmen des Zweckes der FEK verpflichten.

Art. 11
Die Sitzungen der FEK finden nach Bedarf statt und werden vom Vorsitzenden einberufen. Diese Sitzungen haben die der FEK vorgelegten Studienunterlagen zum Gegenstand.
Die FEK begutachtet und verabschiedet Studien durch einen der folgenden Beschlüsse:
Gegen die Studie in der hier vorliegenden Form bestehen
- keine Bedenken
- keine Bedenken, wenn die im einzelnen aufgeführten Forderungen und/oder Empfehlungen berücksichtigt werden
- schwere Bedenken.
  Diese Bedenken sind im einzelnen aufgeführt.

Ein Beschluß bedarf der Anwesenheit von mindestens vier Mitgliedern, dabei mindestens zwei Medizinern und einem Juristen. Ein Beschluß nach Absatz 2 kann bei mehr als einer Gegenstimme nicht gefaßt werden.

Art. 12
Auf Antrag von mindestens zwei Mitgliedern der FEK ist durch den Vorsitzenden binnen zwei Wochen eine Sondersitzung der FEK einzuberufen unter Mitteilung der mit dem Antrag verbundenen Gründe.

Art. 13
Ist ein Mitglied der FEK an der Teilnahme an einer Sitzung verhindert, ist dies dem Vorsitzenden unverzüglich nach Auftreten des Hinderungsgrundes mitzuteilen. Es obliegt dem Vorsitzenden, soweit zwingend, für einen Vertreter zu sorgen.

Art. 14
Die Mitglieder der FEK sind gegenüber außenstehenden Dritten zur Verschwiegenheit über alle Vorgänge und Informationen verpflichtet, die ihnen aufgrund ihrer Tätigkeit in der FEK zur Kenntnis gelangen, es sei denn, die Preisgabe solcher Kenntnisse wäre zur Wahrnehmung eigener berechtigter Interessen unverzichtbar.

Art. 15
Jedes Mitglied der FEK ist verpflichtet, sich nach bestem Wissen und Gewissen für die Belange der FEK und deren Zielsetzung einzusetzen und sich von jeglicher Abhängigkeit von Auftraggebern der FEK freizuhalten.

Art. 16
Die FEK ist aufzulösen, wenn dies zu einem zukünftigen Zeitpunkt aus bisher noch nicht bestehenden gesetzlichen Gründen geboten erscheinen sollte, oder wenn aus sonstigen zwingenden Gründen die Erreichung des satzungsgemäßen Zwecks der FEK unmöglich werden sollte. Für diese Fälle obliegt die Abwicklung und die Liquidation der Gesellschaft dem Vorsitzenden nach Maßgabe der gesetzlichen Bestimmungen (§§ 726 ff. BGB).

Art. 17
...

Verfahrens- und Prüfungsrichtlinien

Die Arbeit der Freiburger Ethik Kommission (FEK) geschieht in pragmatischer Prüfung und im Gespräch. Dabei werden medizinische und von den medizinischen Laien in juristischer, theologischer und philosophischer Hinsicht vorgetragene Gesichtspunkte der Prüfung gleichwertig und als Einheit verstanden und angewendet.
Die Arbeit der Kommission wird getragen von Erfahrung und Kompetenz jedes einzelnen Mitglieds der Kommission, die durch ihr Prüfverfahren Ethik realisiert.

1. Anträge auf Begutachtung einer Studie durch die Freiburger Ethik Kommission (kurz: FEK) sind an deren Vorsitzenden zu richten.
2. Die FEK wird nur auf schriftlichen Antrag hin tätig.
3. Der Vorsitzende prüft die vorgelegten Unterlagen auf Vollständigkeit, veranlaßt deren Verteilung an alle Mitglieder und beruft diese unter Wahrung einer angemessenen Vorbereitungszeit zur nächsten Sitzung ein.
4. Im Einvernehmen mit dem Vorsitzenden können Unterlagen den Mitgliedern auch direkt zugeleitet werden.
5. Das Studienprotokoll, der Prüfbogen und die informierende Zustimmungserklärung sollten (vgl. Anhang I) dem Vorsitzenden in 9facher Fertigung zugeleitet werden.
   Die Prüfarztinformation (vgl. Anhang I) sollte dem Vorsitzenden in 2facher Fertigung zugeleitet werden.
   Die weiteren Unterlagen (vgl. Anhang I) müssen dem Vorsitzenden in einfacher Fertigung zugeleitet werden.
6. Die Mitglieder der FEK geben die ihnen ausgehändigten Unterlagen jeweils spätestens 6 Monate nach der Begutachtung, im Falle ihres Ausscheidens sofort, an den Vorsitzenden zurück.
   Dem Vorsitzenden obliegt es, diese Unterlagen so zu vernichten, daß kein Unbefugter von dem Inhalt der Unterlagen Kenntnis nehmen kann.
   Jeweils ein Gutachten-Exemplar einer Studie nebst den dazugehörigen Unterlagen werden vom Vorsitzenden archiviert und für die Dauer von mindestens fünf Jahren aufbewahrt.
7. Die Sitzungen der FEK finden in wöchentlichen Abständen statt.
8. Jedes Mitglied legt für die Sitzung seine Stellungnahme zu den Unterlagen schriftlich nieder.
9. Jede Begutachtung, die sämtliche Unterlagen zum Gegenstand hat, wird im gemeinsamen Gespräch erarbeitet und in einem Sitzungsprotokoll festgehalten.
10. In dem Gutachten der FEK werden Forderungen und/oder Empfehlungen formuliert.
11. Die FEK kann zu bestimmten Detailfragen die Stellungnahme eines Beraters bzw. eines Beratergremiums einholen.
12. Der Leiter einer Studie kann über die geplante Studie vor den Kommissionsmitgliedern mündlich referieren.
13. Jedes Gutachten der FEK wird von allen anwesenden Mitgliedern auf dem für die Studie von der FEK erstellten und vorgesehenen Formblatt unterschrieben.
14. Jedes Gutachten wird in 3facher Fertigstellung erstellt und in doppelter Fertigung versandt.
15. Nachträgliche Änderungen der Studie bedürfen einer schriftlichen Mitteilung an die FEK und deren Bestätigung. Je nach Umfang der nachträglichen Änderungen kann eine erneute Begutachtung der FEK erforderlich werden.
16. Von jeder begutachteten Studie mit einer Laufzeit von mehr als einem Jahr ist der FEK ein kurzer zusammenfassender Zwischenbericht vorzulegen. Von jeder begutachteten Studie ist der FEK ein kurzer zusammenfassender Abschlußbericht vorzulegen. Zwischen- und Abschlußbericht werden in der FEK besprochen und erforderlichenfalls schriftlich kommentiert.

17. Bei Auftreten unvorhergesehener gravierender Nebenwirkungen in einer Studie, muß der Vorsitzende der FEK sofort unterrichtet werden. In diesem Falle wird der Vorsitzende, nach Rücksprache mit den Mitgliedern der Kommission, die Diskussion mit dem Leiter der Studie und dem Sponsor der Studie aufnehmen.

Anhang I

Für die Begutachtung einer Studie sind die folgenden Unterlagen erforderlich:

1. Studienprotokoll (study protocol)
2. Prüfbogen (case report form)
3. Informierende Zustimmungserklärung (informed consent)
4. Prüfarztinformation (investigator brochure)
5. Zusammenfassende Unterlagen zu neuen und/oder speziellen Untersuchungstechniken
6. Anschrift des Studienzentrums und des Prüfarztes bzw. der Studienzentren und der Prüfärzte
7. Wissenschaftlicher Lebenslauf des Studienleiters

Hinweis:

1. Gegebenenfalls fordert der Vorsitzende weitere Unterlagen an.
2. Die FEK empfiehlt bei Studien an Patienten die informierende Zustimmungserklärung schriftlich vorzulegen.

Anhang II

Aus dem Studienprotokoll sollten mindestens folgende Informationen hervorgehen:

1. Kurze Zusammenfassung der bereits erfolgten Untersuchungen und deren Ergebnisse
2. Ziel der Studie
3. Ein- und Ausschlußkriterien für die Versuchsperson
4. Medikation
5. Vor-, Zwischen- und Abschlußuntersuchung
6. Ablauf der Studie und ärztliche Überwachung
7. Verhaltensregeln für die Versuchsperson
8. Erlaubte und nicht erlaubte Begleittherapie bzw. Begleitmedikation
9. Abbruchkriterien für die einzelne Versuchsperson und evtl. für alle Versuchspersonen
10. Kriterien für den Ersatz von ausgeschiedenen Versuchspersonen
11. Verhalten bei Auftreten schwerer Nebenwirkungen
12. Verhalten bei Überdosierung der Prüfsubstanz
13. Verlaufs- und Zielparameter
14. Randomisierung
15. Verhalten bei Abweichungen vom Protokoll
16. Analytik, statistische Bearbeitung und Dokumentation
17. „flow-diagram“

Anhang III

Die informierende Zustimmungserklärung sollte mindestens folgende Informationen in allgemeinverständlicher Sprache enthalten:

1. Ziel der Studie
2. Wirkungen und Nebenwirkungen der Prüfsubstanz und die möglichen Risiken aufgrund der Einnahme
3. Beschreibung der möglichen Risiken und Unannehmlichkeiten aufgrund geplanter Untersuchungen
4. Beschreibung der möglichen Risiken bei Abbruch der Studie
5. Ablauf der Studie (Laufplan als Anhang)
6. Verhaltensregeln insbesondere über Begleitmedikation und Ernährung
7. Erklärung über den möglichen Nutzen, den die Versuchsperson aus der Studie zieht
8. Im Falle eines Heilversuchs:
   Hinweis auf alternative Therapien
9. Hinweis auf Bestehen eines Versicherungsschutzes
10. Im Falle des Auftretens einer Schwangerschaft während der Studie:
    Hinweis auf Möglichkeiten der Früherkennung denkbarer Schäden für Mutter und Kind sowie die zur Verfügung stehende Beratung in medizinischen, sozialen und psychologischen Belangen
11. Freiwilligkeit der Teilnahme an der Studie
12. Adresse und Rufnummer des Studienleiters und/oder des Studienbetreuers
13. Folgende Erklärungen sollten aufgeführt sein:
    Erklärungen darüber, daß in den letzten dreißig Tagen an keiner Arzneimittelstudie teilgenommen wurde, die informierende Zustimmungserklärung vollständig gelesen und verstanden wurde und darüber aufgeklärt wurde, daß die Versuchsperson von der Studie ausgeschlossen werden kann, wenn durch ihr Verschulden Abweichungen vom Studienprotokoll verursacht wurden

10. Richtlinien zur Forschung an frühen menschlichen Embryonen

(Bekanntgabe des Wissenschaftlichen Beirates der Bundesärztekammer, DtÄBl. 1985, A-3757; mit Beschluß vom 30. November 1985 von der Landesärztekammer Baden-Württemberg nach § 7 Abs. 4 der Berufsordnung der Landesärztekammer Baden-Württemberg übernommen, ÄBl. Bad.-Württ. 1986, 775; nunmehr durch das Embryonenschutzgesetz vom 13. Dezember 1990, BGBl. I 2746, überholt)

...

Zur Einhaltung der in den Richtlinien festgelegten Regelungen verpflichtet die in der Reproduktionsforschung tätigen Wissenschaftler und Ärzte eine freiwillige, sanktionsfähige Selbstbindung. Sie wird getragen von der Gesamtheit der fachlich zuständigen und in der Kommission vertretenen wissenschaftlichen Fachgesellschaften, Forschungs- und Forschungsförderinstitutionen, der Arbeitsgemeinschaft medizinischer Ethik-Kommissionen, dem Wissenschaftlichen Beirat der Bundesärztekammer und dieser selbst.

4. Kontrolle der Forschung
4.1 Forschungen an menschlichen Embryonen müssen einem besonderen Kontrollverfahren unterzogen werden.
4.2 Jeder Wissenschaftler, der ein solches Vorhaben durchführen will, hat den Antrag mit einem ausführlichen Versuchsprotokoll seiner örtlichen und regionalen Ethikkommission (Fakultätskommission oder Kommission der Landesärztekammer) vorzulegen. Gleichzeitig hat er diese Unterlagen der zentralen Kommission nach 4.3 vorzulegen. Zu gegebener Zeit hat der Antragsteller das Votum der örtlichen oder regionalen Ethikkommission und einen Abschlußbericht über seine Forschungen der zentralen Kommission vorzulegen.
4.3 Die zentrale Kommission ist als ständiger Ausschuß bei der Bundesärztekammer einzurichten. Diesem Ausschuß sollen neben Vertretern des Wissenschaftlichen Beirats angehören je ein Vertreter
> der Deutschen Forschungsgemeinschaft,
> der Max-Planck-Gesellschaft,
> der zuständigen Medizinisch-Wissenschaftlichen Fachgesellschaften,
> des Arbeitskreises Medizinischer Ethik-Kommissionen,
> des Vorstandes der Bundesärztekammer, außerdem
> der Rechtswissenschaften, der ethischen Wissenschaften sowie je ein vom Bundesrat und Bundestag zu benennender Vertreter des öffentlichen Lebens.
4.4 Die Kommission soll
4.4.1 über die Einhaltung dieser Richtlinien wachen,
4.4.2 die örtlichen und regionalen Ethikkommissionen bei der Begutachtung beraten und damit auf eine Vereinheitlichung der Begutachtungspraxis hinwirken,
4.4.3 die internationale Entwicklung beobachten,
4.4.4 die örtlichen Ethikkommissionen, die Förderorganisationen und die Landesärztekammern über die Entwicklung der Forschung an menschlichen Embryonen und über die Arbeit der Kommission unterrichten,
4.4.5 den Parlamenten und Regierungen jährlich Arbeits- und Erfahrungsberichte vorlegen und sie, wenn gewünscht, in allen die Forschung mit menschlichen Embryonen betreffenden Fragen beraten.
4.5 Die einschlägigen Fachgesellschaften, Förderorganisationen und die Herausgeber von Fachliteratur sind über Art und Funktion des Kontrollverfahrens zu unterrichten. Sie sollen sich das Votum der Ethikkommission vom Antragsteller vorlegen lassen und dieses bei ihren Entscheidungen über Förderung oder Publikation berücksichtigen.

Kommentar

...

Zu 4.4.:
In der ethischen Beurteilung von Forschungen an menschlichen Embryonen bestehen zur Zeit noch wenig Erfahrungen bei den hierfür zuständigen Ethikkommissionen.
Aufgrund der unterschiedlichen ethischen Standpunkte über die Vertretbarkeit solcher Forschungsvorhaben besteht die Gefahr, daß sich eine unterschiedliche Begutachtungspraxis entwickelt. Um dies zu vermeiden, soll in einer Anfangsphase von etwa

drei Jahren die zuständige Ethikkommission vor Erstellung des eigenen Votums die Stellungnahme der zentralen Kommission abwarten. Die zentrale Kommission ihrerseits soll zum Zwecke einer frühzeitigen Abstimmung einen Vertreter der zuständigen Ethikkommission bei der Erarbeitung ihrer Stellungnahme beiziehen.

11. Richtlinien der Landesärztekammer Baden-Württemberg zur Durchführung von In-vitro-Fertilisation (IVF) und Embryotransfer (ET) als Behandlungsmethode der menschlichen Sterilität

(Anlage zu § 7 Abs. 1 der Berufsordnung der Landesärztekammer Baden-Württemberg; ÄBl. Bad.-Württ. 1986, 426)

1. Definition
Unter In-vitro-Fertilisation (IVF), auch als „extrakorporale Befruchtung" bezeichnet, versteht man die Vereinigung einer Eizelle mit einer Samenzelle außerhalb des Körpers. Die Einführung des Embryos in die Gebärmutterhöhle wird als Embryotransfer (ET) bezeichnet.

3. Zulassungsbedingungen
3.1 Berufsrechtliche Voraussetzungen
Die künstliche Befruchtung einer Eizelle außerhalb des Mutterleibes und die anschließende Einführung des Embryos in die Gebärmutter ist als Maßnahme zur Behandlung der Sterilität eine ärztliche Tätigkeit und nur im Rahmen der von der Landesärztekammer als Bestandteil der Berufsordnung beschlossenen Richtlinien zulässig.
Jeder Arzt, der diese Maßnahme durchführen will und für sie die Gesamtverantwortung trägt, hat sein Vorhaben der Bezirksärztekammer anzuzeigen. Diese muß prüfen, ob die berufsrechtlichen Anforderungen erfüllt sind.
...
3.2.2 Elterliche Voraussetzungen
Vor der Sterilitätsbehandlung soll der Arzt sorgfältig darauf achten, ob zwischen den Partnern eine für das Kindeswohl ausreichend stabile Bindung besteht.
Grundsätzlich ist IVF/ET nur bei Ehepaaren anzuwenden. Dabei dürfen grundsätzlich nur Samen und Eizellen der Ehepartner Verwendung finden (homologes System).
Ausnahmen sind nur zulässig nach vorheriger Anrufung der bei der Landesärztekammer eingerichteten Kommission.
Leihmutterschaft, nämlich das Austragen des Kindes einer anderen genetischen Mutter mit dem Ziel, es dieser oder einer anderen Frau zu überlassen, ist abzulehnen.
4. Durchführungsbedingungen
4.3 Umgang mit nicht transferierten Embryonen
Der Embryo ist im Sinne der Deklaration des Weltärztebundes von Helsinki und Tokio vor ethisch nicht vertretbaren Experimenten zu schützen.
Verantwortbare wissenschaftliche Untersuchungen an nicht transferierten Embryonen sind daher nur nach Prüfung durch eine Ethikkommission unter strengen, in gesonderten Richtlinien festzulegenden Voraussetzungen und Bedingungen zuzulassen.

Verfahrensregelung zur Beurteilung der Durchführung von In-vitro-Fertilisation (IVF) und Embryotransfer (ET)

(In der vom Vorstand der Landesärztekammer Baden-Württemberg am 22. Oktober 1986 beschlossenen Fassung; ÄBl. Bad.-Württ. 1987, 109)

§ 1 Berufung von Kommissionen

Der Vorstand der Landesärztekammer beruft für die Bereiche der Bezirksärztekammern Nordwürttemberg und Südwürttemberg und die Bereiche der Bezirksärztekammern Nordbaden und Südbaden jeweils eine gemeinsame Kommission zur Beurteilung der Durchführung von In-vitro-Fertilisation und Embryotransfer (IVF/ET). Die Kommissionen haben die Bezeichnungen „Kommissionen der Bezirksärztekammern Nordwürttemberg und Südwürttemberg in Fragen der IVF/ET" und „Kommissionen der Bezirksärztekammern Nordbaden und Südbaden in Fragen der IVF/ET".
(2) Die Mitglieder der Kommissionen sind bei der Wahrnehmung ihrer Aufgaben unabhängig und an Weisungen nicht gebunden. Sie sind allein ihrem Gewissen verantwortlich.

§ 2 Aufgaben

(1) Die Kommissionen haben die Aufgabe, die Einhaltung der Zulassungs- und Durchführungsbedingungen bei der IVF/ET zu prüfen und die Vorstände der Bezirksärztekammern bei ihren Entscheidungen über eine Anzeige nach § 6a Abs. 2 (Anm.: jetzt *§ 7 Abs.* 2) der Berufsordnung zu beraten.
(2) Die Kommissionen sind nicht zuständig für die Bewertung der Frage, ob ausnahmsweise eine IVF/ET heterolog oder bei einer nicht ehelichen Lebensgemeinschaft oder bei einer alleinstehenden Frau durchgeführt werden kann (3.2.2 und Anhang I Nr. 2 und Nr. 4 der Anlage zu § 6a [Anm.: jetzt *§ 7*] der Berufsordnung). Die Kommissionen sind ferner nicht zuständig für die berufsethische und berufsrechtliche Beurteilung der Forschung mit vitalen menschlichen Gameten oder lebendem embryonalen Gewebe (§ 1 Abs. 4 der Berufsordnung). Die insoweit gegebenen Zuständigkeiten der Ethikkommission bei der Landesärztekammer nach § 2 des Statuts einer Ethikkommission vom 23. Januar 1985 bleiben unberührt.
...
Anmerkung: Anders als nach den Richtlinien der Landesärztekammer Baden-Württemberg werden nach den vom 88. Deutschen Ärztetag beschlossenen sogenannten IVF/ET-Richtlinien (DtÄBl 1988, A-3605) den Ethik-Kommissionen keine Beratungsaufgaben übertragen.

12. Richtlinien des Bundesministers für Forschung und Technologie zum Schutz vor Gefahren durch in-vitro neukombinierte Nukleinsäuren

(Bekanntmachung der Neufassung vom 28. Mai 1986; Bundesanzeiger Nr. 109, S. 7606 vom 20. Juni 1986)

Die Bundesregierung hat am 28. Mai 1986 einer Neufassung (5. überarbeitete Fassung) der Richtlinien zum Schutz vor Gefahren durch in-vitro neukombinierte Nukleinsäuren des Bundesministers für Forschung und Technologie zugestimmt. Die Richtlinien sind für die unmittelbar oder mittelbar vom Bund geförderten Forschungs- und Entwicklungsarbeiten verbindlich eingeführt worden. Die Anwendung der Richtlinien wird damit zur Bedingung für die institutionelle und die Projektförderung des Bundes gemacht. Da die Richtlinien den Stand von Wissenschaft und Technik widerspiegeln, wird darüber hinaus erwartet, daß sie auch bei allen übrigen Einrichtungen, in denen Nukleinsäuren neukombiniert werden oder von denen entsprechende Forschungsarbeiten gefördert werden, Anwendung finden. Im Hochschulbereich können die Richtlinien durch die Kultusministerien der Länder eingeführt werden. Es wird davon ausgegangen, daß die Richtlinien im Bereich der Industrieforschung und in den sonstigen betroffenen Bereichen im Wege der erklärten freiwilligen Selbstbindung eingeführt werden.

...

D. Begriffsbestimmungen

3. (9) Unter genetischer Therapie im Sinne dieser Richtlinien sind ausschließlich solche Therapieformen zu verstehen, bei denen durch Einbringen eines funktionstüchtigen Gens über somatische Zellen oder andere geeignete Träger in den menschlichen Körper die krankhaften Folgen eines defekten Gens gelindert oder kompensiert werden. Eine Einbringung in Keimbahnzellen darf hierdurch nicht erfolgen.

...

G. Klassifizierung von Experimenten

18. Folgende Arbeiten bedürfen einer Sicherheitsüberprüfung durch die Zentrale Kommission für die Biologische Sicherheit (ZKBS) und der Zustimmung der Zulassungsstelle am Bundesgesundheitsamt und müssen unter den angegebenen Sicherheitsmaßnahmen durchgeführt werden:

...

(2) Gen-Transfer in somatische Zellen des Menschen.
Bei der genetischen Therapie gelten für die Isolierung der Gene, Herstellung des Vektors und den Transfer eines oder mehrerer Gene in menschliche Zellen die entsprechenden Nummern dieser Richtlinien.
Darüber hinaus muß sichergestellt sein, daß die mit Hilfe eines Vektors oder durch Transplantation von isolierten, durch in-vitro neukombinierte Nukleinsäure veränder-

ten Zellen in einen menschlichen Körper eingebrachte genetische Information umgesetzt wird und daß dem Patienten dadurch kein Schaden zugefügt wird.
Eine Vererbung der übertragenen Erbinformation auf nachfolgende Generationen darf nicht erfolgen.
Bestehende medizinische Regeln und Vorschriften sind unabhängig von diesen Richtlinien zu befolgen.
Alle Gen-Therapien in somatischen Zellen am Menschen bedürfen auch der vorhergehenden Beratung und Zustimmung durch die lokale Ethikkommission. Die medizinischen Gründe für solche genetischen Therapie-Maßnahmen müssen in einem ausführlichen Gutachten dargelegt werden.
...

Anmerkung: Inzwischen sind diese Richtlinien durch das „Gesetz zur Regelung von Fragen der Gentechnik" vom 20. Juli 1990 (BGBl. I 1080) überholt worden.

13. Gesetz über den Verkehr mit Arzneimitteln (Arzneimittelgesetz – AMG)

(Vom 24. August 1976, BGBl. I 2445; zuletzt geändert durch das Vierte Gesetz zur Änderung des Arzneimittelgesetzes vom 11. April 1990, BGBl. I 717, sowie ergänzt aus Anlaß der Vollendung der deutschen Einheit durch Anlage I zum Einigungsvertrag, Kapitel X, Sachgebiet D, Abschnitt II Nr. 23)

Siebenter Abschnitt: Schutz des Menschen bei der klinischen Prüfung

§ 40 Allgemeine Voraussetzungen

(1) Die klinische Prüfung eines Arzneimittels darf bei Menschen nur durchgeführt werden, wenn und solange
1. die Risiken, die mit ihr für die Person verbunden sind, bei der sie durchgeführt werden soll, gemessen an der voraussichtlichen Bedeutung des Arzneimittels für die Heilkunde ärztlich vertretbar sind,
2. die Person, bei der sie durchgeführt werden soll, ihre Einwilligung hierzu erteilt hat, nachdem sie durch einen Arzt über Wesen, Bedeutung und Tragweite der klinischen Prüfung aufgeklärt worden ist,
3. die Person, bei der sie durchgeführt werden soll, nicht auf gerichtliche oder behördliche Anordnung in einer Anstalt verwahrt ist,
4. sie von einem Arzt geleitet wird, der mindestens eine zweijährige Erfahrung in der klinischen Prüfung von Arzneimitteln nachweisen kann,
5. eine dem jeweiligen Stand der wissenschaftlichen Erkenntnisse entsprechende pharmakologisch-toxikologische Prüfung durchgeführt worden ist,
6. die Unterlagen über die pharmakologisch-toxikologische Prüfung bei der zuständigen Bundesoberbehörde hinterlegt sind,

7. der Leiter der klinischen Prüfung durch einen für die pharmakologisch-toxikologische Prüfung verantwortlichen Wissenschaftler über die Ergebnisse der pharmakologisch-toxikologischen Prüfung und die voraussichtlich mit der klinischen Prüfung verbundenen Risiken informiert worden ist,

7a. ein dem jeweiligen Stand der wissenschaftlichen Erkenntnisse entsprechender Prüfplan vorhanden ist und

8. für den Fall, daß bei der Durchführung der klinischen Prüfung ein Mensch getötet oder der Körper oder die Gesundheit eines Menschen verletzt wird, eine Versicherung nach Maßgabe des Absatzes 3 besteht, die auch Leistungen gewährt, wenn kein anderer für den Schaden haftet.

(2) Eine Einwilligung nach Absatz 1 Nr. 2 ist nur wirksam, wenn die Person, die sie abgibt

1. geschäftsfähig und in der Lage ist, Wesen, Bedeutung und Tragweite der klinischen Prüfung einzusehen und ihren Willen hiernach zu bestimmen und
2. die Einwilligung selbst und schriftlich erteilt hat.

Eine Einwilligung kann jederzeit widerrufen werden.

(3) Die Versicherung nach Absatz 1 Nr. 8 muß zugunsten der von der klinischen Prüfung betroffenen Person bei einem im Geltungsbereich dieses Gesetzes zum Geschäftsbetrieb zugelassenen Versicherer genommen werden. Ihr Umfang muß in einem angemessenen Verhältnis zu den mit der klinischen Prüfung verbundenen Risiken stehen und für den Fall des Todes oder der dauernden Erwerbsunfähigkeit mindestens fünfhunderttausend Deutsche Mark betragen. Soweit aus der Versicherung geleistet wird, erlischt ein Anspruch auf Schadensersatz.

(4) Auf eine klinische Prüfung bei Minderjährigen finden die Absätze 1 bis 3 mit folgender Maßgabe Anwendung:

1. Das Arzneimittel muß zum Erkennen oder zum Verhüten von Krankheiten bei Minderjährigen bestimmt sein.
2. Die Anwendung des Arzneimittels muß nach den Erkenntnissen der medizinischen Wissenschaft angezeigt sein, um bei dem Minderjährigen Krankheiten zu erkennen oder ihn vor Krankheiten zu schützen.
3. Die klinische Prüfung an Erwachsenen darf nach den Erkenntnissen der medizinischen Wissenschaft keine ausreichenden Prüfergebnisse erwarten lassen.
4. Die Einwilligung wird durch den gesetzlichen Vertreter oder Pfleger abgegeben. Sie ist nur wirksam, wenn dieser durch einen Arzt über Wesen, Bedeutung und Tragweite der klinischen Prüfung aufgeklärt worden ist. Ist der Minderjährige in der Lage, Wesen, Bedeutung und Tragweite der klinischen Prüfung einzusehen und seinen Willen hiernach zu bestimmen, so ist auch seine schriftliche Einwilligung erforderlich.

§ 41 Besondere Voraussetzungen

Auf eine klinische Prüfung bei einer Person, die an einer Krankheit leidet, zu deren Behebung das zu prüfende Arzneimittel angewendet werden soll, findet § 40 Abs. 1 bis 3 mit folgender Maßgabe Anwendung:

1. Die klinische Prüfung darf nur durchgeführt werden, wenn die Anwendung des zu prüfenden Arzneimittels nach den Erkenntnissen der medizinischen Wissenschaft angezeigt ist, um das Leben des Kranken zu retten, seine Gesundheit wiederherzustellen oder sein Leiden zu erleichtern.
2. Die klinische Prüfung darf auch bei einer Person, die geschäftsunfähig oder in der Geschäftsfähigkeit beschränkt ist, durchgeführt werden.
3. Ist eine geschäftsunfähige oder in der Geschäftsfähigkeit beschränkte Person in der Lage, Wesen, Bedeutung und Tragweite der klinischen Prüfung einzusehen und ihren Willen hiernach zu bestimmen, so bedarf die klinische Prüfung neben einer erforderlichen Einwilligung dieser Person der Einwilligung ihres gesetzlichen Vertreters oder Pflegers.
4. Ist der Kranke nicht fähig, Wesen, Bedeutung und Tragweite der klinischen Prüfung einzusehen und seinen Willen hiernach zu bestimmen, so genügt die Einwilligung seines gesetzlichen Vertreters oder Pflegers.
5. Die Einwilligung des gesetzlichen Vertreters oder Pflegers ist nur wirksam, wenn dieser durch einen Arzt über Wesen, Bedeutung und Tragweite der klinischen Prüfung aufgeklärt worden ist. Auf den Widerruf findet § 40 Abs. 2 Satz 2 Anwendung. Der Einwilligung des gesetzlichen Vertreters oder Pflegers bedarf es solange nicht, als eine Behandlung ohne Aufschub erforderlich ist, um das Leben des Kranken zu retten, seine Gesundheit wiederherzustellen oder sein Leiden zu erleichtern, und eine Erklärung über die Einwilligung nicht herbeigeführt werden kann.
6. Die Einwilligung des Kranken, des gesetzlichen Vertreters oder Pflegers ist auch wirksam, wenn sie mündlich gegenüber dem behandelnden Arzt in Gegenwart eines Zeugen abgegeben wird.
7. Die Aufklärung und die Einwilligung des Kranken können in besonders schweren Fällen entfallen, wenn durch die Aufklärung der Behandlungserfolg nach der Nummer 1 gefährdet würde und ein entgegenstehender Wille des Kranken nicht erkennbar ist.

§ 42 Ausnahmen

Die §§ 40 und 41 finden keine Anwendung, soweit für ein Arzneimittel eine Zulassung erteilt oder es von der Zulassung freigestellt ist, es sei denn, die klinische Prüfung ist nach § 28 Abs. 3 angeordnet oder wird während des Ruhens der Zulassung nach § 30 Abs. 2 Satz 2 durchgeführt. Die §§ 40 und 41 finden ferner keine Anwendung bei Arzneimitteln im Sinne des § 2 Abs. 2 Nr. 3 und 4.

14. Grundsätze des Bundesministers für Jugend, Familie, Frauen und Gesundheit für die ordnungsgemäße Durchführung der klinischen Prüfung von Arzneimitteln (Good Clinical Practices – GCP)

(Bekanntmachung vom 9. Dezember 1987; Bundesanzeiger Nr. 243, S. 16617 vom 30. Dezember 1987)

Nachstehend gebe ich die Grundsätze für die ordnungsgemäße Durchführung der klinischen Prüfung von Arzneimitteln bekannt. Sie enthalten eine Anleitung für die Planung und Durchführung von klinischen Prüfungen sowie für die Auswertung und Dokumentation ihrer Ergebnisse.
Mit der Bekanntmachung wird das Ziel verfolgt
- bereits vorhandene Empfehlungen von Verbänden über die ordnungsgemäße Durchführung der klinischen Prüfung von Arzneimitteln zu vereinheitlichen,
- den Schutz der Probanden und Patienten zu verbessern,
- die Qualität der Zulassungsunterlagen über die klinische Prüfung aufzuheben,
- die gesetzliche Forderung nach einem dem Stand der wissenschaftlichen Erkenntnisse entsprechenden Prüfplan zu konkretisieren (§ 40 Abs. 1 Nr. 7a Arzneimittelgesetz),
- den an der Durchführung von klinischen Prüfungen Beteiligten wie auch den Überwachungsbehörden die Grundsätze als eine Richtschnur nach Art eines vorgefertigten Gutachtens für ihre Tätigkeit an die Hand zu geben.

Grundsätze für die ordnungsgemäße Durchführung der klinischen Prüfung von Arzneimitteln

1 Einleitung

1.1 Ziel dieser Grundsätze ist es, Regeln für die ordnungsgemäße Planung, Durchführung, Auswertung und Dokumentation klinischer Prüfungen von Arzneimitteln aufzustellen.

1.2 Klinische Prüfung im Sinne dieser Grundsätze ist die Anwendung eines Arzneimittels am Menschen zu dem Zweck, über den einzelnen Anwendungsfall hinaus Erkenntnisse über den therapeutischen oder diagnostischen Wert eines Arzneimittels, insbesondere über seine Wirksamkeit und Unbedenklichkeit, zu gewinnen; dies gilt unabhängig davon, ob die Prüfung in einer Klinik oder in der Praxis eines niedergelassenen Arztes durchgeführt wird.

1.3 Vor Aufnahme der klinischen Prüfung sind die ethischen und rechtlichen Voraussetzungen zu prüfen. Maßstab für die Beurteilung sind die Bestimmungen über die klinische Prüfung nach §§ 40 und 41 des Arzneimittelgesetzes und die revidierte Deklaration von Helsinki (BAnz. vom 13. Juni 1987 S. 7109). Eine unabhängige und sachkundige Ethik-Kommission soll gehört werden. (Amtl. Anm.: *Die Verpflichtung richtet sich nach den Berufsordnungen für Ärzte.*)

1.4 Wer eine klinische Prüfung plant oder durchführt, muß sich bewußt sein, daß es zwischen der Fürsorgepflicht gegenüber dem einzelnen Patienten beziehungsweise Probanden und dem allgemeinen Verlangen nach therapeutischem Fortschritt abzuwägen gilt. Gemessen an der voraussichtlichen Bedeutung des

Arzneimittels für die Heilkunde müssen die Risiken für die teilnehmenden Personen ärztlich vertretbar sein.

1.5 Bei der Planung, Durchführung und Auswertung der Ergebnisse der klinischen Prüfung von Arzneimitteln, die in der Zahnmedizin, in der Homöopathie, Phytotherapie und anthroposophischen Therapie eingesetzt werden sollen, sind deren Besonderheiten zu berücksichtigen.

1.6 Abweichungen von diesen Grundsätzen sind zulässig, soweit sie auf Grund spezieller medizinischer Fragestellungen notwendig sind; sie sind zu begründen.

1.7 Die Vorschriften des § 41 der Strahlenschutzverordnung vom 13. Oktober 1976 (BGBl. I S. 2905; 1977 S. 184, 249) in der geltenden Fassung sowie die Bekanntmachung des Bundesministers für Arbeit und Sozialordnung über klinische Erprobung medizinisch-technischer Geräte vom 10. November 1986 (Bundesarbeitsblatt 12/1986 S. 113) bleiben unberührt.

2 Planung der klinischen Prüfung

2.1 Bei der Planung der klinischen Prüfung müssen der Kenntnisstand über die zu behandelnde Krankheit (Ätiologie, Pathogenese, Prognose und Therapiemöglichkeiten), die medizinische und biometrische Methodik sowie die bisherigen Erkenntnisse aus der Entwicklung dieses Arzneimittels insbesondere der pharmakologisch-toxikologischen Prüfung berücksichtigt werden. Sämtliche verfügbaren Informationen (auch historisches und bibliographisches Material, ggf. auch aus dem Ausland) sollen dabei herangezogen werden. Es ist sicherzustellen, daß eine dem Prüfziel entsprechende ärztliche Beurteilung und biometrische Auswertung der erhobenen Daten möglich sind.

2.2 Biometrische Überlegungen sind so früh wie möglich anzustellen. Grundsätzlich sollen klinische Prüfungen, wenn dies angemessen, d. h. dem therapeutischen Ziel nach sinnvoll und in der Durchführung auch möglich ist, kontrolliert durchgeführt werden. Dies schließt eine gleichzeitig beobachtete Kontrollgruppe und eine randomisierte Zuteilung der Patienten beziehungsweise Probanden zu den Behandlungsgruppen ein. Davon muß abgewichen werden, wenn wissenschaftliche oder ethische Gründe dafür vorliegen. Es ist Vorsorge zu treffen, daß die Ergebnisse durch subjektive Einflüsse und Fehleinschätzungen nicht verfälscht werden.

2.3 Bei der Planung einer klinischen Prüfung ist zu berücksichtigen, ob diese in einer einzigen Prüfstelle oder multizentrisch durchgeführt werden soll.

2.4 Der Leiter der klinischen Prüfung, der verantwortliche Biometriker und die durchführenden Ärzte müssen für die Durchführung der klinischen Prüfung qualifiziert sein.

2.5 Vor Beginn der Prüfung ist ein Prüfplan aufzustellen. Er soll Angaben zu folgenden Punkten enthalten:

2.5.1 Zielsetzung und Begründung der Prüfung; Festlegung des Hauptzielkriteriums und Begründung seiner Eignung für die Erreichung des Prüfziels,

2.5.2 Charakterisierung des zu prüfenden Arzneimittels; die Zusammensetzung und die pharmazeutische Qualität müssen über eine eindeutige Identifizierung (Chargenbezeichnung) zurückverfolgt werden können,

2.5.3 Beschreibung des Prüfdesigns und gegebenenfalls Definition der Beobachtungseinheit,
2.5.4 Definition der Zielpopulation durch Ein- und Ausschlußkriterien,
2.5.5 Methodik der Personenauswahl,
2.5.6 Handhabung des Randomisierungsverfahrens und Beschreibung der Dekodierung bei Doppelblindstudien,
2.5.7 begründete Angaben über die Zahl der Patienten beziehungsweise Probanden unter Berücksichtigung der geschätzten Ausfallrate,
2.5.8 bei multizentrischen Prüfungen: Anzahl der Zentren und Anzahl der Personen pro Zentrum,
2.5.9 Behandlung (Art, Dosis, Dauer, Art der Anwendung des Arzneimittels, ambulante/stationäre Durchführung) in den einzelnen Gruppen,
2.5.10 zulässige und unzulässige Begleittherapien,
2.5.11 Auflistung aller Ziel- und Begleitvariablen,
2.5.12 die verwendeten Meßverfahren und deren Validierung. Bei multizentrischen Prüfungen müssen die entscheidenden Meßmethoden standardisiert sein.
2.5.13 Ermittlung, Bewertung und Dokumentation unerwünschter Begleiterscheinungen,
2.5.14 ausführliche Beschreibung des Prüfungsablaufs einschließlich des Zeitplans für die Untersuchungstermine,
2.5.15 Überprüfung der Compliance,
2.5.16 vorgesehene Gesamtdauer der Prüfung,
2.5.17 biometrische Auswertungsmethoden mit Festlegung der Arbeitshypothese und der Irrtumswahrscheinlichkeiten sowie Zeitpunkte und Umfang vorgesehener Zwischenauswertungen,
2.5.18 eventuell notwendige Vorsichtsmaßnahmen einschließlich Handlungsanweisungen, wie etwa Veränderungen der Dosierungen,
2.5.19 Kriterien für den Abbruch der klinischen Prüfung sowohl im Einzelfall als auch für die gesamte Prüfung,
2.5.20 Verfahren zur Kontrolle der Einhaltung des Prüfplans,
2.5.21 Anleitung zur Dokumentation der Befunde,
2.5.22 Quellenangaben der verwendeten Informationen, insbesondere der benutzten oder zu benutzenden historischen und bibliographischen Daten,
2.5.23 der Ort (die Orte) der Prüfung sowie die Art der Einrichtung, wo die Prüfung stattfindet,
2.5.24 Name, Qualifikation und Verantwortungsbereich des jeweiligen Arztes für die einzelnen Abschnitte der klinischen Prüfung. Der Prüfplan muß vom Leiter der klinischen Prüfung unterzeichnet werden.
2.6 Zur Erfassung und Dokumentation der Befunde bei den einzelnen Personen ist ein Prüfbogen zu verwenden, der alle Angaben enthalten muß, die zur fundierten Beantwortung der im Prüfplan formulierten Fragestellungen notwendig sind. Hierzu gehören mindestens Angaben
2.6.1 zur Identifizierung unter Berücksichtigung des Datenschutzrechtes,
2.6.2 Alter, Größe und Gewicht, Geschlecht, wichtige prognostische Faktoren (z. B. Raucher, Diät, bisherige Krankheitsdauer),
2.6.3 eine etwaige Schwangerschaft bei Frauen im gebärfähigen Alter,

2.6.4 Erfüllung der Einschlußkriterien und Nichtvorliegen von Ausschlußkriterien,

2.6.5 Diagnose und Begründung für die Anwendung des Arzneimittels, Zeitpunkt der Diagnosestellung, Kriterien für die Diagnosestellung, Begleitdiagnosen sowie Zeitpunkt der Stellung der Begleitdiagnosen,

2.6.6 Einzeldosis, Tagesdosis, Dosierungsschema und Art der Anwendung des Arzneimittels,

2.6.7 Beginn und Ende (Datumsangaben) der Behandlung und des Beobachtungszeitraums,

2.6.8 alle Begleittherapien und relevante Vortherapien,

2.6.9 Ergebnisse der Messung der Ziel- und Begleitvariablen mit Angabe der Meßzeitpunkte,

2.6.10 unerwünschte Begleiterscheinungen (Art, Zeitpunkt des Auftretens, Dauer, Intensität, Maßnahmen/Folgen, Zusammenhang),

2.6.11 zur Compliance,

2.6.12 Gründe für einen Therapieabbruch,

2.6.13 Gesamtbeurteilung (Wirksamkeit und Verträglichkeit),

2.6.14 Name und Adresse des prüfenden Arztes.

Ein Muster des Prüfbogens ist Bestandteil des Prüfplans.

3 Durchführung der Prüfung

3.1 Die Auswahl der für die Prüfung in Betracht kommenden Personen muß sich an den Kriterien des Prüfplans ausrichten. Bei Prüfungen, die besondere Anforderungen an die Repräsentativität der Patientenauswahl stellen, sollen von allen Personen, die den Ein- und Ausschlußkriterien des Prüfplans genügen, Basisdaten erhoben werden.

3.2 Eine klinische Prüfung darf während einer Schwangerschaft oder während einer Stillzeit nur durchgeführt werden, wenn:

3.2.1 das Arzneimittel dazu bestimmt ist, bei schwangeren oder stillenden Frauen oder bei ungeborenen Kindern Krankheiten zu verhüten, zu erkennen, zu heilen oder zu lindern,

3.2.2 die Anwendung des Arzneimittels nach den Erkenntnissen der medizinischen Wissenschaft angezeigt ist, um bei der schwangeren oder stillenden Frau oder bei einem ungeborenen Kind Krankheiten oder deren Verlauf zu erkennen, Krankheiten zu heilen oder zu lindern oder die schwangere oder stillende Frau oder das ungeborene Kind vor Krankheiten zu schützen,

3.2.3 nach den Erkenntnissen der medizinischen Wissenschaft die Durchführung der klinischen Prüfung für das ungeborene Kind keine unvertretbaren Risiken erwarten läßt und

3.2.4 die klinische Prüfung nach den Erkenntnissen der medizinischen Wissenschaft nur dann ausreichende Prüfungsergebnisse erwarten läßt, wenn sie an schwangeren oder stillenden Frauen durchgeführt wird.

3.3 Vor Aufnahme in die Prüfung müssen die Patienten beziehungsweise Probanden in die Teilnahme an der Prüfung eingewilligt haben, nachdem sie über deren Wesen, Bedeutung und Tragweite in verständlicher Form aufgeklärt worden sind. Die Aufklärung muß mindestens folgende Punkte betreffen:

3.3.1 Zielsetzung und Ablauf der Prüfung,

3.3.2 Art der Behandlung und der Zuordnung der Patienten zu den einzelnen Behandlungsgruppen (z.B. Randomisierung),

3.3.4 mögliche Belastungen und Risiken bei einer Schwangerschaft auch für das ungeborene Kind,

3.3.5 zu erwartende Wirkungen,

3.3.6 andere therapeutische Möglichkeiten,

3.3.7 Angebot einer weitergehenden Unterrichtung,

3.3.8 Hinweis auf das Recht, die Einwilligung zur Teilnahme an der Prüfung jederzeit zurückziehen zu können.
Der Inhalt der Aufklärung ist dem Prüfplan beizufügen.

3.4 Der Prüfplan muß grundsätzlich eingehalten werden. Ergeben sich zwingende Gründe für eine Änderung des Prüfplans und ist der Abbruch der Prüfung deshalb nicht notwendig, so ist der Prüfplan unter Angabe der Gründe zu ergänzen. Jede Änderung des Prüfplans ist vom Leiter der klinischen Prüfung zu unterzeichnen.

3.5 Eine Verlaufskontrolle der klinischen Prüfung ist durch den Leiter der klinischen Prüfung sicherzustellen. Hierzu dienen Kontrollen der ordnungsgemäßen Durchführung der klinischen Prüfung von Arzneimitteln auf der Grundlage des Prüfplans sowie eine Überprüfung des ordnungsgemäßen kontinuierlichen Ausfüllens der Prüfbögen.

3.6 Der Leiter der klinischen Prüfung hat sich fortlaufend über das in der Prüfung befindliche Arzneimittel, insbesondere über auftretende Risiken, gegebenenfalls weltweit zu informieren, um fortlaufend die ärztliche Vertretbarkeit der klinischen Prüfung beurteilen zu können.

3.7 Dem Leiter der klinischen Prüfung sind unverzüglich alle Umstände mitzuteilen, die eine rasche Entscheidung über den Abbruch oder die Unterbrechung der klinischen Prüfung erforderlich machen könnten. Hierunter sind insbesondere alle schwerwiegenden Nebenwirkungen zu verstehen. Schwerwiegende Nebenwirkungen im Sinne des Satzes 2 sind solche Wirkungen, bei denen Gewißheit oder der begründete Verdacht besteht, daß durch sie das Leben bedroht oder die Gesundheit schwer oder dauernd geschädigt wird. Dies trifft insbesondere für Nebenwirkungen zu, bei denen die Möglichkeit besteht, daß sie den Tod zur Folge haben, lebensbedrohlich sind, eine maligne Erkrankung verursachen, angeborene Mißbildungen hervorrufen, bleibende Schäden verursachen oder einer ärztlichen Behandlung, vorwiegend stationärer Art, bedürfen.
Ferner ist das Auftreten unerwartet starker erwünschter Wirkung bei Gabe der in Prüfung befindlichen Dosis zu melden.

3.8 Nach Abschluß der Prüfung sind mit den Prüfungsunterlagen auch die nicht verbrauchten Prüfpräparate und gegebenenfalls die Dekodierungsumschläge an den Leiter der klinischen Prüfung zu übergeben.

4 Auswertung und Darstellung der Ergebnisse

4.1 Nach Abschluß der Prüfung ist ein Bericht zu erstellen, der eine biometrische Auswertung und eine Bewertung der Ergebnisse aus medizinischer Sicht enthält. Dies gilt auch für eine Prüfung, die vorzeitig beendet wurde.

4.2 Die biometrische Stellungnahme muß mindestens beinhalten:
4.2.1 eine statistische Auswertung anhand der im Prüfplan festgelegten Zielvariablen,
4.2.2 eine Dokumentation und Bewertung der bei der Durchführung der Prüfung aufgetretenen Abweichungen vom Prüfplan; dabei ist jeder Ausschluß einer in die Prüfung aufgenommenen Person von der Auswertung zu begründen und kasuistisch zu beschreiben,
4.2.3 Angaben zu allen verwendeten statistischen Verfahren, so daß ihre Anwendung nachvollzogen werden kann,
4.2.4 eine adäquate Darstellung der Zentrumseinflüsse bei multizentrischen Prüfungen,
4.2.5 eine Beurteilung der Aussagefähigkeit der Prüfung aus biometrischer Sicht.
4.3 Die medizinische Stellungnahme muß – unter Berücksichtigung der biomedizinischen Aspekte – beinhalten:
4.3.1 eine kritische Bewertung, in welcher Weise und in welchem Ausmaß die Zielvariablen, die zum Beleg der Wirksamkeit geprüft wurden, mit dem zu behandelnden Zustand im Zusammenhang stehen,
4.3.2 eine Bewertung der aufgetretenen unerwünschten Begleiterscheinungen und eine Beurteilung ihres Zusammenhangs mit der Gabe des Arzneimittels,
4.3.3 eine Nutzen-Risiko-Abwägung der günstigen Wirkungen gegen die aufgetretenen unerwünschten Begleiterscheinungen,
4.3.4 einen Vergleich von Wirksamkeit und Verträglichkeit des angewandten Arzneimittels mit den untersuchten therapeutischen Alternativen.

5 Dokumentation
5.1 Alle bei der klinischen Prüfung anfallenden Unterlagen sind zu dokumentieren und mindestens zehn Jahre nach Abschluß der Prüfung aufzubewahren.
5.2 Die Aufzeichnungen können auch als Wiedergabe auf einem Bildträger oder auf anderen Datenträgern aufbewahrt werden. Bei der Aufbewahrung der Aufzeichnungen auf Datenträgern muß insbesondere sichergestellt sein, daß die Daten während der Dauer der Aufbewahrungsfrist verfügbar sind und innerhalb einer angemessenen Frist lesbar gemacht werden können.

15. Verordnung über den Schutz vor Schäden durch ionisierende Strahlen (Strahlenschutzverordnung – StrlSchVO)

(In der Neufassung vom 30. Juni 1989, BGBl. I 1321)

§ 41 Anwendung radioaktiver Stoffe oder ionisierender Strahlen am Menschen in der medizinischen Forschung

(1) Dem Antrag auf Erteilung einer Genehmigung zum Umgang mit radioaktiven Stoffen für die Anwendung am Menschen in der medizinischen Forschung darf, falls im übrigen die Voraussetzungen für die Erteilung der Genehmigung nach § 3 Abs. 1 erfüllt sind, nur stattgegeben werden, wenn für die beantragte Art der Anwendung ein

zwingendes Bedürfnis besteht. Dies ist dann der Fall, wenn eine vom Bundesgesundheitsamt eingesetzte Gutachtergruppe festgestellt hat, daß die bisherigen Forschungsergebnisse, die sonst ermittelten Befunde und die medizinischen Erkenntnisse nicht ausreichen und daß die Anwendung von radioaktiven Stoffen am Menschen zur Erreichung des Forschungszwecks notwendig ist. Dabei hat die Gutachtergruppe auch zu überprüfen, daß

1. die strahlenbedingten Risiken, die mit der Anwendung für den Probanden verbunden sind, gemessen an der voraussichtlichen Bedeutung der Ergebnisse für die Heilkunde und die medizinische Forschung ärztlich vertretbar sind,
2. die für die medizinische Forschung vorgesehenen Radionuklide dem Zweck der Forschung entsprechen und nicht durch Radionuklide ersetzt werden können, die zu einer geringeren Strahlenexposition für den Probanden führen,
3. die zur Anwendung gelangenden Aktivitäten nach dem Stand von Wissenschaft und Technik nicht weiter herabgesetzt werden können, ohne den Zweck des Forschungsvorhabens zu gefährden,
4. die Anzahl der Probanden auf das unbedingt notwendige Maß beschränkt wird,
5. eine ausreichende Abschätzung vorgenommen worden ist, daß bei der Anwendung der radioaktiven Stoffe an dem einzelnen Probanden die Grenzwerte der Anlage X Tabelle X 1 Spalte 4 nicht überschritten werden.

(2) Dem Antrag auf Erteilung einer Genehmigung darf im übrigen nur stattgegeben werden, wenn

1. sichergestellt ist, daß die Anwendung der radioaktiven Stoffe für die medizinische Forschung von einem Arzt geleitet wird, der eine mindestens zweijährige Erfahrung im Umgang mit radioaktiven Stoffen am Menschen nachweisen kann, auf dem Gebiet des Strahlenschutzes die erforderliche Fachkunde besitzt und während der Anwendung ständig erreichbar ist,
2. die nach dem Stand von Wissenschaft und Technik erforderlichen Meßgeräte, Kalibrierpräparate, Kalibrierlösungen und Kalibrierphantome vorhanden sind und ihre sachgerechte Anwendung sichergestellt ist,
3. die erforderliche Vorsorge für die Erfüllung gesetzlicher Schadensersatzverpflichtungen getroffen ist.

(3) An Personen, die auf gerichtliche oder behördliche Anordnung verwahrt sind, dürfen radioaktive Stoffe in der medizinischen Forschung nicht angewandt werden.

(4) Die Anwendung radioaktiver Stoffe an Probanden, die das 50. Lebensjahr nicht vollendet haben, ist nur zulässig, wenn die Unbedenklichkeit und eine besondere Notwendigkeit der Heranziehung solcher Personen gutachtlich nachgewiesen ist, um das Ziel der Anwendung radioaktiver Stoffe für die medizinische Forschung zu erreichen. An schwangeren und stillenden Frauen ist die Anwendung nicht zulässig.

(5) Der zuständigen Behörde ist eine schriftliche Erklärung des Probanden darüber vorzulegen, daß

1. er mit den Untersuchungen, die vor, während und nach der Anwendung zur Kontrolle und zur Erhaltung der Gesundheit erforderlich sind, einverstanden ist und

2. er mit der Mitteilung der durch die Anwendung der radioaktiven Stoffe erhaltenen Befunde an die zuständige Behörde einverstanden ist.

(6) Es ist dafür zu sorgen, daß
1. der Proband seine Einwilligung persönlich und schriftlich erteilt. Die Einwilligung kann jederzeit formlos widerrufen werden. Vor der Einwilligung ist der Proband durch den das Forschungsvorhaben leitenden Arzt oder einen von diesem beauftragten Arzt über Wesen, Bedeutung, Tragweite und Risiken der Anwendung der radioaktiven Stoffe und über die Möglichkeit des Widerrufs aufzuklären. Der Proband ist zu befragen, ob an ihm bereits radioaktive Stoffe oder ionisierende Strahlen angewandt worden sind. Über die Aufklärung und die Befragung des Probanden ist eine Niederschrift zu fertigen. Die Einwilligung ist nur wirksam, wenn der Proband geschäftsfähig und in der Lage ist, das Risiko der Anwendung der radioaktiven Stoffe für sich einzusehen und seinen Willen hiernach zu bestimmen,
2. der Proband vor Beginn der Anwendung radioaktiver Stoffe ärztlich untersucht wird,
3. vor der Anwendung der radioaktiven Stoffe die Aktivität der in der Substanz enthaltenen Radionuklide und deren nicht an die Substanz gebundener Anteil bestimmt wird,
4. die in Absatz 1 Satz 3 Nr. 5 genannten Dosisgrenzwerte nicht überschritten werden,
5. die Körperdosen durch geeignete Verfahren überwacht werden, wobei der Zeitpunkt der Verabfolgung und die Ergebnisse der Überwachungsmaßnahmen und die Befunde aufzuzeichnen, die Aufzeichnung 30 Jahre aufzubewahren und auf Verlangen der zuständigen Behörde bei dieser zu hinterlegen sind.

(7) Der zuständigen Behörde und dem Bundesgesundheitsamt sind unverzüglich anzuzeigen
1. jede Überschreitung der Dosisgrenzwerte für die Anwendung radioaktiver Stoffe in der medizinischen Forschung unter Angabe der näheren Umstände,
2. der Abschluß der Anwendung radioaktiver Stoffe für die Durchführung eines Vorhabens in der medizinischen Forschung unter Angabe der erforderlichen Daten.

(8) Ist zu besorgen, daß ein Proband auf Grund einer Überschreitung der Dosisgrenzwerte für die Anwendung radioaktiver Stoffe in der medizinischen Forschung an der Gesundheit geschädigt wird, so hat die zuständige Behörde anzuordnen, daß er durch einen ermächtigten Arzt (§ 71) untersucht wird.

(9) Der zuständigen Behörde und dem Bundesgesundheitsamt ist nach Abschluß der Anwendung ein Abschlußbericht zu erstatten, aus dem die im Einzelfall ermittelten Körperdosen und die zur Berechnung der Körperdosen relevanten Daten hervorgehen.

(10) Die Absätze 1 bis 9 mit Ausnahme des Absatzes 2 und 3 sind neben dem Arzneimittelgesetz entsprechend anzuwenden
1. bei der klinischen Prüfung von radioaktiven Arzneimitteln und von mit radioaktiven Stoffen markierten Arzneimitteln sowie

2. bei in der klinischen Prüfung von Arzneimitteln benutzten Untersuchungsverfahren, bei denen radioaktive Stoffe angewendet werden.

(11) Die zuständige Behörde kann - mit Ausnahme der klinischen Prüfung von mit radioaktiven Stoffen markierten Arzneimitteln – im Einzelfall eine Überschreitung der Grenzwerte nach Absatz 1 Satz 3 Nr. 5 zulassen, sofern hierfür ein besonderes Bedürfnis besteht. Die zugelassene Köperdosis darf dabei die Grenzwerte der Anlage X Tabelle X 1 Spalte 2 nur überschreiten, wenn eine klinische Prüfung von radioaktiven Arzneimitteln am Probanden gleichzeitig seiner Untersuchung oder Behandlung dient.

(12) Bei der Anwendung ionisierender Strahlen am Menschen in der medizinischen Forschung gelten, falls im übrigen die Voraussetzungen für die Erteilung einer Genehmigung nach § 7 des Atomgesetzes oder § 3 oder § 16 dieser Verordnung gegeben sind, Absatz 1 Satz 2 und 3 Nr. 1, 3 bis 5, Absatz 2 Nr. 1 und 3, die Absätze 3 bis 6 Nr. 1, 2, 4 und 5 sowie die Absätze 7 bis 9 und 11 entsprechend. Die nach dem Stand vom Wissenschaft und Technik erforderlichen Meßgeräte müssen vorhanden und ihre sachgerechte Anwendung muß sichergestellt sein. Die ordnungsgemäße Funktion der Anlage und die Einhaltung der dosisbestimmenden Parameter sind in jedem Einzelfall sicherzustellen.

§ 42 Anwendung radioaktiver Stoffe oder ionisierender Strahlen in der Heilkunde oder der Zahnheilkunde

(1) In Ausübung der Heilkunde oder Zahnheilkunde dürfen radioaktive Stoffe oder ionisierende Strahlen unmittelbar am Menschen nur angewandt werden, wenn dies aus ärztlicher Indikation geboten ist.

(2) Die Vorschriften über die Dosisgrenzwerte und die physikalische Strahlenschutzkontrolle gelten nicht für Personen, an denen in Ausübung der Heilkunde oder Zahnheilkunde radioaktive Stoffe oder ionisierende Strahlen angewandt werden.

(3) Die durch die ärztlichen Untersuchungen bedingte Strahlenexposition ist so weit einzuschränken, wie dies mit den Erfordernissen der medizinischen Wissenschaft zu vereinbaren ist. Ist bei bestehender Schwangerschaft eine Anwendung radioaktiver Stoffe oder ionisierender Strahlen aus ärztlicher Indikation geboten, sind alle Möglichkeiten einer Herabsetzung der Strahlenexposition der Leibesfrucht auszuschöpfen.

(4) Bei der Behandlung von Patienten mit radioaktiven Stoffen oder ionisierenden Strahlen muß Dosis und Dosisverteilung den Erfordernissen der medizinischen Wissenschaft entsprechen.

(5) Die bei der Anwendung von radioaktiven Stoffen und ionisierenden Strahlen zur Untersuchung oder Behandlung am Menschen verwendeten Geräte, Einrichtungen und Anlagen sind unbeschadet der Anforderungen des § 76 regelmäßig betriebsintern zur Qualitätssicherung zu überwachen. Umfang und Zeitpunkt der Überwachungs-

maßnahmen sind aufzuzeichnen. Die Aufzeichnungen sind 10 Jahre aufzubewahren und der zuständigen Behörde auf Verlangen vorzulegen.

(6) Soweit es wegen der Besonderheit der verwendeten Geräte oder Einrichtungen erforderlich ist, kann die zuständige Behörde anordnen, daß bei der Anwendung radioaktiver Stoffe oder ionisierender Strahlen am Menschen entsprechend § 19 Abs. 2 Satz 1 ein weiterer Strahlenschutzbeauftragter bestellt wird.

§ 43 Aufzeichnungen über Patienten

(1) Vor der Anwendung von radioaktiven Stoffen oder ionisierenden Strahlen zur Untersuchung oder Behandlung am Menschen sind die Patienten über frühere medizinische Anwendungen von radioaktiven Stoffen oder ionisierenden Strahlen, die für die vorgesehene Anwendung von Bedeutung sind, zu befragen. Es ist dafür zu sorgen, daß über die Befragung, Untersuchung und Behandlung Aufzeichnungen angefertigt werden. Aus den Aufzeichnungen müssen das Ergebnis der Befragung, der Zeitpunkt, die Art und der Zweck der Untersuchung oder Behandlung, die dem Patienten verabfolgten Radionuklide nach Art, chemischer Zusammensetzung, Applikationsform, Aktivität und, soweit dies möglich ist, die Körperdosen hervorgehen, die der Patient erhalten hat. Bei der Behandlung mit Bestrahlungseinrichtungen und Anlagen zur Erzeugung ionisierender Strahlen müssen aus den Aufzeichnungen alle erforderlichen Daten über die Behandlung, insbesondere die Bestimmung der Dosisleistung, die Dauer und Zeitfolge der Bestrahlungen, die Oberflächen- und Herddosis, die Lokalisation und Abgrenzung des Bestrahlungsfeldes, die Einstellparameter der Einrichtung oder Anlage sowie die Festlegung des Schutzes gegen Streustrahlung ersichtlich sein.

(2) Der untersuchten oder behandelten Person ist auf ihr Verlangen eine Abschrift der Aufzeichnungen nach Absatz 1 Satz 3 mit Ausnahme des Ergebnisses der Befragung über frühere Anwendungen auszuhändigen.

(3) Die Aufzeichnungen über die Untersuchung sind 10 Jahre, über die Behandlung 30 Jahre nach der letzten Untersuchung oder Behandlung aufzubewahren. Die zuständige Behörde kann verlangen, daß im Falle der Praxisaufgabe die Aufzeichnungen bei einer von ihr bestimmten Stelle zu hinterlegen sind; dabei ist die ärztliche Schweigepflicht zu wahren.

(4) Die Aufzeichnungen über die Anwendung von radioaktiven Stoffen oder ionisierenden Strahlen nach Absatz 3 Satz 1 können als Wiedergabe auf einem Bildträger oder auf anderen Datenträgern aufbewahrt werden, wenn sichergestellt ist, daß die Wiedergabe oder die Daten

1. mit den Aufzeichnungen bildlich oder inhaltlich übereinstimmen, wenn sie lesbar gemacht werden, und
2. während der Dauer der Aufbewahrungsfrist verfügbar sind und jederzeit innerhalb angemessener Zeit lesbar gemacht werden können.

(5) Wer eine Person mit radioaktiven Stoffen oder ionisierenden Strahlen untersucht oder behandelt hat, hat demjenigen, der später eine Untersuchung oder Behandlung vornimmt, auf dessen Verlangen Auskunft über die Aufzeichnungen nach Absatz 1 zu erteilen und die sich hierauf beziehenden Unterlagen vorübergehend zu überlassen. Werden die Unterlagen von einer anderen Person aufbewahrt, so hat diese dem Auskunftsberechtigten die Unterlagen vorübergehend zu überlassen.

16. Verordnung über die Sicherheit medizinisch-technischer Geräte (Medizingeräteverordnung – MedGVO)

(Vom 14. Januar 1985, BGBl. I 93)

Erster Abschnitt

Allgemeine Vorschriften

§ 1 Anwendungsbereich

(1) Medizinisch-technische Geräte einschließlich Laborgeräten und Gerätekombinationen, die dazu bestimmt sind, in der Heilkunde oder Zahnheilkunde bei der Untersuchung oder Behandlung von Menschen verwendet zu werden, dürfen nur nach dieser Verordnung in den Verkehr gebracht, ausgestellt, errichtet und betrieben werden.

(2) Ausgenommen hiervon sind das Inverkehrbringen und Ausstellen von medizinisch-technischen Geräten, die nicht zur Verwendung im Geltungsbereich dieser Verordnung bestimmt sind.

§ 2 Einteilung der medizinisch-technischen Geräte

Medizinisch-technische Geräte werden in folgende Gruppen eingeteilt:

1. Gruppe 1
   Energetisch betriebene medizinisch-technische Geräte, die in der Anlage aufgeführt sind.
2. Gruppe 2
   Implantierbare Herzschrittmacher und sonstige energetisch betriebene medizinisch-technische Implantate.
3. Gruppe 3
   Energetisch betriebene medizinisch-technische Geräte, die nicht in der Anlage aufgeführt sind und nicht der Gruppe 2 zuzuordnen sind.
4. Gruppe 4
   Alle sonstigen medizinisch-technischen Geräte.

Zweiter Abschnitt

Vorschriften für das Inverkehrbringen und Ausstellen

§ 6 Allgemeine Anforderungen

(1) Medizinisch-technische Geräte dürfen gewerbsmäßig oder selbständig im Rahmen einer wirtschaftlichen Unternehmung nur in den Verkehr gebracht oder ausgestellt werden, wenn sie den Vorschriften dieser Verordnung, den allgemein anerkannten Regeln der Technik sowie den Arbeitsschutz- und Unfallverhütungsvorschriften entsprechen. Dabei muß sichergestellt sein, daß Patienten, Beschäftigte oder Dritte bei der bestimmungsgemäßen Verwendung der Geräte gegen Gefahren für Leben und Gesundheit so weit geschützt sind, wie es die Art der bestimmungsgemäßen Verwendung gestattet. Von den allgemein anerkannten Regeln der Technik sowie den Arbeitsschutz- und Unfallverhütungsvorschriften darf abgewichen werden, soweit die gleiche Sicherheit auf andere Weise gewährleistet ist.
...

Dritter Abschnitt

Vorschriften für das Errichten und Betreiben

§ 6 Allgemeine Anforderungen

(1) Medizinisch-technische Geräte der Gruppen 1, 3 und 4 dürfen nur bestimmungsgemäß, nach den Vorschriften dieser Verordnung, den allgemeine anerkannten Regeln der Technik sowie den Arbeitsschutz- und Unfallverhütungsvorschriften errichtet und betrieben werden. Sie dürfen nicht betrieben werden, wenn sie Mängel aufweisen, durch die Patienten, Beschäftigte oder Dritte gefährdet werden können.
(2) Medizinisch-technische Geräte der Gruppe 1 dürfen außer in den Fällen des § 5 Abs. 10 nur betrieben werden, wenn sie der Bauart nach zugelassen sind. Ist die Bauartzulassung zurückgenommen oder widerrufen worden, dürfen vor der Bekanntmachung der Rücknahme oder des Widerrufs im Bundesanzeiger in Betrieb genommene Geräte weiterbetrieben werden, wenn sie der zurückgenommenen oder widerrufenen Zulassung entsprechen und in der Bekanntmachung nach § 5 Abs. 9 nicht festgestellt wird, daß Gefahren für Patienten, Beschäftigte oder Dritte zu befürchten sind. Satz 2 gilt entsprechend, wenn eine Bauartzulassung nach § 5 Abs. 8 Nr. 2 erloschen ist.
(3) Medizinisch-technische Geräte der Gruppen 1, 3 und 4 dürfen nur von Personen angewendet werden, die auf Grund ihrer Ausbildung oder ihrer Kenntnisse und praktischen Erfahrungen die Gewähr für eine sachgerechte Handhabung bieten.
(4) Der Anwender hat sich vor der Anwendung eines Gerätes der Gruppe 1, 3 oder 4 von der Funktionssicherheit und dem ordnungsgemäßen Zustand des Gerätes zu überzeugen.

(5) Gehört zu einem medizinisch-technischen Gerät ein Teil, der als überwachungsbedürftige Anlage zugleich einer anderen Verordnung nach § 24 der Gewerbeordnung unterliegt, so sind auf ihn auch die Vorschriften der anderen Verordnung anzuwenden.